Informatik Fachberichte 100

Herausgegeben von W. Brauer
Im Auftrag der Gesellschaft für Informatik (GI)

Winfried Lamersdorf

Semantische Repräsentation komplexer Objektstrukturen

Modelle für nichtkonventionelle Datenbankanwendungen

Springer-Verlag
Berlin Heidelberg New York Tokyo

Autor

Winfried Lamersdorf
IBM Deutschland GmbH, Wissenschaftliches Zentrum
Tiergartenstr. 15, 6900 Heidelberg

CR Subject Classifications (1985): H.1, H.2.3, F.3.2, H.4.1

ISBN-13: 978-3-540-15242-2 e-ISBN-13: 978-3-642-70289-1
DOI: 10.1007/978-3-642-70289-1

CIP-Kurztitelaufnahme der Deutschen Bibliothek. Lamersdorf, Winfried: Semantische Repräsentation komplexer Objektstrukturen: Modelle für nichtkonventionelle Datenbankanwendungen / Winfried Lamersdorf. - Berlin; Heidelberg; New York; Tokyo: Springer, 1985.
(Informatik-Fachberichte; 100)
ISBN-13: 978-3-540-15242-2

NE: GT

Druck und Bindearbeiten: Weihert-Druck GmbH,
Darmstadt 2145/3140-543210

VORWORT

Die vorliegende Arbeit entstand als Dissertation am Fachbereich Informatik der Universität Hamburg; die Disputation fand am 15. März 1985 in Hamburg statt.

Ich danke besonders dem Betreuer der Promotion und Hauptgutachter der Dissertation, Herrn Professor Dr. J. W. Schmidt, jetzt Universität Frankfurt, für die langjährige Förderung und für die intensive Zusammenarbeit, die zu dieser Arbeit geführt hat. Den Mitarbeitern (auch den ehemaligen und externen) der Forschungsgruppe 'Datenbanken und Informationssysteme' am Fachbereich Informatik der Universität Hamburg (jetzt Frankfurt) danke ich für die anregende und nette Arbeitsumgebung. Dem Korreferenten an der Universität Hamburg, Herrn Professor Dr. W. Brauer, danke ich für sein Interesse und die kontinuierliche Unterstützung meiner Arbeit seit der Diplomarbeit.

Dem Deutschen Akademischen Austauschdienst (DAAD) danke ich für die Bereitstellung eines Jahresstipendiums in die USA. Schließlich danke ich der IBM Deutschland, vertreten durch Herrn Dr. A. Blaser, der ein auswärtiges Korreferat übernahm, und Herrn Dr. G. Müller vom Wissenschaftlichen Zentrum Heidelberg, für die großzügige Unterstützung beim Entstehen dieser Arbeit.

Heidelberg, im März 1985 | Winfried Lamersdorf

ZUSAMMENFASSUNG

Traditionelle datenintensive Anwendungen stellen Anforderungen an die Verwaltung großer Mengen einfach strukturierter Datenobjekte. Zu diesem Zweck bieten die universell anwendbaren Datenbankmodelle (d.h. hierarchische, netzwerkartige und relationale) Beschreibungswerkzeuge auf der Grundlage fest formatierter 'Records' an. Demgegenüber liegt die Datenintensität fortgeschrittener Datenbankanwendungen (z.B. in den Bereichen CAD/CAM, Textmodellierung etc.) bereits in der komplexen Struktur der Datenobjekte selbst begründet. Anwendungssysteme für derartige Realitätsausschnitte, deren Objekte auf komplizierte Weise aus zahlreichen, voneinander abhängigen Komponenten aufgebaut sind, können mit Hilfe traditioneller Datenbankmodelle nur mit größerem Entwurfs- und Programmieraufwand und entsprechend erhöhter Fehleranfälligkeit realisiert werden.

Erfahrungen mit dem Entwurf und der Anwendung von Beschreibungsmitteln für komplexe semantische Konstruktionen existieren vor allem im Bereich der Programmiersprachen - und zwar sowohl hinsichtlich der formalen Sprachdefinition als auch hinsichtlich der Programmspezifikation. Die vorliegende Arbeit versucht, diese Erfahrungen für Probleme der Repräsentation datenintensiver Realitätsausschnitte nutzbar zu machen und Modellierungshilfsmittel zur adäquaten Beschreibung von erweiterten ('non-standard') Datenbankanwendungen zur Verfügung zu stellen. Die vorgeschlagenen ***rekursiven Datenmodelle*** ermöglichen es, auch Datenobjekte zu definieren und zu bearbeiten, die nicht notwendig eine bestimmte Struktur, sondern lediglich bestimmte Generierungsregeln gemeinsam haben.

Nach einem Überblick über Konzepte der Semantikrepräsentation in formalen Semantikspezifikationsmethoden und bei Datenmodellen werden die (programmier-) sprachlichen Ausdrucksformen rekursiver Datenmodelle semantisch definiert und am Beispiel der Modellierung moderner Bürosysteme erläutert und erweitert. Schließlich wird gezeigt, wie sich ein Prototyp eines erweiterten rekursiven Datenmodells mit automatischer Unterstützung auf der Grundlage der Benutzerschnittstelle eines bereits existierenden relationalen Datenbankverwaltungssystems realisieren läßt.

ABSTRACT

Traditional data-intensive applications require the management of great numbers of simply structured data objects. Therefore, the universally applicable database models (i.e., the hierarchical, network, and relational) offer modelling tools based on formatted records of a fixed length. In contrast to traditional database applications, the data-intensity of advanced applications (e.g., in CAD/CAM, text representations) is a property of the more complex data objects themselves. With traditional database models, applications with complex data objects which are constructed from several, interrelated components can only be realized with a considerable design and programming overhead resulting in highly error-prone programs.

Experiences with designing and applying modelling tools for complex semantics exist mainly in the area of programming languages - both with respect to formal language definition and to program specification techniques. This dissertation tries to utilize such experiences in order to provide modelling tools for more adequate representations of advanced ('non-standard') database applications. The proposed ***recursive data models*** allow for the definition and manipulation of data objects which are not restricted to the same structure but merely to a set of common generation rules.

Following a survey of concepts for semantic representations in formal programming language specifications and in data models, the (programming) language support for recursive data models is introduced and defined semantically. Use and extension of a recursive data model are illustrated, exemplary, by modelling modern office information systems. Finally, it is shown how a prototype implementation of a recursive data model can be realized with automatic support based on the user interface of an existing relational database management system.

INHALTSVERZEICHNIS

1. EINLEITUNG

1.1. PROBLEMSTELLUNG UND ZIELSETZUNG

Als Disziplin, die weder den reinen Naturwissenschaften noch den Geisteswissenschaften zuzuordnen ist, kann die Informatik - zusammen mit der Mathematik - nach einer Einteilung von C.F. von Weizsäcker den sogenannten 'Strukturwissenschaften' zugerechnet werden [Weiz79]. Aufgabe der Strukturwissenschaften ist es, abstrakte Gesetzmäßigkeiten in der durch den Menschen wahrgenommenen Realität zu erkennen und diese mit angemessenen Mitteln darzustellen und mit formalen Methoden auszuwerten. Durch sehr weitgehende Abstraktion von der Realität spezieller Einzelfälle beschäftigen sich die Strukturwissenschaften zunächst mit den Strukuren 'in abstracto', also unabhängig davon, welche Dinge der Realität diese Strukturen haben. Ein spezielles Anliegen der Informatik ist es, Methoden, Techniken und Werkzeuge zu entwickeln, um die Abbildung eines subjektiv wahrgenommenen Realitätsausschnittes auf die automatischen Methoden zugängliche 'Benutzerschnittstelle' eines Rechners möglichst weitgehend zu unterstützen. (Daneben beschäftigt sich die Informatik auch mit anderen Dingen, wie etwa mit der Bereitstellung der theoretischen und technischen Grundlagen für die maschinelle Auswertung von Realitätsmodellen, mit speziellen Anwendungsgebieten etc..)

Die vorliegenden Arbeit befaßt sich mit Konzepten und Methoden zur abstrakten Repräsentation der Semantik von komplexen, datenintensiven Realitätsausschnitten. Ziel dabei ist es, die sprachlichen Ausdrucksformen zur Spezifikation abstrakter Realitätsmodelle und die Benutzerschnittstelle rechnergestützter Datenverwaltungssysteme möglichst weitgehend einander anzupassen. Dabei unterstützen die vorgeschlagenen Modellierungshilfsmittel insbesondere die ***strukturelle*** Beschreibung der Datenobjekte der betrachteten Anwendungsbereiche.

Traditionelle Methoden der Informatik zum Entwurf von Programmsystemen unterstützen die Repräsentation von Realitätsausschnitten durch maschinell interpretierbare, sprachliche Ausdrucksformen in verschiedenen Schritten auf unterschiedlichen Abstraktionsniveaus: Die erste Analyse eines Realitätsausschnittes wird in der Regel durch nur teilweise formale, auch natürlichsprachliche oder graphische, semantisch mächtige, abstrakte aber zum Teil nur ungenau definierte Sprachkonstrukte beschrieben. Die daraus abgeleiteten Problemspezifikationen auf der Basis herkömmlicher, algorithmischer Programmiersprachen zeichnen sich dagegen durch einen weit größeren Detaillierungsgrad und durch stärkere Abhängigkeiten von den durch die Benutzerschnittstelle einer speziellen Programmierumgebung zur Verfügung gestellten Sprachkonstrukten aus. Realitätsmodelle von der Ebene programmiersprachlicher Ausdrucksformen an sind schließlich konkret und detailliert genug, um vollständig mit automatischen Mitteln (wie Übersetzern, Mikro-Code-Interpretationssystemen etc.) auf die Operationen des durch die Hardware realisierten Instruktionssatzes eines speziellen Rechnersystems abgebildet werden zu können.

Darstellungen von Ausschnitten einer wahrgenommenen Realität können bei Verwendung der traditionell verfügbaren, rechnergestützten Beschreibungsmittel in zwei Sichtweisen mit unterschiedlichen Schwerpunkten formuliert werden: Die eine Sichtweise betont eher die algorithmischen (oder operationalen) Aspekte eines Realitätsausschnittes und findet ihren Ausdruck in algorithmischen *Programmiersprachen* auf unterschiedlichen Abstraktionsniveaus. Die andere Sichtweise betont eher die datenorientierten (oder strukturellen) Aspekte der Realität und findet ihren Ausdruck in *Datenbankmodellen* und Datenbanksprachen zur strukturierten Repräsentation von Datenobjekten und ihren Beziehungen in der realen Welt. Moderne Entwicklungen in den Bereichen Datenbanken und Programmiersprachen versuchen, beide Ansätze immer mehr zu integrieren und so allgemein verwendbare Datenmodelle und 'Datenbankprogrammiersprachen' zu entwickeln, die die Definition und die Manipulation von Datenbanken und den Entwurf von Datenbankprogrammen mit den Mitteln einer einheitlichen Sprache ermöglichen. Auch hochsprachliche, deklarative und 'nicht-prozedurale' Programmiersprachen (wie LISP, PROLOG etc.) unterscheiden wenig zwischen Programmen und Daten bei der abstrakten Beschreibung von Realitätsausschnitten.

Die herkömmlichen, universellen Datenbankmodelle stellen typischerweise nur eine relativ geringe Anzahl struktureller Modellierungskonzepte zur Spezifikation datenintensiver Realitätsausschnitte bereit, die auch nur in geringem Maße miteinander kombinierbar sind. So enthalten die Datendefinitionssprachen der drei klassischen Datenbankmodelle (hierarchisches, netzwerkartiges und relationales) im wesentlichen Mechanismen, um Mengen gleichartig strukturierter Records zusammenzufassen und Beziehungen zwischen ihnen herzustellen. Während also die Datenbankmodelle hauptsächlich der Modellierung großer Mengen von Objekten dienen, die sich untereinander in nur wenigen Eigenschaften unterscheiden, unterstützen Programmiersprachen eher die Modellierung von Objekten, die in geringer Zahl, dafür aber mit erheblich unterschiedlichen Eigenschaften auftreten (vgl. [Zil184]).

Die Grenzen der Beschreibungsmöglichkeiten herkömmlicher Datenbanksprachen zeigen sich insbesondere bei der Modellierung von Realitätsausschnitten mit Objekten, die auf komplizierte Weise aus zahlreichen Komponenten aufgebaut sind und sich nicht direkt auf fest formatierte Record-Strukturen abbilden lassen. Derartige Objekte finden sich beispielsweise in erweiterten, 'nichtkonventionellen' Datenbankanwendungen der Bereiche CAD/CAM, Computer-Graphik, Büromodellierung etc.. Herkömmliche, Record-orientierte Datenbanksprachen sind zwar mächtig genug, derartige Objektstrukturen mit allgemein verwendbaren Sprachkonzepten zu implementieren, nicht jedoch auf direkte Weise zu repräsentieren. Erfahrungen mit den Modellierungskonzepten moderner Programmiersprachen sowie mit der Verwendung formaler Semantikspezifikationsverfahren zur Beschreibung komplexer Objektsysteme zeigen jedoch, daß es mächtige, formale und abstrakte Beschreibungsmittel gibt, mit denen auch komplizierte und variable Objektstrukturen auf angemessene Weise repräsentiert und manipuliert werden können.

Diese Arbeit versucht zunächst, semantische Modellierungskonzepte, wie sie formalen Semantikspezifikationsmethoden zugrunde liegen, und solche, die von der Datenmodellierung her bekannt sind, zusammenzustellen und zu analysieren. Dies geschieht mit dem Ziel, daraus den Entwurf erweiterter, ***rekursiver Datenmodelle*** zur adäquaten Modellierung komplexer Objektstrukturen zu entwickeln und zu motivieren. Rekursive Datenmodelle sollen es ermöglichen, auch Datenobjekte angemessen zu repräsentieren, die nicht notwendig ***gleiche Strukturen***, sondern nur noch ***gleichartige Strukturierungsprinzipien*** haben müssen. Dabei sind die Strukturierungsprinzipien im wesentlichen durch eine Anzahl von Grundstrukturen und Regeln für deren (freie !) Kombination definiert.

Der Ansatz der Arbeit integriert damit Erfahrungen aus den Bereichen Programmiersprachen, formale Semantikspezifikationsmethoden und klassische Datenbankmodelle. Die vorgeschlagenen Konzepte einer erweiterten Datenmodellierung ermöglichen die direkte Repräsentation auch komplexer, relativ 'unstrukturierter' Realitätsausschnitte, die mit den Mitteln herkömmlicher Datenbankmodelle nur mit größerem Implementationsaufwand realisiert werden können. Die Verwendung rekursiver Datenmodelle wird am Beispiel der Modellierung moderner Büroinformationssysteme demonstriert. Abschließend wird gezeigt, wie sich die abstrakte und hochsprachliche Sprachschnittstelle rekursiver Datenmodelle mit automatischer Unterstützung auf die bereits implementierten Funktionen eines relationalen Datenbankverwaltungssystems abbilden läßt.

1.2. GLIEDERUNG

Die vorliegende Arbeit gliedert sich im wesentlichen in drei Teile: Im Zentrum stehen der Vorschlag eines rekursiven Datenmodelles zur Beschreibung komplexer Objektstrukturen datenintensiver Realitätsausschnitte (Kapitel 4) und die Realisierung eines derartigen Datenmodells auf der Benutzerschnittstelle eines relationalen Datenbankverwaltungssystems (Kapitel 6). Zuvor wird in den ersten beiden Kapiteln über Erfahrungen im Einsatz traditioneller Hilfsmittel der semantischen Modellierung berichtet, wie sie in formalen Semantikbeschreibungsmethoden (Kapitel 2) und in der Datenmodellierung (Kapitel 3) verwendet werden. Auf einen wichtigen Anwendungsbereich erweiterter Datenmodelle wird in Kapitel 5 am Beispiel der Modellierung von Büroinformationssystemen eingegangen. Es wird gezeigt, wie sich rekursive Datenmodelle zur Beschreibung von Bürosystemen verwenden und für die Erfordernisse solcher Anwendungsbereiche geeignet erweitern lassen.

Der Hauptbeitrag der vorliegenden Arbeit liegt in der Erweiterung der traditionellen semantischen Modellierungskonzepte zur Beschreibung komplexer, datenintensiver Realitätsausschnitte. Da die Art der Erweiterung auf Erfahrungen in der Anwendung formaler Semantikspezifikationstechniken auf Datenbank- und Programmiersprachen beruht, wird in Kapitel 2 zunächst ein Überblick über die Verwendung semantischer Beschreibungsmittel in diesen Bereichen gegeben. Dazu werden Methoden und Werkzeuge der - meist formalen - Spezifikation von Semantik vorgestellt. Weiterhin wird exemplarisch auf Anwendungen aus dem Datenbankbereich eingegangen und untersucht, wie sich die Analyse formaler semantischer Modelle maschinell unterstützen läßt.

In Kapitel 3 wird zunächst eine Übersicht über traditionelle Methoden und Konzepte der universellen Datenmodellierung gegeben. Dabei wird insbesondere auf die Grenzen traditioneller Datenbankmodelle bei der Repräsentation komplexer Objektstrukturen eingegangen. Daran anschließend werden neuartige Ansätze vorgestellt, die das relationale Datenbankmodell für die Darstellung komplexer, semantisch zusammenhängender Objektstrukturen erweitern. Schließlich wird eine Übersicht über Vorschläge aus der Literatur gegeben, die sich mit der semantischen Beschreibung spezieller Anwendungsbereiche - hier der Modellierung komplexer Bürosysteme - befassen.

Auf dem Hintergrund der in den Kapitel 2 und 3 zusammengestellten Modellierungskonzepte wird in Kapitel 4 ein rekursives Datenmodell zur direkten semantischen Repräsentation komplexer, datenintensiver Anwendungsbereiche vorgeschlagen. Zunächst wird die rekursive Modellierung der Datenobjekte und der auf ihnen definierten Operationen beschrieben. Dann werden Sprachkonstrukte zur Unterstützung der abstrakten Definition von anwendungsabhängigen Funktionen und Selektoren für die Komponenten komplexer Datenobjekte vorgestellt. Der Kern eines rekursiven Datenmodells wird mit formalen Mitteln semantisch spezifiziert, und schließlich wird in einzelnen Schritten gezeigt, wie sich rekursive Datenstrukturen als Verallgemeinerung von fest formatierten Record-Strukturen verstehen und in traditionelle Datenbankmodelle integrieren lassen.

Auf einen wichtigen und neuartigen Anwendungsbereich erweiterter Datenmodelle geht Kapitel 5 ein: die Modellierung von Büroinformationssystemen basiert wesentlich auf der Speicherung und Verwaltung komplex strukturierter Datenobjekte wie Texte, Dokumente etc., die in traditionellen Datenbankmodellen nur indirekt repräsentiert werden können. Es wird am Beispiel demonstriert, wie Bürodatenobjekte und Büroprozeduren mit den Mitteln rekursiver Datenmodelle direkt beschrieben werden können und wie eine Erweiterung der Modellierungskonzepte um abstrakte Objekttypen die Darstellung erleichtert. Bei der Modellierung der operationale Aspekte wird auch darauf eingegangen, wie die Erfordernisse verteilter Arbeitsumgebungen durch entsprechende Sprachkonstrukte erweiterter Datenmodelle unterstützt werden können.

Kapitel 6 beschreibt die Prototypimplementation eines rekursiven Datenmodells auf der Basis der Benutzerschnittstelle eines relationalen Datenbanksystems. Dazu wird zunächt gezeigt, wie die Repräsentation komplexer Objektstrukturen und die Sprachkonstrukte eines rekursiven Datenmodells auf die entsprechenden Sprachelemente einer relationalen Implementation abgebildet werden können. Im Anschluß daran wird beschrieben und an Beispielen erläutert, wie eine solche Abbildung durch ein Übersetzer erzeugendes System unterstützt und dadurch die Benutzerschnittstelle eines rekursives Datenmodells automatisch implementiert werden kann. Abschließend wird auf Möglichkeiten einer direkten und effizienteren Implementierung rekursiver Sprachkonstrukte eingegangen.

2. *HILFSMITTEL SEMANTISCHER MODELLIERUNG*

2.1. *FUNKTIONALE SEMANTIKSPEZIFIKATION*

2.1.1. *Aufgaben und Ziele*

Ein wesentlicher Anteil der Lösung typischer Aufgabenstellungen der angewandten Mathematik und Informatik besteht in der Darstellung der Semantik vorgegebener Realitätsausschnitte durch formale und abstrakte Modelle. Der Abstraktionsprozeß ermöglicht es, die für eine gegebene Problemstellung relevanten Aspekte eines wahrgenommenen Realitätsausschnittes auszuwählen und unabhängig von der Vielzahl aller übrigen Aspekte der Realität abstrakt zu beschreiben. Die durch Anwendung formaler Techniken unterstützte Auswertung und Analyse eines abstrakten Realitätsmodells ermöglichen es, formale Ergebnisse herzuleiten, die dann wieder als Aussagen im Kontext des gesamten modellierten Realitätsausschnittes interpretiert werden können.

In der Informatik bezeichnet man eine wohl zusammengestellte Menge von Konzepten zur datenorientierten Beschreibung von Realitätsausschnitten auch als 'Datenmodell'. Typisch für Problemlösungsansätze der Informatik ist die Auswertung abstrakter Realitätsmodelle auf der Grundlage maschinell unterstützter Methoden ('Daten'verarbeitung). Dies setzt jedoch voraus, daß sowohl die abstrakte Darstellung des betrachteten Realitätsausschnittes (d.h. sein abstraktes Modell) als auch die Semantik der einzelnen Verarbeitungsschritte letztlich in einer maschinell interpretierbaren, d.h. in einer 'Programmier'sprache formuliert werden können. Damit stellen zunächst die Programmiersprachen selber die elementaren Beschreibungsmittel zur semantischen Modellierung von Realitätsausschnitten bereit - und zwar sowohl für die Repräsentation der 'statischen' (strukturellen) als auch der 'operationalen' (algorithmischen) Aspekte eines zu beschreibenden Anwendungsbereiches.

Frühe Programmiersprachen waren stark von den Erfordernissen der maschinellen Interpretierbarkeit geprägt und daher nur sehr begrenzt für eine direkte - d.h. abstrakte und maschinenunabhängige - Modellierung komplexer Anwendungssemantik geeignet. 'Höhere' Programmiersprachen stellen demgegenüber eher Sprachkonstrukte bereit, die einer abstrakten Beschreibung semantischer Grundkonzepte bestimmter Klassen von Realitätsausschnitten angepaßt sind.

Mit dem Übergang von maschinennahen zu höheren Programmiersprachen als Modellierungshilfsmittel komplexer Anwendungssemantik entstanden jedoch zusätzlich die folgenden Probleme: Zum einen müssen die Ausdrucksmittel höherer Programmiersprachen - möglicherweise in mehreren Schritten - auf die einer Maschine 'verständlichen' elementaren Sprachkonstrukte abgebildet werden. Diese Abbildung übernehmen in der Regel spezielle Übersetzerprogramme (Compiler). Zum anderen stellen höhere Programmiersprachen meist derartig komplexe und mächtige Formalismen dar, daß deren korrekte Verwendung nur auf der Grundlage einer vollständigen und eindeutigen syntaktischen und semantischen Definition (Spezifikation) gewährleistet werden kann. Damit erfordert auch die Verwendung höherer Programmiersprachen spezielle semantische Beschreibungsmittel, mit deren Hilfe sich die Sprachkonstrukte eindeutig und präzise spezifizieren lassen.

Schließlich können die zur semantischen Spezifikation von Programmiersprachen entwickelten Modellierungstechniken auch direkt zur Beschreibung anwendungsorientierter Realitätsausschnitte eingesetzt werden. Damit werden durch Anwendung formaler Beschreibungswerkzeuge abstrakte semantische Modelle der zu implementierenden Realitätsausschnitte erstellt. Nach den Prinzipien eines systematischen Programmentwurfes lassen sich aus den abstrakten Modellen der Anwendungssemantik schrittweise semantisch äquivalente Formulierungen in einer 'konkreten', d.h. maschinell interpretierbaren Programmiersprache ableiten.

Semantikspezifikationsverfahren werden also in verschiedenen Anwendungsbereichen zur abstrakten Repräsentation komplexer (abstrakter oder konkreter) Realitätsausschnitte eingesetzt. In jedem Fall geht es darum, mit den Mitteln einer (ihrerseits wohldefinierten) beschreibenden 'Meta'sprache die Semantik eines vorgegebenen 'Objekt'systems eindeutig und vollständig zu beschreiben. ***Funktionale*** Semantikspezifikation beschränkt sich auf die Beschreibung der semantischen Funktionalität eines Objektsystems, d.h. neben der Beschreibung der Objektstrukturen und möglichen Integritätsbedingungen vor allem auf die Semantik der Operationen. Dabei liegt das Schwergewicht der Beschreibung von ***Programmiersprachen*** und Anwendungsproblemen mit größerem algorithmischen Anteil mehr auf der Modellierung der operationalen oder 'dynamischen' Aspekte. Bei der Beschreibung von ***Datenbankmodellen*** und datenintensiven Anwendungsproblemen dagegen steht mehr die Modellierung der 'statischen' Objektstrukturen und ihrer Selektionsmechanismen im Vordergrund.

Der Hauptanteil der vorliegenden Arbeit liegt in einer Erweiterung der semantischen Modellierungskonzepte zur Beschreibung komplexer, datenintensiver Realitätsausschnitte (Kapitel 4). Die Grundkonzepte der vorgeschlagenen Datenmodellerweiterung beruhen auf Erfahrungen in der Anwendung formaler Semantikspezifikationstechniken auf Probleme im Bereich der Datenbank- und Programmiersprachen. So soll in diesem Kapitel zunächst ein Überblick über die traditionelle Verwendung von Konzepten semantischer Beschreibungsmethoden gegeben werden (Abschnitte 2.1 und 2.2). Daran anschließend werden exemplarische Anwendungen von Semantikspezifikationstechniken auf Datenbanksprachen und Datenmodelle beschrieben (Abschnitt 2.3), und es wird untersucht, wie sich formale semantische Modelle zum Entwurf und zur Analyse von Softwaresystemen verwenden und durch maschinelle Hilfsmittel unterstützen lassen (Abschnitt 2.4).

2.1.2. Semantikbeschreibungsverfahren

Die Ursprünge detaillierter Untersuchungen zur Definition von Programmiersprachen leiten sich aus einer allgemeinen Theorie der Zeichen (Semiotik) des amerikanischen Philosophen C. Morris ab [Morr38], [Morr55]. Morris unterscheidet darin zwischen den formalen Beziehungen der Zeichen untereinander (Syntax), dem Zusammenhang zwischen den Zeichen und den durch sie bezeichneten Objekten (Semantik) und der Herkunft, dem Gebrauch, und den Auswirkungen der Zeichen auf ihre Umgebung (Pragmatik).

Im Bereich der Programmiersprachen wurde zwischen der Definition von Syntax und Semantik zuerst bei der Beschreibung von ALGOL 60 im 'ALGOL 60-Report' [Naur63] klar unterschieden. Die formale Beschreibung der Sprache konzentriert sich dabei zunächst auf die *Syntax*definition mit Hilfe generativer Grammatiken, die als 'Backus-Normal-Form' (BNF) bekannt geworden sind. Sie entsprechen den von Chomsky zur Beschreibung der Syntax natürlicher Sprache vorgeschlagenen kontextfreien Grammatiken [Chom59]. Formale Beschreibungen der Syntax von Programmiersprachen bilden den Ausgangspunkt für die maschinell unterstützte Entwicklung von Übersetzerprogrammen.

Für die formale Definition der *Semantik* von Programmiersprachen hat sich bisher keine der zahlreichen Methoden in ähnlich eindeutiger Weise durchsetzen können wie die BNF bei der formalen Syntaxdefinition. Dennoch ist es etwa zur Spezifikation von Prozessoren für Programmiersprachen (z.B. [LuWa69], [FoBj79], [BjOe80], [FoBj80], [Haff81]) oder bei der Standardisierung der Funktionalität existierender Sprachen und Datenbankmodelle (z.B. [ScLa82], [LaSc83a]) entscheidend, gerade die semantischen Aspekte eindeutig und präzise zu definieren. Nur auf der Grundlage einer vollständigen und eindeutigen Sprachdefinition ist es möglich, semantisch korrekte Programme im allgemeinen und Sprachprozessoren im besonderen zu erstellen und ihre Korrektheit nachzuweisen. Denn formale Semantikspezifikationen lassen sich außer zur Herleitung von Übersetzern [Moss76] auch als Ausgangspunkt für die systematische - und damit weniger fehleranfällige - Entwicklung von Anwendungssystemen verwenden [GuHo80], [JoBj82].

Entsprechend der unterschiedlichen Darstellungshilfsmittel können die heute existierenden Ansätze formaler Semantikbeschreibungsverfahren im Bereich Programmiersprachen grob in zwei Klassen unterteilt werden: die eher ***modellorientierten*** (z.B. operationalen oder denotationalen) und die eher ***eigenschaftsorientierten***, 'indirekten' (z.B. algebraischen oder axiomatischen) Verfahren. Beide Ansätze haben unterschiedliche Eigenheiten und Vorzüge; verschiedene Verfahren können sowohl alternativ als auch als gegenseitige Ergänzung zur formalen Spezifikation von Semantik verwendet werden [HoLa74], [Dona76]. Im folgenden soll eine Übersicht über die unterschiedlichen Modellierungskonzepte gegeben werden, die zur Beschreibung komplexer semantischer Zusammenhänge in den einzelnen Ansätzen verwendet werden. Genauere Darstellungen finden sich in der zitierten Literatur sowie auch in [Lame80].

2.1.2.1. Modellorientierte Ansätze

Modellorientierte Ansätze definieren die Semantik von Programmiersprachen durch explizite Konstruktion von abstrakten Modellen, die die Semantik der 'konkreten' zu spezifizierenden Systeme beschreiben. Dabei werden die modellorientierten Semantikbeschreibungsverfahren mit dem geringsten Abstraktionsgrad, d.h. die mit der größten Nähe zur konkreten Implementation, als *operational* bezeichnet. Sie repräsentieren Semantik durch eine Folge von Zuständen, die ein hypothetisches Maschinenmodell bei der Ausführung eines zu beschreibenden Programms nacheinander durchläuft.

In den ersten Arbeiten von McCarthy [McCa63] ist ein solches hypothetisches Maschinenmodell durch einen einfachen 'Zustandsvektor' gegeben, der den jeweils aktuellen Zustand der Maschine und seine Veränderungen modelliert. Nachfolgende Arbeiten von Landin [Land64] erweitern das Modell der hypothetischen Maschine um Komponenten zur Beschreibung von lokalen Umgebungen und Kontrollstrukturen (SECD-Maschine) sowie um die Verwendung einer abstrakten Notation zur Modellierung von Ausdrücken (Lambda-Kalkül [Chur41], [Land65]). Die am weitesten entwickelte und verbreitete operationale Semantikspezifikationsmethode 'Vienna Definition Language' (VDL) [LLS70], [Wegn72] beschreibt sowohl den abstrakten Zustand der Maschine als auch die semantisch zu definierenden Sprachkonstrukte einheitlich durch abstrakte Baumstrukturen. Zur Spezifikation der Zustandsübergänge werden in VDL spezielle Operatoren zur Verfügung gestellt, die die Baumstrukturen entsprechend der zu modellierenden Semantik verändern und so als Grundlage für die Repräsentation der Semantik der Operationen dienen.

Andere modellorientierte Ansätze formaler Semantikspezifikation basieren auf einer eher kleinen Zahl von abstrakten Konzepten als Hilfsmittel zur formalen Repräsentation der Objektstrukturen. Häufig verwendet werden dazu erweiterte *Mengen*strukturen mit einer Reihe von zugehörigen Operationen. So gründet sich etwa die 'Positional Set Notation' (PSN) [Hard85] auf indizierte, ineinander geschachtelte Mengen zur Darstellung der strukturellen Semantik von Datenmodellen [Hard76]. Die zu einer ausführbaren Programmiersprache erweiterte Spezifikationssprache 'SETL' [DSS82] stellt über Mengenstrukturen hinaus auch Listen, Abbildungen und

Kontrollstrukturen als Hilfsmittel zur Verfügung, um komplexe Semantik (z.B. die der Programmiersprache ADA [KrSc84]) durch ein abstraktes Modell zu beschreiben.

Die *denotationalen* oder 'mathematischen' Verfahren formaler Semantikbeschreibung [Tenn76], [Stoy77], [Gord79] abstrahieren vollständig von allen Details eines - auch nur abstrakten - Maschinenmodells. Sie verwenden eine Menge als bekannt vorausgesetzter mathematischer Objektstrukturen (Mengen, Funktionen, Hierarchien etc.) mit den entsprechenden Operatoren, um mit ihrer Hilfe die Semantik der zu modellierenden Systeme unabhängig von allen möglichen Implementationsweisen durch ein abstraktes Modell zu 'denotieren'. Entscheidend für die Beurteilung der einzelnen denotationalen Verfahren ist die Auswahl der abstrakten, mathematischen Objekte, die zur Semantikrepräsentation verwendet werden. Da die Semantik aller Operationen durch Abbildungen zwischen abstrakten Zustandsrepräsentationen beschrieben wird, spielt in denotationalen Ansätzen der Semantikspezifikation die Verwendung von Funktionen eine große Rolle. Die Darstellung von Funktionen beruht in den ersten Vorschlägen zur denotationalen Semantikspezifikation (z.B. [Scot71]) fast ausschließlich auf der Lambda-Notation [Chur41]; in späteren Ansätzen wird auch eine erweiterte Syntax zur Funktionsdefinition verwendet (z.B [BjJo78]). Eine Übersicht über die Vielfalt der formalen Werkzeuge einer speziellen denotationalen Methode modellorientierter Semantikspezifikation wird in Abschnitt 2.2 am Beispiel der 'Vienna Development Method' gegeben.

2.1.2.2. Eigenschaftsorientierte Ansätze

Eigenschaftsorientierte Ansätze formaler Semantikspezifikation beschreiben die Semantik eines Objektsystems ganz auf der Basis seiner Eigenschaften, ohne daß ein vollständiges formales Modell als Repräsentation der Semantik des betrachteten Anwendungsbereiches angegeben wird. Dabei können verschiedene Eigenschaften des Objektsystems, die nicht explizit spezifiziert sind, durch Anwendung sowohl genereller als auch anwendungsspezifischer Regeln aus den explizit angegebenen abgeleitet werden.

Axiomatische Verfahren der Semantikbeschreibung gehen auf Floyd [Floy67] und Hoare [Hoar69] zurück und spezifizieren die Semantik von Programmiersprachen durch Angabe einer Menge logischer Axiome und Inferenzregeln. Durch Anwendung von Regeln innerhalb der Metasprache können aus einer axiomatischen Spezifikation eines Objektsystems dann auch Aussagen über Eigenschaften spezieller Programme - und damit in bestimmtem Umfang auch Korrektheitsbeweise - auf formale Weise abgeleitet werden (siehe z.B. [Grie81]). Voraussetzung für die Herleitung von Korrektheitsbeweisen ist jedoch immer, daß auch alle zu beweisenden Programmeigenschaften in dem betreffenden Formalismus ausgedrückt werden können.

Eine bekannte, frühe Anwendung axiomatischer Semantikspezifikationstechniken auf die Definition von Programmiersprachen ist die axiomatische Spezifikation der Semantik von Pascal in [HoWi73]; eine Anwendungen auf die semantische Definition von Datenbankmodellen findet sich zum Beispiel in [Brod82]. Auf semantische Problemstellungen, die sich nicht auf einfache Weise mit Hilfe axiomatischer Methoden darstellen lassen, weist [Clar77] hin.

Algebraische Verfahren der Semantikspezifikation (z.B. [GTW77], [GuHo78], [BuGo80], [Broy82]) beschreiben Programmiersprachkonstrukte als abstrakte Datentypen und spezifizieren diese als heterogene Algebren durch 'Signaturen' von Operationssymbolen über vorgegebenen 'Sorten' formaler Parametertypen. Dabei wird die Semantik der einzelnen Operatoren in der Regel durch eine Menge von definierenden Gleichungen (Axiomen) bestimmt. Algebraische Semantikspezifikationstechniken sind beispielsweise zum schrittweisen, systematischen Entwurf korrekter Programme in [Zill74], [GTW77], [Gutt78] und [Broy82] oder auch zur semantischen Definition von Datenbanksprachen in [DMW82] verwendet worden.

2.1.2.3. Unterschiede der Methoden

Die Einordnung eines gegebenen Semantikspezifikationsverfahrens in eine der beiden Klassen von formalen Semantikbeschreibungsmethoden ist nicht in jedem Fall eindeutig möglich. So erlaubt zum Beispiel der spezielle algebraische Ansatz der Spezifikationssprache 'CLEAR' [BuGo80], verschiedene, auf unterschiedliche Weise definierte Semantikbeschreibungen zu einem gemeinsamen Modell zusammenzufassen. Andererseits können aber auch Semantikspezifikationen eines modellorientierten Ansatzes in Teilen indirekt (z.B. axiomatisch) definierte Komponenten enthalten - z.B. um bewußt an bestimmten Stellen Details offen zu lassen.

Der Hauptvorteil modellorientierter Ansätze formaler Semantikspezifikation liegt in der detaillierten und anschaulichen Beschreibung der Semantik durch ein abstraktes Modell. Damit wird die Abbildung auf eine implementierbare, programmiersprachliche Schnittstelle erleichtert. Der Hauptnachteil modellorientierter Ansätze liegt in der Möglichkeit, in der Spezifikation nicht nur abstrakte Eigenschaften, sondern auch bereits Details einer bestimmten Implementation vorwegzunehmen ('implementation bias'). Allerdings lassen sich derartige Implementationsabhängigkeiten bei Verwendung möglichst abstrakter Beschreibungswerkzeuge in denotationalen Ansätzen weitestgehend vermeiden.

Der wesentliche Vorteil eigenschaftsorientierter Semantikbeschreibungsverfahren liegt in der Tatsache, daß damit ausschließlich semantische Eigenschaften und nicht Details irgendeiner speziellen Implementationsweise beschrieben werden. Außerdem ist es leichter, aus algebraischen oder axiomatischen Semantikbeschreibungen mit formalen Mitteln Eigenschaften von Programmen zu beweisen (*Verifikation*), während modellorientierte Semantikbeschreibungen in der Regel nur zur - automatischen oder manuellen - *Validierung* von Aussagen über Programmeigenschaften herangezogen werden. Allerdings sind indirekte Semantikbeschreibungen in der Regel schwieriger zu erstellen und zu verstehen, und nicht immer sind daraus auf einfache und eindeutige Weise äquivalente Implementationen mit den Mitteln herkömmlicher Programmiersprachen ableitbar.

Für die Beschreibung komplexer Anwendungssemantik mit Hilfe eines abstrakten aber dennoch möglichst direkt implementierbaren Datenmodells eignen sich also eher die Beschreibungsmittel eines modellorientierten Ansatzes. In den folgenden Abschnitten sollen daher modellorientierte Methoden der formalen Repräsentation von Semantik im Vordergrund stehen. Zunächst wird näher auf eine im wesentlichen denotationale Semantikspezifikationsmethode eingegangen, um dadurch Anhaltspunkte für die direkte semantische Modellierung komplexer datenintensiver Anwendungsbereiche zu erhalten.

2.2. DIE 'VIENNA DEVELOPMENT METHOD'

2.2.1. Entwicklung und Kennzeichen

Die 'Vienna Development Method' (VDM) [BjJo78] wurde als formales Semantikbeschreibungsverfahren vor etwa zehn Jahren am IBM-Labor in Wien entwickelt. Zunächst wurde dort eine formale Beschreibung der Semantik der Programmiersprache PL/I mit Hilfe der operationalen 'Vienna Definition Language' (VDL) [LLS70] formuliert. Als Ergebnis der dabei gemachten Erfahrungen wurde dann VDM als erweiterte, denotationale Methode zur präzisen und vollständigen Spezifikation der Semantik von Programmiersprachen vorgeschlagen und verwendet. Ziel dabei war es, aus einer vollständig formalen Definition der Sprache auf möglichst systematische Weise die Implementation eines entsprechenden Übersetzers abzuleiten. Einfluß auf die Auswahl der Beschreibungsmittel von VDM hatten sowohl frühere Erfahrungen mit der Entwicklung und Verwendung von VDL als auch - vor allem - erste Vorschläge denotationaler Semantikbeschreibungsmethoden von Scott und Strachey [Scot71].

Während der vergangenen Jahre wurde VDM zu einem abstrakten, denotationalen Ansatz einer formalen Semantikspezifikationsmethode erweitert, dessen mächtige Beschreibungsmittel neben der Definition von Programmiersprachen [Bjør77a], [Bjør80c], [Bjør83] immer mehr auch zur semantischen Unterstützung einer schrittweisen Programmentwicklung eingesetzt wurden [Bjør77b], [Bjør80a], [BjJo82], [BjPr83] etc.. Konkrete Anwendungen von VDM umfassen neben der semantischen Beschreibung von Programmiersprachen [BjOe80], [FoBj79], [FoBj80], [Haff81] auch die Spezifikation von Betriebssystemen [Mads80], Datenbanksystemen [Bjør80b], [BjLø82], [NeOl80], [Olnh81], [NeOl81], Datenbanksprachen [LaSc80] und Datenmodellen [ScLa82], [LaSc83a].

Die durch VDM zur Verfügung gestellte Metasprache 'META IV' dient zur Definition eines abstrakten, denotationalen Semantikmodells, das sich im wesentlichen aus den folgenden drei Komponenten zusammensetzt: aus abstrakten, durch mathematische Strukturen beschriebenen semantischen *Objekten* (definiert in 'Semantischen Domänen' sowie in einer globalen Zustandskomponente), aus darüber definierten *Operationen* und von diesen abgeleiteten Ausdrücken (abstrakt spezifiziert in 'Syntaktischen Domänen') sowie aus semantischen *Funktionen* (Elaborationsfunktionen), die die Semantik der syntaktischen Objekte formal spezifizieren. Zusätzlich lassen sich mit Hilfe ergänzender, prädikativer *Konsistenzbedingungen* anwendungsbedingte Einschränkungen der Objektstrukturen sowie der korrekten Anwendung der Operatoren formal beschreiben. Damit sind formale Semantikbeschreibungen in VDM mathematische Modelle, die die wesentlichen Aspekte der Struktur und des Verhaltens eines zu definierenden Objektsystems abstrakt denotieren.

2.2.2. Konzepte der Metasprache

Meta IV basiert auf einer Menge orthogonal anwendbarer mathematischer Konzepte aus der Theorie der Mengen, dem Lambda-Kalkül und der Prädikatenlogik erster Stufe. Syntaktisch sind die Sprachkonstrukte von Meta IV so aufbereitet, daß sie sowohl eindeutig verwendbar als auch - durch Anlehnung an die Syntax höherer Programmiersprachen - leicht verständlich sind.

Die abstrakten Objekte der semantischen und syntaktischen Domänen werden in Meta IV explizit durch eine Reihe von *Gleichungen* in einer BNF-ähnlichen Form definiert. Dabei können die Beschreibungen neuer, abstrakter Objekte mit Hilfe vorgegebener Konstruktoren - möglicherweise auch rekursiv - aus bereits vorher definierten generiert werden. Zur Beschreibung abstrakter Objektstrukturen bietet VDM eine Menge vordefinierter Datentypen der Metasprache mit zugehörigen Operationen an. Dazu gehören zunächst die elementaren Datentypen:

Elementare Datentypen

- NUM,INT: rationale oder ganze Zahlen mit den auf ihnen definierten Operationen +, -, *, /, <, >, =, ≠, ≥, ≤ etc.;
- BOOL : Boolesche Wertemengen mit den Operationen AND, OR, NOT, =, ≠, ==> und der Möglichkeit, quantifizierte Ausdrücke des Prädikatenkalküls erster Ordnung zu formulieren;
- QUOT : Zeichenketten, die nicht weiter unterteilbar sind, miteinander verkettet werden können, und auf die die Operationen = und ≠ anwendbar sind;
- TOKEN : Zeichenmengen für Objekte ohne weitere innere Struktur (z.B. Bezeichner) mit den Operationen = und ≠.

Neben den elementaren Datentypen stellt Meta IV auch zusammengesetzte Typen mit zugehörigen Operationen zur Modellierung von nichtelementaren Objektstrukturen zur Verfügung:

Zusammengesetzte Datentypen

- SET : zur Modellierung von ungeordneten Mengen von unterschiedlichen Objekten mit den aus der Mengenlehre bekannten Operationen ε (enthalten), u (Vereinigung), n (Durchschnitt), CARD (Kardinalität), =, ≠ etc. sowie mit expliziten und impliziten Mengengeneratoren ({...}) und Elementselektoren;
- TUPLE : zur Beschreibung von geordneten Listen von Objekten und den zugehörigen Operationen HD (erstes Objekt der Liste), TL (Rest der Liste), tuple[i] (i-tes Objekt der Liste 'tuple'), LEN (Anzahl der Objekte der Liste), ELEMS (Menge aller Objekte der Liste), IND (Menge der Indexwerte), =, ≠ etc. sowie expliziten und impliziten Listengeneratoren (<...>) und Elementselektoren;
- TREE : zur Beschreibung von aus mehreren, verschiedenartigen und einzeln selektierbaren Komponenten zusammengesetzten Objekten mit der Generatorfunktion 'mk-...' und den Komponentenselektoren 's-CompType_1, ..., s-CompType_n';
- MAP : zur Repräsentation von strukturierten Objekten, die Elemente eines vorgegebenen Definitionsbereiches mit denen eines vorgegebenen Wertebereiches in Beziehung setzen; die zugehörigen Operationen umfassen 'map(a)' (Anwendung einer Abbildung 'map' auf ein Element 'a'), DOM (Definitionsbereich), RNG (Wertebereich), u (Vereinigung), | (Restriktion), + (Änderung) =, ≠ etc. sowie explizite und implizite Generatoren für Abbildungen ([...]) und
- FUNCTION : zur Beschreibung von Funktionen, deren Definitionsbereich auch nicht endlich sein kann, und die deshalb im allgemeinen nur implizit spezifiziert werden können; die einzige für eine Funktion definierte Operation ist ihre Anwendung auf Argumente aus ihrem Definitionsbereich.

Konsistenzbedingungen

Zusätzliche, strukturelle Konsistenz- und Integritätsbedingungen können sowohl für semantische als auch für syntaktische Objekte auf der Grundlage der Definition Boolescher 'is-well-formed'-Funktionen spezifiziert werden ('statische' bzw. 'dynamische' Invarianz). Sie definieren Prädikate erster Ordnung, durch die die Menge aller in den 'Semantischen Domänen' spezifizierten ('statischen') Objekte auf die der 'wohlgeformten' begrenzt wird; außerdem kann die Menge der in den 'Syntaktischen Domänen' spezifizierten ('dynamischen') Operatoren auf die der 'korrekt angewandten' eingeschränkt werden.

Semantische Funktionen

Entsprechend einem denotationalen Ansatz ist die Semantik der syntaktischen Objekte durch semantische 'Interpretations'funktionen (für Anweisungen) oder 'Evaluations'funktionen (für Ausdrücke) definiert; die Semantik zusammengesetzter Operationen ergibt sich dabei allein durch die Komposition der Bedeutungen ihrer Einzelteile. Meta IV bietet zur Spezifikation der semantischen Funktionen verschiedene Darstellungsweisen als Alternativen an: 'implizit' mittels Vor- und Nachbedingungen oder 'konstruktiv' durch Ausdrücke, die die Berechnung der Funktionsergebnisse beschreiben; einzelne Ausdrücke können dabei entweder in 'applikativer' Form über geschachtelte Funktionsaufrufe oder auch 'imperativ' durch Verwendung von Variablen und Zuweisungen an eine global vereinbarte Zustandskomponente notiert sein.

Zur Repräsentation von Funktionen dient eine Reihe von Konstrukten der Metasprache, die an die Syntax höherer Programmiersprachen angelehnt sind und syntaktische Umschreibungen der entsprechenden Lambda-Ausdrücke darstellen. Dazu gehören Konstanten- und Variablendeklarationen (LET... BE... IN..., DCL...), Zuweisungen (':=' im Kontext imperativer Formulierungen), Kontrollstrukturen (IF... THEN... ELSE..., WHILE... oder CASE...) etc..

Anwendungen formaler Semantikbeschreibungen auf der Grundlage von VDM finden sich im folgenden Abschnitt sowie in Abschnitt 4.4 und im Anhang (8.1) am Beispiel der Semantikdefinition eines rekursiven Datenmodells.

2.3. BEISPIELE MODELLORIENTIERTER SEMANTIKSPEZIFIKATION

Verschiedenartige modellorientierte Ansätze, Semantik im Bereich Datenbanken präzise und detailliert zu definieren, sollen nun am Beispiel des relationalen Datenmodells exemplarisch vorgestellt werden. Da präzise Beschreibungen von Semantik nicht notwendig auch streng formal sein müssen, werden dabei neben vollständig formalen auch nur teilweise (oder semi-) formale Definitionsmethoden berücksichtigt.

Erfahrungen mit der präzisen Definition von Programmiersprachen sind bereits frühzeitig auch auf die Beschreibung von Datenbanksprachen und Datenmodellen angewandt worden (siehe z.B. [BGN76], [BiNe78], [LMWW79], [LaSc80], [Bjør80b] etc.). Im Zuge der Vorarbeiten zur Standardisierung des relationalen Datenbankmodells bekam eine detaillierte und vollständige Definition des Datenmodells dann eine besondere Bedeutung. Ähnlich der Entwicklung im Bereich Programmiersprachen verlagerte sich auch bei der Standardisierung von Datenmodellen und Datenbanksprachen das Schwergewicht von den syntaktischen mehr auf semantische Aspekte der Sprachdefinition [BrSc82]. Die folgenden Beispiele von semantischen Definitionen des relationalen Datenmodells sind alle - mehr oder weniger direkt - im Zusammenhang mit Bemühungen der 'Database Systems Study Group' (DBSSG) des 'American National Standards Institute' (ANSI, Subcommittee X3/SPARC) um eine Standardisierung der drei traditionellen Datenbankmodelle entstanden. Ein ausführlicher Vergleich der vorgestellten Semantikdefinitionen findet sich in [Lame83a] und [LaSc83a].

2.3.1. Semiformale Semantikspezifikation

In der von *Pirotte* in [Piro81] vorgelegten semiformalen Semantikdefinition des relationalen Datenmodells basiert der formale Teil der Beschreibung auf elementaren Mengenstrukturen, Abbildungen und einem erweiterten, 'indizierten' Cartesischen Produkt. Das erweiterte Cartesische Produkt assoziiert jeweils einen eindeutigen Indexwert mit jeder an der Produktbildung beteiligten Menge; es beschreibt also eine Menge von totalen Funktionen zwischen Indizes und den Werten der beteiligten Mengen. Dadurch kann zum Beispiel das Schema einer Relation als Abbildung zwischen

Attributbezeichnern 'A_1, ..., A_n' und Werten aus den zugehörigen Domänen (d.h. Wertemengen) 'D_1, ..., D_n' formal wie folgt als erweitertes Cartesisches Produkt dargestellt werden:

```
{ {  (A_1 --> v_1), ..., (A_n --> v_n) }  |  v_i ε D_i }.
```

Eine aktuelle Ausprägung des Wertes einer Relation ist dann jeweils als Teilmenge des verallgemeinerten Cartesischen Produkts über allen Domänen gegeben, wobei die Attributbezeichner die Indexwerte bilden. Jedes Tupel 't' eines Relationenwertes 'RV' kann damit als totale Funktion zwischen den Attributwerten 'A_i' und Werten 'v_i' der zugehörigen Domänen 'D_i' spezifiziert werden:

```
t  ε  RV   ===>
t  =  { (A_1 --> v_1), ..., (A_n --> v_n) }
mit   v_i  ε  D_i  für  1 ≤ i ≤ n .
```

Auf der Basis der Mengenoperationen auf dem erweiterten Cartesischen Produkt läßt sich dann auch die Semantik der algebraischen Operatoren des relationalen Datenmodells zum großen Teil mit formalen Mitteln beschreiben [Piro81].

Die Strukturbeschreibung der semiformalen Spezifikation des relationalen Datenmodells von *Date* in [Date82] basiert auf der hierarchischen Definition einer relationalen Datenbank mit den Mitteln einer BNF-Syntaxdefinition. So wird etwa eine 'reale' Relation (d.h. eine Datenbankrelation - im Gegensatz zu einer 'virtuellen', abgeleiteten Relation) durch die folgenden Regeln beschrieben:

```
<real_relation>  ::=  <relation_name> <attribute_set>
                      <primary_key>   <alternate_key_set>
                      <tuple_set>.
```

Zu allen derartigen Regeln werden natürlichsprachliche Erläuterungen gegeben. Die abstrakte Syntax der relationalen Operationen wird auf ähnliche Weise in einer BNF-Notation spezifiziert; die Semantik der Operationen wird dann durch im wesentlichen natürlichsprachliche Erläuterungen auf der Grundlage der hierarchischen Objektstruktur beschrieben.

Typisch für beide Formen semiformaler Semantikspezifikation ist die Verwendung einfacher mathematischer Strukturen (Mengen, Abbildungen, Hierarchien, Cartesisches

Produkt etc.) zur Darstellung der Objektstrukturen. Darauf aufbauend wird die Definition der Semantik der Operationen nur zum Teil formal notiert, zu einem (größeren) anderen Teil beruht sie in beiden Fällen lediglich auf natürlichsprachlichen Erläuterungen.

2.3.2. Mengenorientierte Semantikspezifikation

Die mengenorientierte Semantikspezifikation, wie sie etwa in der 'Positional Set Notation' (PSN) [Hard85] zur formalen Beschreibung der Semantik von Datenmodellen angewendet wird, basiert auf indizierten 'positional sets' (p-sets) als erweiterter Mengenstruktur. Dabei bestehen p-sets aus einer ungeordneten Menge von Paaren

p-set = [..., x_i @ p_i, ...],

wobei jeweils die Indizes 'p_i' entweder auf eindeutige Weise einzelne Mengenelemente bezeichnen oder - zur Darstellung des Spezialfalles nicht indizierter Mengen - durch das Sonderzeichen '#' gegeben sind. Jedes 'x_i' kann dabei sowohl ein atomarer Wert als auch (rekursiv) wiederum ein geschachtelter p-set sein.

Neben derartigen Beschreibungen von Objekten durch hierarchische Mengenstrukturen erlaubt PSN auch die prädikative Spezifikation von Konsistenzbedingungen in sogenannten 'where'-Klauseln mit einer an die Programmiersprache C angelehnten Syntax. So definiert etwa das folgende Beispiel 1 das Schema (template) eines Relationenwertes ('relation occurrence', Zeile 2) mit den zusätzlichen Integritätsbedingungen: der Relationenname muß als Zeichenfolge gegeben (Zeile 3) und eindeutig unter allen Relationenwerten sein (Zeile 4, definiert über einen Vergleich der Kardinalitäten der Mengen der Relationenwerte und -namen); außerdem gilt für alle Tupel des Relationenwertes (Zeile 5): sie müssen gleich der mit der Hilfsfunktion 'attributes' gewonnenen Relationenstruktur sein (Zeile 6) etc.. Zur Spezifikation der Konsistenzbedingungen der Tupel wird in Beispiel 1 eine Variable verwendet, die zu Beginn der Spezifikation über der Menge aller Relationenwerte deklariert sein muß (Zeile 1).

Beispiel 1: PSN Objekt-Spezifikation

```
BEGIN <range-definition>
       RG  Ro  IS  Rel_occ                                    (1)
END   <range-definition>;

TEMPLATE Rel_occ = [ [ Rel_name @ Name,
                       Rel_rng  @ Relation ] # ... ]          (2)
   WHERE
      ISA  -C  Rel_name,                                      (3)
      CD Rel_occ  =  CD ( CR WITH (Ro.Name) ),                (4)
      TEMPLATE  Rel_tpl = [ [ Val @ Attr (i)..i ] #
                                                 ... ]        (5)
         WHERE
            ISIN  Attr (i)  attributes (Rel_name)             (6)
            . . .
```

Die hierarchische Spezifikation der Objektstrukturen mit p-sets läßt sich in etwa mit der Verwendung des erweiterten Cartesischen Produkts [Piro81] vergleichen. Durch Verwendung zusätzlicher Beschreibungsmittel ermöglicht es PSN darüberhinaus jedoch, auch die Spezifikation von Konsistenzbedingungen und Operationen auf durch p-sets beschriebenen Objekten formal auszudrücken.

Zur Repräsentation der in Datenmodellen auftretenden Operationen stellt PSN eine Reihe elementarer Grundoperatoren auf p-sets zur Verfügung [HaSa81]. Damit kann beispielsweise das Einsetzen eines Tupels in einen Relationenwert durch p-set-Operationen auf der PSN Repräsentation des Relationenwertes formal wie folgt spezifiziert werden:

Beispiel 2: PSN Operationen-Spezifikation

```
insert_tuple (Rel, New_tuple)
   char *Rel, *New_tuple
   {
     . . .
     RL X;                                                   (1)
     RG X IS Rel_occ;                                        (2)

     CR Temp_1 WITH (X.ALL)
               WHERE (x.Name = Rel);                         (3)

     RL Y;                                                   (4)
     RG Y IS Temp_1;                                         (5)
     RL Z;                                                   (6)
     RG Z IS Y.Relation;                                     (7)

     CR Temp_2 WITH Z.ALL;                                   (8)

     UN (Temp_2 New_tuple INTO Temp_3);                      (9)
     . . .
   }.
```

In Beispiel 2 wird zunächst ein temporärer p-set erzeugt (CR), der die durch den Parameter angegebene Relation (Zeile 3) enthält, dann ein anderer, der alle Tupel dieser Relation (Zeile 8) umfaßt. Schließlich wird in einem dritten temporären p-set der neue Wert der Relation als Vereinigung (UN) von Mengen konstruiert (Zeile 9). Vorher müssen noch alle Bereichsvariablen deklariert (RG) (Zeilen 2,5,7) und von möglichen vorherigen Bindungen gelöst (RL) werden (Zeilen 1,4,6).

2.3.3. Formale Semantikspezifikation

Beispiel 3 für eine formale Spezifikation der Semantik des relationalen Datenmodells orientiert sich an einem Auszug aus dem Abschlußbericht der ANSI/X3/-SPARC/DBSSG 'Relational Task Group' (RTG). Die RTG schlägt darin vor, das relationale Datenmodell funktional - und nicht rein syntaktisch - zu standardisieren und stellt dementsprechend im Anhang ihres Berichtes exemplarisch eine formale Semantikdefinition des Datenmodells vor [ScLa82], [BrSc82]. Diese Semantikspezifikation beschreibt die Struktur einer relationalen Datenbank sowie die Semantik ausgewählter Operationen des relationalen Datenmodells mit den Mitteln von Meta IV, der Metasprache von VDM; einen Ausschnitt daraus gibt Beispiel 3 wieder.

In den 'Semantischen Domänen' wird eine relationale Datenbank (hier vereinfacht) als Menge von identifizierbaren Relationenwerten durch eine abstrakte Abbildung dargestellt (Zeile 1). Dabei ist jeder einzelne Relationenwert als Menge von Tupelrepräsentationen spezifiziert (Zeile 2). Tupel werden durch Abbildungen von der Menge ihrer Attributbezeichner in die der möglichen Attributwerte repräsentiert (Zeile 3). Diese Werte können (wieder vereinfacht) entweder als Zahlen, Wahrheitswerte oder Zeichenketten gegeben sein (Zeile 4). Die Attributbezeichner schließlich werden als 'tokens' ohne weitere innere Struktur modelliert (Zeile 5).

Beispiel 3: VDM Semantikspezifikation

```
Semantische Domänen:
====================

  REL_DB    =  (REL_ID --> REL_VALUE)                        (1)
  REL_VALUE =  TUPLE-Set                                     (2)
  TUPLE     =  (ATTR_ID --> VAL)                             (3)
  VAL       =  NUM | BOOL | QUOT                             (4)
  ATTR_ID   =  TOKEN                                         (5)
```

Die Menge aller auf diese Weise strukturell beschriebenen relationalen Datenbanken wird durch zusätzliche Konsistenzprädikate weiter eingeschränkt. So müssen zum Beispiel alle Tupel einer jeden Datenbankrelation die gleiche Struktur, d.h. die gleiche Menge von Attributbezeichnern etc. haben:

```
Statische Konsistenzbedingungen:
================================

  is-wf-REL_DB (rel_db) =
  -----------------------
     ( ALL rel_id ε DOM rel_db )
       ( ALL tpl_1, tpl_2 ε rel_db (rel_id) )
         ( DOM tpl_1 = DOM tpl_2 )
  AND  . . .

  TYPE : REL_DB ---> BOOL.
```

Die Spezifikation der abstrakten Struktur der Operationen soll wiederum am Beispiel des Einsetzens eines Tupels in einen Relationenwert demonstriert werden. Gegeben sei dazu der Bezeichner der zu verändernden Relation und der Wert des neu einzusetzenden Tupels:

```
Syntaktische Domänen:
=====================

  Insert    =  REL_ID New_tuple
  New_tuple =  TUPLE.
```

Auch bezüglich dieser Operation muß in zusätzlichen ('dynamischen') Konsistenzbedingungen beispielsweise sichergestellt sein, daß eine Relation mit dem angegebenen Bezeichner überhaupt in der Datenbank existiert (Zeile 1) und daß das neu einzusetzende Tupel die 'richtige' Struktur hat (Zeile 2):

Dynamische Konsistenzbedingungen

```
is-wf-Insert (insert) (rel_db) =
---------------------------------
  LET mk-Insert (rel_id, new_tuple) BE insert IN
      rel_id ε DOM rel_db                                  (1)
  AND ( ALL tuple ε rel_db (rel_id) )
        ( DOM tuple = DOM new_tuple )                      (2)
  AND . . .

TYPE : REL_DB ---> BOOL.
```

Schließlich wird die Semantik der Einsetzoperation durch die folgende semantische Funktion in Meta IV formal denotiert:

Elaborationsfunktionen:

```
int-Insert (insert) (rel_db) =
------------------------------
  LET mk-Insert (rel_id, new_tuple) BE insert IN
  LET set_1   BE rel_db (rel_id) ,
      set_2   BE { new_tuple } IN

  LET new_set BE set_1 u set_2 IN
      rel_db + [ rel_id --> new_set ]

TYPE : Insert --> ( REL_DB ---> REL_DB ).
```

Diese Spezifikation beschreibt die Semantik der Operation 'Insert' als Übergang von einem Datenbankzustand (vor Ausführung der Operation) auf einen anderen (nach deren Ausführung).

2.4. *VERWENDUNG SEMANTISCHER BESCHREIBUNGEN*

2.4.1. *Ziele, Hilfsmittel und Grenzen*

Der Einsatz formaler oder semiformaler Hilfsmittel zur Semantikspezifikation läßt sich besonders bei der Beschreibung semantisch komplexer Realitätsausschnitte rechtfertigen. Deren Komplexität spiegelt sich jedoch in der Regel in den resultierenden semantischen Modellen wider und erschwert so deren Analyse. Neben der Gewinnung von Erfahrungen beim Erstellen des Semantikmodells ist aber gerade die Analyse der abstrakten Repräsentation ein wesentliches Ziel der Verwendung detaillierter Semantikbeschreibungen. So entsteht der Wunsch, maschinelle und konzeptionelle Hilfsmittel zur Entwicklung, Integration, Konsistenzprüfung, Wartung und insbesondere zur Evaluierung komplexer Semantikmodelle einzusetzen.

Die Unterstützung des Entwurfs und der Verwendung detaillierter Semantikspezifikationen könnte mit dem Einsatz spezieller, syntaxgesteuerter Editoren für formale Semantikmodelle beginnen, dann die automatische Überprüfung von semantischen Integritäts- und Konsistenzbedingungen umfassen, Definition und Verwendung von Typen in formalen Semantikmodellen überprüfen, Bibliotheken von Komponentenspezifikationen integrieren, Transformationen zwischen verschiedenen Abstraktionsebenen automatisch durchführen etc. (vgl. auch [GHW82] und [PHPG83]). Die wichtigste Aufgabe der Analyse und Evaluierung von Semantikmodellen ist es jedoch, Kriterien zum Nachweis der semantischen Korrektheit der spezifizierten Programme oder der Implementation von Sprachkonstrukten bereitzustellen. Hierzu können im wesentlichen die folgenden drei Ansätze unterschieden werden.

2.4.1.1. Verifikation

Ein sehr strikter und formaler Ansatz besteht darin, semantische Korrektheit mit Hilfe formaler Mittel zu ***beweisen***, d.h. anhand des Semantikmodells formal zu verifizieren. Dies setzt zunächst ein Semantikmodell voraus, das die Herleitung von Programmeigenschaften auf formale Weise ermöglicht. Daneben müssen aber auch die zu beweisenden Aussagen formal beschrieben werden können. Am ehesten sind diese Voraussetzungen in eigenschaftsorientierten, axiomatischen Methoden der Semantikspezifikation gegeben.

So wird etwa in [Grie81] die Semantik von Programmiersprachkonstrukten durch Angabe von Vor- und Nachbedingungen axiomatisch wie folgt spezifiziert: Für eine Anweisung 'S' und einen durch ein Prädikat 'R' beschriebenen Systemzustand ***nach*** Ausführung von 'S' definiert das Prädikat 'wp (S,R)' die Semantik von 'S' als Aussage über Mindestanforderungen an die Eigenschaften des Systemzustandes ***vor*** Ausführung von 'S'. Zum Beispiel läßt sich auf diese Weise die Semantik der Zuweisung wie folgt (leicht vereinfacht) definieren:

wp (" x := e ", R) = R (x/e),

d.h. wenn nach Ausführung der Operation "x:=e" der Zustand 'R' gelten soll, so muß vorher (mindestens) der durch das Prädikat 'R (x/e)' beschriebene Zustand gegolten haben, der aus wp entsteht, wenn jedes freie Vorkommen von 'x' in 'R' durch 'e' ersetzt wird.

Unter Verwendung analoger Semantikdefinitionen zum Beispiel für die sequentielle Komposition der Ausführung von Anweisungen 'S1' und 'S2'

wp (" S1; S2 ", R) = wp (" S1 ", wp (" S2 ", R))

sowie durch eine Reihe von generellen Regeln für die Transformation von Prädikaten (z.B. Distributivität von Konjunktion und Disjunktion, Monotoniegesetz etc.) lassen sich nun Aussagen über Programme formal herleiten. So beweisen etwa die Gleichungen des Beispiels 4, daß das Programmstück "t:=x; x:=y; y:=t" die Werte der beiden Variablen 'x' und 'y' vertauscht:

Beispiel 4: Beweis von Programmeigenschaften

```
    wp ( "t:=x; x:=y; y:=t", x=X AND y=Y )
  = wp ( "t:=x; x:=y", wp ("y:=t", x=X AND y=Y) )          (+)
  = wp ( "t:=x; x:=y", x=X AND t=Y )                       (*)
  = wp ( "t:=x", wp ("x:=y", x=X AND t=Y) )                (+)
  = wp ( "t:=x", y=X AND t=Y )                             (*)
  = ( y=X AND x=Y )                                        (*)
```

d.h. - formal ausgedrückt - 'x' hat nach Ausführung der Anweisungsfolge den Wert 'X' und 'y' den Wert 'Y', wenn vorher 'y' den Wert 'X' und 'x' den Wert 'Y' hatte. Dabei verwenden die mit (*) bezeichneten Zeilen des Beweises die Semantikdefinition der Zuweisung, und die mit (+) bezeichneten Zeilen basieren auf der Semantikspezifikation der Komposition von Anweisungen.

Die Grenzen der Verifikation von formalen Semantikspezifikationen liegen zunächst in der Tatsache, daß nur auf formale Weise formulierte Aussagen an formalen Modellen verifiziert werden können. Nicht notwendig geben jedoch diese Aussagen wiederum die zu verifizierende Semantik vollständig und korrekt wieder. Zudem ist die Formulierung der formalen Aussagen und Modelle sowie die Herleitung der notwendigen Beweise im allgemeinen aufwendig und fehleranfällig. Nur zum Teil kann die Herleitung von Beweisen - etwa durch Theorembeweiser (z.B. [Moss74], [Moss79]) - automatisch unterstützt werden.

2.4.1.2. Entwurfsmethodik

Ziel einer anderen Klasse von Techniken zur Produktion möglichst zuverlässiger Software ist nicht der Beweis von Programmeigenschaften sondern die Anwendung einer systematischen Entwurfsmethodik zur Herleitung von schrittweise konkreter werdenden Semantikdefinitionen. Dabei werden Verifikationsschritte zum Beweis der Äquivalenz jeweils zweier aufeinanderfolgender Abstraktionsebenen der schrittweisen Semantikspezifikation verwendet.

Auf diese Weise wird zum Beispiel die Korrektheit der systematisch durch schrittweise Verfeinerung von Spezifikationen auf der Grundlage der 'Vienna Development Method' (siehe Abschnitt 2.2) entwickelten Software wie folgt überprüft [Jone80. Die Korrektheitsprüfung basiert auf einer Funktion 'retr-<Object>', die zu jeder - im Sinne der schrittweisen Spezifikation - konkreteren Objektdarstellung die zugehörige abstraktere liefert. Damit kann dann die Korrektheit jeweils einer Konkretisierungsstufe im Verhältnis zur vorangegangenen durch das folgende Übergangsdiagramm beschrieben werden [PHPG83]:

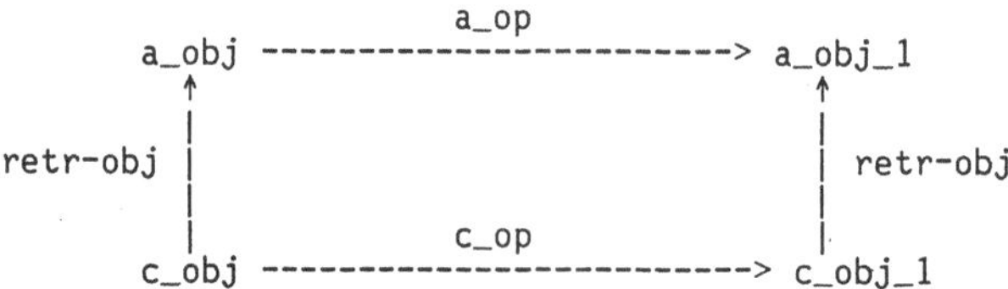

Dabei ist 'a_op' eine Operation auf der abstrakteren Ebene der Semantikspezifikation, die ein gegebenes Objekt 'a_obj' in ein Objekt 'a_obj_1' transformiert; entsprechend transformiert 'c_op' ein Objekt 'c_obj' auf der konkreteren Ebene in 'c_obj_1'. Es gilt damit für einen korrekten Transformationsschritt:

a_op (retr-obj (c_obj)) = retr-obj (c_op (c_obj)).

Auch die entwurfsorientierten Techniken der Korrektheitsüberprüfung basieren also auf generellen und vollständigen Semantikbeschreibungen, allerdings können diese auch anders als streng axiomatisch (z.B. durch ein VDM Modell) vorgegeben sein. Korrektheitsbeweise sind hier Beweise der Äquivalenz von Semantikmodellen und - dementsprechend - nicht immer einfach.

2.4.1.3. Erstellen von Prototypen

Ausgehend von modellorientierten Ansätzen der Semantikspezifikation verfolgt die Erstellung und Evaluierung von Prototypen einen entgegengesetzten Weg: auf formale Beweise von Programmeigenschaften wird ganz verzichtet, stattdessen wird ein gegebenes Semantikmodell direkt auf einer dafür geeigneten Maschine ausgeführt; sein Verhalten wird - informell - in Relation zum erwarteten Verhalten des spezifizierten Objektsystems überprüft.

Ein Prototyp abstrahiert von den Eigenschaften des modellierten Objektsystems, indem er bestimmte Aspekte unberücksichtigt läßt: zunächst wird von Effizienz und Ausführungsgeschwindigkeit abstrahiert, zudem möglicherweise von bestimmten Funktionen des Objektsystems ('vertical prototyping') oder auch nur von speziellen Details solcher Funktionen ('horizontal prototyping') [Floy84].

Die Probleme der Verwendung von Prototypen zur Korrektheitsprüfung sind ähnlich denen des Testens von Programmen: nachgewiesen werden können nur Fehler im Verhalten des modellierten Systems, die umfassende Korrektheit kann nicht festgestellt werden. Zudem ist die Weiterentwicklung eines Prototyps zum Gesamtsystem meist nicht auf direkte Weise und mit den notwendigen Korrektheitsüberprüfungen möglich. Allerdings kann mit Hilfe eines automatisch unterstützten Prototypgenerators die Evaluierung eines geplanten Systems durch seine Endbenutzer bereits in einer sehr frühen Phase der Entwicklung durchgeführt werden, ohne daß dafür spezielle Kenntnisse in Techniken formaler Semantikspezifikation auf Seiten der Endbenutzer erforderlich sind.

2.4.2. Automatische Interpretation von Semantikmodellen

Eine direkte Möglichkeit, Semantikmodelle mit automatischen Mitteln zu analysieren, beruht auf der Nutzung eines automatischen Interpretationssystems für formale Semantikspezifikationen. Ein abstraktes Modell kann auf diese Weise als Prototyp des Objektsystems direkt ausgeführt und durch den Endbenutzer selber validiert werden. Dabei ist gewährleistet, daß alle im formalen Modell spezifizierten Eigenschaften des Objektsystems auch durch den Prototyp entsprechend simuliert werden.

Zur Realisierung der Abbildung einer formalen Beschreibungssprache auf die Benutzerebene eines implementierten Interpretationssystems bieten sich drei konzeptionell verschiedene Ansätze an, die im folgenden an Beispielen erläutert werden.

2.4.2.1. Exekution formaler Modelle

Zunächst einmal wird von einer abstrakten Spezifikationssprache - oder von einer Teilmenge davon - in unveränderter Form ausgegangen, um diese Metasprache dann mit den Mitteln einer allgemeinen, in der Regel höheren Programmiersprache zu implementieren. Ein Beispiel dafür gibt Ollongren mit der Implementation einer Teilmenge von Meta IV in LISP.

In [Ollo81] wird gezeigt, daß es möglich ist, abstrakte Sprachkonstrukte von META IV durch schrittweise Verfeinerung zunächst in eine Zwischenform und diese dann in LISP abzubilden. Die Repräsentation der META IV-Objekte in der Zwischenform basiert auf der Verwendung von sogenannten 'geschachtelten Feldern' ('multilevel arrays') als abstrakten Datentypen der Zwischensprache [Ollo79]. Diese verallgemeinerten Feldstrukturen sind hierarchisch strukturiert und rekursiv mit entsprechend mehrstufigen Indexstrukturen definiert. Sie stellen eine Verallgemeinerung der Baumstrukturen der Metasprache von VDL [Ollo74] dar. Geschachtelte Feldstrukturen dienen zunächst als gemeinsame Repräsentation für abstrakte Abbildungen,

Baumstrukturen und Selektionsmechanismen in META IV, dann werden sie und die zugehörigen Selektoren durch entsprechende Funktionen in LISP implementiert.

In Beispiel 5 sei hier die Repräsentation eines Teils eines abstrakt in META IV spezifizierten Geschäftes angeführt (nach [Ollo79] und [BjJo78]):

Beispiel 5: Implementation von META IV in LISP

```
Definition der Objektmengen in META IV
======================================

   GROCER      :: s-shelves: SHELVES  s-store : STORE
                  s-cash : CASH  s-catalogue : CATALOGUE
   SHELVES      = (WNO --> INT)
   STORE        = (WNO --> INT)
   CASH         =  INT
   CATALOGUE    = (WNO --> DESCRIPTION)
   DESCRIPTION  = s-price : PRICE  s-minimum : MINIMUM
                  s-maximum : MAXIMUM  s-size : SIZE
   PRICE, MINIMUM,
   MAXIMUM; SIZE  = INT

Repräsentation eines Objektes 'Grocer' in LISP
==============================================

   ((s-shelves (wno_1.10)
               (wno_2.11)
               (wno_3.12))
    (s-store (wno_1.100)
             (wno_2.200)
             (wno_3.300))
    (s-cash.100)
    (s-catalogue (wno_1 (s-price.15)
                        (s-minimum.1)
                        (s-maximum.20)
                        (s-size.100))
                 (wno_2 (s-price.25)
                        (s-minimum.5)
                        (s-maximum.50)
                        (s-size.80)))).
```

Die Selektion des Preises des Artikels mit der Warennummer '2' kann beispielsweise durch Anwendung einer in LISP definierten Selektionsfunktion 'Sel_comp' für die geschachtelte Komponentenselektion auf eine Liste von Komponentenselektoren wie folgt ausgedrückt werden:

```
(Sel_comp Grocer (LIST 's-catalogue 'wno_2 's-price)).
```

2.4.2.2. Nichtprozedurale Programmiersprachen

Der zweite Ansatz zur automatischen Evaluierung formaler Semantikspezifikationen geht von der Verwendung einer implementierten Programmiersprache als Metasprache für die Beschreibung von Semantik aus. Natürlich sind die auf diese Weise erstellten Semantikmodelle direkt ausführbar. Allerdings sind nur solche Programmiersprachen wirklich zur abstrakten Semantikdefinition einzusetzen, deren sprachliche Mittel es gestatten, von implementationsbedingten Details der Realisierungen zugehöriger Übersetzer weitestgehend zu abstrahieren.

Beispiele für derartige nichtprozedurale ('very-high-level') Programmiersprachen stellen etwa die auf dem Logikkalkül beruhende 'logische' Programmiersprache PROLOG [Kowa79], [ClMe81] oder die auf erweiterten Mengenstrukturen beruhende höhere Programmier- und Spezifikationssprache SETL [DSS82] dar. Beide Sprachen verwenden im Verhältnis zu generellen Semantikspezifikationsverfahren zwar eingeschränkte aber genügend abstrakte Beschreibungsmittel, für die spezielle Sprachprozessoren existieren.

Logische Problembeschreibungen in PROLOG erlauben es, in vielen Fällen von einer detaillierten Spezifikation der Kontrollstrukturen und einer expliziten Beschreibung des Datenflusses zu abstrahieren und trotzdem direkt ausführbare Semantikmodelle zu generieren [Kowa78]. Auf der Basis des Resolutionsprinzips zum Beweisen von Theoremen können Aussagen (goals) anhand vorher spezifizierter Axiome und Ableitungsregeln automatisch entweder verifiziert oder falsifiziert werden. Dadurch lassen sich prädikatenlogisch formulierte Eigenschaften von in PROLOG beschriebenen Objektsystemen auf direkte Weise auch automatisch verifizieren. Möglichkeiten und Grenzen des Einsatzes von PROLOG zur Spezifikation und Analyse von Prototypen sind in [LeSc84] eingehender beschrieben.

Die Sprache SETL wurde zum Beispiel in einem in [KrSc84] und [KSS84] diskutierten Projekt zur Spezifikation und Herleitung der Implementation eines Übersetzers für die Programmiersprache ADA eingesetzt. Dabei entstand schrittweise ein semantisches Modell von ADA (bestehend aus zunächst 2000, später ca. 25000 Zeilen Beschreibung in SETL), das sowohl zur semantischen Definition der implementierten Sprache als auch als erster, automatisch evaluierbarer Prototyp eines Übersetzers diente. Durch anschließende Verfeinerung der abstrakten Beschreibungsmittel der Semantikspezifikation von ADA in SETL konnte so das abstrakte Semantikmodell auch als Entwurfshilfsmittel für die Implementation eines effizienteren Übersetzers eingesetzt werden [DGLS79].

2.4.2.3. Spezielle Semantikinterpretationssysteme

Der dritte Ansatz schließlich stellt einen Kompromiß zwischen den beiden vorangegangenen dar: weder wird ganz von einer generellen Semantikspezifikationsmethode noch von einer allgemein verwendbaren höheren Programmiersprache ausgegangen; es wird vielmehr eine eigene, relativ einfache Spezifikationssprache - in der Regel für einen eingeschränkten Anwendungsbereich - definiert, für die aber noch mit nicht allzu großem Aufwand ein vollständiger Sprachprozessor implementiert werden kann.

Ein Beispiel für ein spezielles System zur Interpretation von Semantikmodellen bildet der 'Positional Set Processor' (PSP) [HaSa81], [KHS82], [DeHa81], der semantische Definitionen von Datenmodellen in PSN automatisch interpretiert und evaluiert. Die Spezifikationssprache des PSP beschränkt sich im wesentlichen auf die Beschreibungsmittel der PSN [Hard85], die auf die semantische Modellierung von Datenmodellen zugeschnitten sind. Hier machen die Benutzerfunktionen des Interpretationssystems den wesenlichen Teil der operationalen Mittel der mengenorientierten Beschreibungssprache aus.

Die Benutzerschnittstelle des PSP stellt neben Repräsentationen der PSN 'p-sets' insbesondere Operationen auf den erweiterten Mengenstrukturen zur Verfügung. Dazu gehören zunächst die klassischen Mengenoperationen, dann spezielle Operationen zum Erzeugen, Ändern und Löschen von p-sets sowie zusätzliche Hilfsoperationen (für Details siehe [KoHa81]). Weitergehende semantische Ausdrucksformen der zu spezifizierenden Datenmodelle (z.B. Kontrollstrukturen, komplexere Operationen etc.) müssen direkt durch entsprechende Codierungen in der Programmiersprache C ausgedrückt werden.

Ein Beispiel für die semantische Definition eines Ausschnittes des relationalen Datenmodells wurde bereits in Abschnitt 2.3.2 vorgestellt. Nach Spezifikation des Datenmodells kann auf der Benutzerebene des PSP eine konkrete Datenbank entsprechend der durch das Modell vorgegebenen Datendefinitionssprache deklariert und initialisiert werden. Danach lassen sich die durch das Datenmodell zur Verfügung gestellten und durch PSP-Operatoren spezifizierten Operationen am Beispiel dieser Datenbank interaktiv ausführen und analysieren. (Anmerkung: Diese Analyse schließt allerdings Performanzaspekte im wesentlichen aus. Auf Bestrebungen, auch Performanzfragen in formalen Spezifikationen zu berücksichtigen, weist Shaw in [Shaw84] hin.)

In der direkten Ausführbarkeit der Ausdrucksmittel der Datendefinitions- und Datenmanipulationssprache eines mit PSN semantisch spezifizierten Datenmodells liegt der große Vorteil des PSP. Die zur Semantikspezifikation verwendete Beschreibungssprache PSN ist jedoch nicht abstrakt genug, um auch als generelle Metasprache zur Semantikspezifikation von Datenmodellen zu dienen. Abschließend soll daher ein Vorschlag behandelt werden, der versucht, die Vorteile einer allgemeinen, abstrakten Semantikspezifikationsmethode (hier VDM) mit denen eines implementierten Interpretationssystems für eine spezielle Metasprache (hier gegeben durch PSN) zu kombinieren.

2.4.3. Integration formaler und interpretativer Semantikmodelle

Ähnlich der Verwendung mehrstufiger Felder im Ansatz von Ollogren können die speziellen aber vielseitig zur detaillierten Semantikdefinition verwendbaren Konstrukte der PSN als sprachliche Zwischenform für die Implementation einer allgemeineren Metasprache dienen. Diese Lösung hat gegenüber dem Vorschlag von Ollongren den Vorteil, daß Semantikrepräsentationen in PSN direkt auf dem PSP interpretierbar sind und somit die Abbildung auf eine zusätzliche Programmiersprache entfallen kann.

In [Lame83b] wird im einzelnen gezeigt, wie die formalen Beschreibungsmittel der VDM-Metasprache META IV durch PSN dargestellt und auf dem PSP interpretiert werden können: Die Objektdefinitionen der semantischen Domänen werden durch Definitionen entsprechender Typen von p-sets repräsentiert, wobei statische Konsistenzbedingungen in den WHERE-Klauseln der p-set-Definitionen ausgedrückt werden. Der globale Zustand eines Semantikmodells in META IV ist dann durch eine Menge aktueller p-set-Ausprägungen auf dem PSP gegeben.

Die Spezifikation der semantischen Operationen in META IV läßt sich in entsprechende Funktionsdefinitionen auf dem PSP transformieren. Dabei kann für alle vordefinierten, abstrakten VDM (Meta-) Datentypen und ihre Operationen eine äquivalente Darstellung mit den sprachlichen Mitteln des PSP angegeben werden. Zum Beispiel kann die Definition abstrakter Abbildungen in META IV, die entweder

```
explizit:  [ a_1 --> b_1, ..., a_n --> b_n ]        oder
implizit:  [ a --> b  |  a ε A  AND  b ε B  AND  pred (a,b) ]
```

definiert sind, durch folgende p-set Definitionen implementiert werden:

```
explizit:  [ [ a_1 @ argument, b_1 @ result ] @ # ... ]   oder
implizit:  RG a IS A;  RG b IS B;
           CR WITH  (argument := a; result := b)
              WHERE (pred (a,b)).
```

Als Beispiel für die Repräsentation der Operationen der abstrakten Datentypen von Meta IV sei hier die Funktion 'Map_alter' definiert, die die Änderungsoperation '+' von abstrakten Abbildungen der Metasprache auf dem PSP implementiert:

```
FUNCTION Map_alter (map_1, map_2 : p-set) : p-set =
   IF ... <* parameter types ok *> ...
      THEN { RG p IS map_1;
             CR temp WITH (p.ALL)
                WHERE NOT ( ISIN p.argument Map_dom (map_2) );
             UN temp map_2 }
      ELSE <* exception *>.
```

Die Funktion verwendet die PSP-Repräsentation 'Map_dom' der META-IV-Funktion 'DOM' zur Bestimmung des Definitionsbereiches einer Abbildung. Eine detaillierte Beschreibung aller PSN/PSP-Repräsentationen der Metasprachkonstrukte findet sich in [Lame83b].

Die Abbildung eines wesentlichen Teils der VDM-Metasprachkonstrukte auf die Benutzerschnittstelle des PSP führt also - je nach Betrachtungsweise - entweder zu einer relativ einfachen Implementation von META IV auf dem PSP oder zu einer in Richtung auf META IV erweiterten Spezifikationssprache des PSP zur abstrakten und automatisch evaluierbaren Modellierung der Semantik von Datenmodellen. Ein weiterer Vorteil eines Interpretationsprogramms für in VDM ausgedrückte Semantikmodelle besteht darin, daß neben der Ausführung von Operationen auch die Konsistenz und - so weit wie möglich - auch die Vollständigkeit des formalen Modells sowie die Einhaltung aller spezifizierten Integritätsbedingungen automatisch überwacht werden können.

Mit der Implementation eines maschinellen Interpretationsprogrammes für Konzepte und sprachliche Ausdrucksmittel einer abstrakten Semantikbeschreibungsmethode ist nun der Weg zur direkten Datenmodellierung nicht mehr weit. Das nächste Kapitel beschäftigt sich mit Konzepten, die speziell zur semantischen Modellierung datenintensiver Anwendungsbereiche entworfen und (zum größten Teil) in zugehörigen Datenverwaltungssystemen realisiert sind. Es wird diskutiert, wie auch in der Modellierung datenintensiver Anwendungsbereiche versucht wird, einen Kompromiß zwischen den beiden, im allgemeinen konträren Zielen semantischer Modellierung zu finden: Einerseits sollen die verwendeten semantischen Konzepte möglichst mächtig und abstrakt, andererseits die sie realisierenden Datenverwaltungssysteme möglichst einfach und effizient implementierbar sein.

3. MODELLIERUNG DATENINTENSIVER ANWENDUNGSBEREICHE

3.1. DATENMODELLIERUNG

3.1.1. Aufgaben und Ziele der Datenmodellierung

Unter 'Datenmodellierung' versteht man die datenorientierte Beschreibung eines Ausschnittes der wahrgenommenen Realität. Zur Problembeschreibung wird dabei oft eine formale Sprache verwendet, die entweder direkt durch einen Rechner interpretierbar ist oder auf die Benutzerschnittstelle eines existierenden Sprachprozessors abgebildet werden kann. Die Konzepte der Beschreibungssprache sollen es gestatten, auf der einen Seite die Semantik des zu modellierenden Realitätsausschnittes auf möglichst direkte Weise wiederzugeben, auf der anderen Seite aber auch die resultierenden Semantikmodelle mit vertretbarem Aufwand auf realen Rechnern zu verwirklichen. Beide Ziele sind in der Regel nicht gleichzeitig zu erreichen. Die Datenmodellierung muß also konzeptionelle Unterstützung liefern, um sowohl in der Regel komplizierte Realitätsausschnitte angemessen darzustellen als auch um derartige Beschreibungen auf die Benutzerschnittstelle existierender oder realisierbarer, rechnergestützter Datenverwaltungssysteme abzubilden.

Bei Problemen der Beschreibung datenintensiver Anwendungsbereiche, auch 'Datenbankprobleme' genannt, kommt der Datenmodellierung eine besondere Bedeutung zu. Aufgabe der Datenmodellierung im Datenbankbereich ist es, möglichst allgemein verwendbare Konzepte und Hilfsmittel für die Repräsentation datenintensiver Realitätsausschnitte bereitzustellen. Dabei stehen zunächst einmal strukturelle, dann aber auch operationale und integritätsbezogene Aspekte des Anwendungsbereiches im Vordergrund. Die formalen Beschreibungsmittel dienen insbesondere dazu, für die Daten geeignete, abstrakte Organisationsformen zu finden, um so die Daten in effektiver Weise auf die Speicherstrukturen eines Rechners abbilden, automatisch verwalten und auf einfache Weise manipulieren zu können.

Die Gesamtheit einer Menge zusammengehöriger Beschreibungskonzepte der Datenmodellierung bezeichnet man auch als ein 'Datenmodell'. Nach [TsLo82] ist ein Datenmodell ein intellektuelles Werkzeug, das eine Beziehung herstellt zwischen einer abstrakten Interpretation eines Weltausschnittes und seiner Repräsentation durch Daten. In jedem Fall kann - und soll - ein Datenmodell jedoch immer nur der Repräsentation *eines Teils* des Wissens über einen Realitätsausschnitt dienen. Welcher Teil eines Anwendungsbereiches dabei ausgewählt wird, wird durch den *Abstraktions*prozeß bei der Datenmodellierung festgelegt.

Wichtig für ein Datenmodell ist es, den durch eine Anwendung vorgegebenen Realitätsausschnitt möglichst abstrakt, d.h. weitestgehend unabhängig von den Beschränkungen real existierender Rechensysteme zu modellieren. Mengen, Relationen, Prädikate, abstrakte Datentypen und nichtprozedurale Sprachelemente sind Beispiele für allgemeine, 'höhere' Modellierungswerkzeuge, die eine 'datenunabhängige' (d.h. implementationsunabhängige) Problemspezifikation ermöglichen. Außerdem sollen die Konzepte eines Datenmodells so weit wie möglich den Eigenheiten eines angestrebten Anwendungsbereiches angepaßt sein, um so eine adäquate, d.h. möglichst direkte (und damit einfache) Problembeschreibung zu ermöglichen.

Die charakteristischen Eigenheiten typischer *Datenbankprobleme* lassen sich nach [Schm84] etwa wie folgt kennzeichnen: Die zu beschreibenden Datenobjekte sind von großer Anzahl, oft auf vielfältige Weise miteinander verknüpft, sie haben in der Regel eine große Lebensdauer und werden von einer großen Anzahl unterschiedlicher Benutzer(gruppen) zu verschiedenen Zwecken (auch parallel) verwendet. Die Verwaltung der Datenobjekte ('Datenverwaltung') umfaßt neben der Speicherung der Objekte im wesentlichen deren Manipulation (d.h. Erstellen, Löschen und Ändern) sowie das Wiederauffinden einzelner Objekte (Selektion), meist auf der Grundlage inhaltsorientierter Selektionskriterien.

Fragen einer abstrakten und problemnahen Modellierung von Realitätsausschnitten stellen sich außer im Datenbankbereich auch im Bereich der Programmiersprachen und in der Wissensrepräsentation der künstlichen Intelligenz. Näheres zu Gemeinsamkeiten und Unterschieden dieser drei Möglichkeiten, abstrakte Konzepte zur Modellierung von Realität zu verwenden, findet sich in [WoMy76], [BrZi81] und [BMS84].

Um die Besonderheiten datenintensiver Anwendungsbereiche angemessen unterstützen zu können, soll ein Datenmodell also insbesondere Mechanismen zur Repräsentation der Datenobjekte und der darauf definierten Operationen und Konsistenzbedingungen enthalten. Im einzelnen gehören dazu Hilfsmittel der Beschreibung von

- auf vielfältige Weise strukturierten *Objekten* eines datenintensiven Realitätsausschnittes,
- unterschiedlichen *Beziehungen* zwischen derartigen Objekten,
- Grundkonzepten für die wesentlichen *Operationen* auf solchen Objekten sowie
- einschränkenden *Konsistenzbedingungen*, die sich sowohl auf die Struktur der Objekte als auch auf die Anwendbarkeit spezieller Operationen beziehen.

Die Qualität eines Datenmodells ist also wesentlich bestimmt durch die Art und Weise, in der die Semantik vorgegebener Realitätsausschnitte mit Hilfe abstrakter, hochsprachlich formulierbarer und dem Anwendungsbereich adäquater Ausdrucksmittel dargestellt werden kann. Allerdings gibt es keine generelle Übereinkunft darüber, was ein 'gutes' Datenmodell ist. Die existierenden Datenmodelle können unterschieden werden nach dem Grad ihrer Realisierung der sich widersprechenden Ziele einer möglichst effizienten Implementierung der angebotenen Modellierungskonzepte und einer möglichst direkten und damit einfachen Beschreibung komplexer semantischer Aspekte eines angestrebten Anwendungsbereiches.

Konkretes Ziel der Datenmodellierung für eine gegebene Anwendung ist es, unter Verwendung eines speziellen Datenmodells die Konzepte für ein geeignetes *Datenbankschema* zu entwerfen, das die Semantik eines speziellen Anwendungsbereiches möglichst gut repräsentiert. Das so erstellte 'konzeptuelle' Schema stellt die Gesamtsicht der sich im Zeitablauf nur wenig ändernden Aspekte eines vorgegebenen Realitätsauschnittes dar.

Im Vordergrund des konzeptuellen Schemas des von ANSI/X3/SPARC vorgeschlagenen Dreischichtenmodells [TsKl78] steht die Beschreibung der strukturellen Aspekte der Datenobjekte des Anwendungsbereiches. Nach neuerem Verständnis gehören zum konzeptuellen Schema aber auch die Operationen (Selektion, Änderungen etc.), die auf den Daten zulässig sind, sowie Integritätsbedingungen für Daten und Operationen und Authorisierungsmechanismen, die den Zugang zu den Daten regeln und schützen. Nach dem Standardisierungsentwurf von ISO/TC97/SC5/WG3 für die 'Konzepte des konzeptuellen Schemas' stellt das konzeptuelle Schema somit eine "konsistente Menge von Aussagen über einen zu modellierenden Realitätsausschnitt ('universe of discourse')" dar. Dabei sind alle Aussagen über den Realitätsausschnitt in einer 'konzeptuellen Sprache' ausgedrückt, die sowohl für Menschen als auch für Rechner interpretierbar ist, und die auch die Spezifikation von Manipulationen dieser Aussagen erlaubt [vGri82].

3.1.2. Formale Hilfsmittel der Datenmodellierung

Der Entwurf eines Datenbankschemas ist ein komplexer Prozeß, bei dem nicht nur die Struktur eines Realitätsausschnittes analysiert, sondern auch die Beschränkungen eines zur Implementation verwendeten Datenbankverwaltungssystems berücksichtigt werden müssen. Um die in vielen Fällen große Distanz zwischen der Analyse des Realitätsausschnittes und der Definition eines konkreten (konzeptuellen) Datenbankschemas zu überbrücken, wird daher oft zunächst ein *logisches* Datenbankschema (oder auch *konzeptuelles Modell*) definiert. Das logische Datenbankschema bedient sich ausschließlich abstrakter Ausdrucksmittel und ist damit vollständig unabhängig von implementationsbedingten Eigenheiten und Beschränkungen. Erst in einem weiteren Schritt wird dann das logische Modell in ein Datenbankschema gemäß einem speziellen Datenmodell abgebildet, dessen Konzepte schließlich durch ein effizient implementiertes Datenverwaltungssystem realisiert werden können.

Zur semantischen Beschreibung komplexer Informationssysteme und zum Entwurf logischer Datenbankschemata bedient sich die Datenmodellierung verschiedener (mehr oder weniger) formaler, graphischer oder auch automatisch unterstützter Spezifikationshilfsmittel (siehe z.B. [MaMe79]). Im folgenden soll auf einige Konzepte derartiger Beschreibungsmittel anhand von drei Beispielen eingegangen werden.

Einen sehr allgemeinen Ansatz zum logischen Datenbankentwurf stellt der '*Entity-Relationship* (E-R) Approach' von Chen [Chen76] dar, der aus früheren Arbeiten von Bachman [Bach69] heraus entstanden ist. Das E-R-Modell klassifiziert die strukturellen Aspekte einer gegebenen Anwendung in 'Objekte' ('entities'), die über 'Beziehungen' ('relationships') miteinander in Verbindung stehen. Beziehungen werden unterschieden nach der Anzahl der in Beziehung stehenden Objektausprägungen (1:1, 1:n, n:m), und Datenobjekte werden durch 'Objekte' und 'Attribute' beschrieben [Chen80]. Mit diesen Modellierungshilfsmitteln können komplexe Objekte eines Realitätsausschnittes auf einfache Weise analysiert, spezifiziert und graphisch dargestellt werden. Die Beschreibung operationaler Aspekte läßt der ursprüngliche Ansatz des E-R-Modells zunächst weitgehend unberücksichtigt.

Beispiel 6 zeigt, wie zwei Objekte 'Angestellter' und 'Firma' durch eine zwischen ihnen bestehende Beziehung 'arbeitet_für' und jeweils eine Reihe von Attributwerten im E-R-Modell dargestellt werden können:

Beispiel 6: E-R-Datenmodell

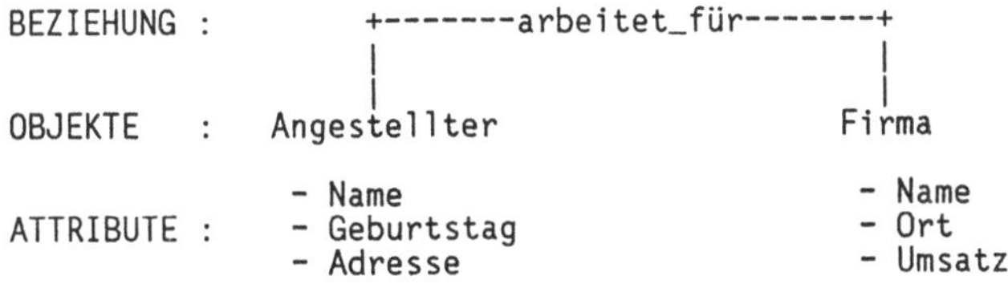

Eine genauere Differenzierung der Beziehungen und Abstraktionsebenen zwischen Datenobjekten ermöglicht das '*Semantische Hierarchie-Modell*' von Smith und Smith [SmSm77] zur logischen Beschreibung von Objekten und ihren abstrakten Beziehungsstrukturen. Abstrakte Datenobjekte können in diesem Ansatz entweder durch - im allgemeinen hierarchische - 'Aggregation' ('aggregation') aus Teilkomponenten zusammengesetzt sein oder durch Verallgemeinerung oder 'Generalisierung' ('generalization') aus untergeordneten Klassen von zusammengehörigen Objektkathegorien entstehen. Die 'Klassifizierung' ('classification') erlaubt ein Zusammenfassen einzelner Datenobjekte mit gemeinsamen Eigenschaften zu Klassen, die dann wiederum als Objekte in abstrakten Beziehungen mit anderen Datenobjekten stehen können. Auf diese Weise entsteht ein - in der Regel recht komplexes - Netz aus Beziehungen zwischen Objekten und Objektklassen, mit dem die strukturellen Aspekte eines datenintensiven Realitätsausschnittes abtrakt beschrieben werden können.

Beispiel 7 zeigt, wie zunächst verschiedene Einzelobjekte in zwei Klassen 'PKW' und 'LKW' eingeteilt werden können; dann werden beide Klassen zu einer umfassenden Objektklasse 'Fahrzeug' verallgemeinert, deren Elemente sich aus den Teilkomponenten 'Karosserie', 'Motor', 'Räder' und 'Fahrgestell' zusammensetzen:

Beispiel 7: Semantisches Hierarchie-Modell

```
KLASSIFIZIERUNG :     'PKW_1', ..., 'PKW_n' : PKW
                      'LKW_1', ..., 'LKW_m' : LKW

                        PKW             LKW
GENERALISIERUNG :        |               |
                         +---------------+
                                 |
                              Fahrzeug
                                 |
                     +-----------+------+------+
AGGREGATION     :    |           |      |      |
                  Karosserie   Motor  Räder  Fahrgestell
```

Erweiterungen des Modells erlauben es, auch Mengen ('associations') als zusätzliches Strukturierungsmittel [Brod81b] sowie Spezifikationen der operationalen Aspekte bei der Datenmodellierung [Brod81a] zu berücksichtigen. Sie versuchen, Methodologien zu entwickeln, die auf systematische Weise zum Entwurf von sowohl strukturell als auch operational vollständigen konzeptuellen Datenbankschemata führen [BrRi84]. Allerdings müssen die so spezifizierten Strukturen und Operationen noch in einem eigenen, nur methodisch unterstützen Schritt auf implementierbare Datenbankstrukturen und -operationen abgebildet werden.

Eher ein vom Rechner unterstütztes Hilsfmittel zur Datenmodellierung als ein eigenständiges Datenmodell stellt das an der ETH Zürich zur Unterstützung des Datenbankentwurfes entwickelte System '*GAMBIT*' [BDRZ84] dar. Eine graphische, interaktive Schnittstelle führt hier den Benutzer bei der Definition der abstrakten Strukturen (Objekte und verschiedenartige Beziehungen), Operationen (Transaktionen) und Konsistenzbedingungen, die das konzeptuelle Schema seiner Datenbank enthalten soll. Aus diesen Definitionen werden dann mit automatischer Unterstützung Programme in der Datenbankprogrammiersprache Modula/R [Reim84] hergeleitet. Die Beschreibung der Objektstrukturen beruht auf dem E-R-Modell, Operationen und Konsistenzbedingungen müssen direkt in der Programmiersprache Modula-2 [Wirt82] spezifiziert werden. Aus den syntaktisch und auf Konsistenz überprüften Eingaben wird automatisch eine relationale Datenbank erzeugt, und es werden Transaktionen für Änderungsoperationen generiert, die alle spezifizierten semantischen Integritätsbedingungen berücksichtigen. Die vollständig automatische Unterstützung der Datenmodellierung ist jedoch nur durch stärkere Einschränkungen in der Ausdruckskraft der verwendeten semantischen Konzepte möglich.

Die bisher beschriebenen Ansätze und Hilfsmittel der Datenmodellierung sind durch eine relativ geringe Anzahl von eher einfachen semantischen Beschreibungsmitteln gekennzeichnet. Dadurch wird die Verständlichkeit und Handhabbarkeit der Modelle in vielen Fällen zwar erleichtert, die Darstellung komplizierter semantischer Zusammenhänge ist oft jedoch nicht auf direkte Weise möglich. Erhöht man nun sowohl die Anzahl als auch die semantische Komplexität der formalen Hilfsmittel zur Datenmodellierung, so führt dies schließlich zu den sogenannten 'semantischen' Datenmodellen.

3.1.3. Semantische Datenmodelle

Semantische Datenmodelle können als abstrakte semantische Spezifikationssprachen für datenintensive Realitätsausschnitte verstanden werden, die auf komplexe Weise semantisch strukturiert sind. Sie stellen mächtige Modellierungkonzepte aus der künstlichen Intelligenz zur Verfügung, um die Semantik datenintensiver Anwendungsbereiche auf abstrakte Weise zu spezifizieren. Ihr Ziel ist eher die Repräsentation des Wissens über einen zu modellierenden Weltausschnitt, als die Darstellung spezieller Anwendungsbereiche selber [WoMy77], [Mylo81].

Semantische Datenmodelle gehen in ihren Möglichkeiten, komplexe Objektstrukturen angemessen zu repräsentieren, über die Konzepte traditioneller Datenmodelle hinaus. Sie versuchen - im Vergleich zu herkömmlichen Datenbankmodellen - eine reichhaltigere Menge von Modellierungswerkzeugen zur Verfügung zu stellen, die zudem auf direktere Weise die 'natürliche' Vorstellung der Benutzer von der zu modellierenden Realität widerspiegeln [AfMc84]. Während sich also besonders frühere Methoden der Datenmodellierung im Datenbankbereich eher auf die Modellierung der Struktur der Datenobjekte beschränkten, versuchen die Ansätze der semantischen Datenmodellierung immer mehr von dem Bedeutungszusammenhang (d.h. der Semantik) der Datenobjekte mit zu erfassen. Man spricht deshalb bei derartigen Ansätzen statt von *Daten*modellierung auch von *Informations*modellierung (vgl. [Falk76], [Bube77]).

Die wichtigsten semantischen Abstraktionskonzepte, deren Beschreibung von semantischen Datenmodellen unterstützt wird, sind wiederum Objektrepräsentationen mit Attributen und Rollen, Objektbeziehungen und Objektklassifizierungen (Klassifizierung, Aggregation, Generalisierung und Mengenbildung). Die strukturelle Beschreibung der Objekte kann dabei sowohl auf der Ebene einzelner Objektausprägungen als auch auf der ganzer Klassen von (möglicherweise zusammengesetzten) Objekten erfolgen. Hierarchien von Typdefinitionen für Objekte (z.B. [Alba83]) erlauben es, Zusammenhangseigenschaften von Objekten bereits auf der Ebene der Objektvereinbarungen zu spezifizieren.

Netzähnliche Beschreibungen der Objekte und ihrer Beziehungen dienen als Ausdrucksmittel für komplexes Wissen von Realitätsausschnitten, das auch operationale Aspekte verschiedener Art mit umfaßt. Neben den Möglichkeiten zur strukturellen Objektrepräsentation bieten semantische Datenmodelle hochsprachliche Mechanismen zur Beschreibung von Operationen an, die auf komplexen Datenobjekten ausgeführt werden können, und die die Eigenheiten ihrer Struktur berücksichtigen. Dazu gehören zunächst das Generieren, Ändern und Löschen von abstrakten Objekten wie auch die Selektion von Knoten beziehungsweise von Kanten im Netz. Aber auch Operationen zum Ändern der Datenbeschreibungen (Schemata) können mit denselben sprachlichen Mitteln dargestellt werden.

Semantische Integritätsbedingungen können entweder 'inherent' als Teil der Strukturbeschreibung, 'explizit' (z.B. durch Prädikate) oder auch 'implizit' durch

Zusammenwirken anderer Integritätsbedingungen auf komplexen Objektstrukturen spezifiziert werden [Brod80]. Die gleiche Information kann mit den Konzepten eines semantischen Datenmodells auf viefältige Weise repräsentiert werden. Die Unterschiede zwischen einzelnen semantischen Datenmodellen beziehen sich im wesentlichen auf die Auswahl der unterstützten semantischen Konzepte und auf die Art und Weise, sie formal auszudrücken. So können etwa die grundlegenden semantischen Abstraktionskonzepte als Basis für einen Vergleich zumindest der strukturellen Aspekte verschiedener semantischer Datenmodelle herangezogen werden [STW84].

Das aus einer Weiterentwicklung der Abstraktionskonzepte im Datenbankbereich entstandene 'Semantic Hierarchy Model' (SHM) [SmSm80] und die daraus entwickelte Erweiterung 'SHM+' [Brod81b] - die besonders die operationalen Aspekte im 'Active and Passive Component Modelling' (ACM/PCM) [BrSi82], [BrRi84] betont - basieren im wesentlichen auf Klassifizierung, Aggregation, Generalisierung und Mengenbildung. Beide Ansätze unterstützen den Entwurf von Änderungsoperationen (Erzeugen, Löschen und Ändern von Objekten) und erlauben die Verwendung von Prädikaten erster Ordnung zur abstrakten Spezifikation von Funktionen und Integritätsbedingungen.

Auch das 'Semantic Database Model' (SDM) von Hammer und McLeod [HaMc78], [HaMc81] bietet abstrakte Beschreibungsmöglichkeiten für die wesentlichen semantischen Strukturierungskonzepte. Jede Objektklasse kann als Aggregation aus den entsprechenden Komponentenklassen angesehen werden. Eine Generalisierungshierarchie entsteht durch Beziehungen zwischen einzelnen Teilklassen. Eine einfache Menge von Operatoren erlaubt die Definition und Manipulation von Datenobjektkomponenten, die durch Navigieren im Objektraum identifiziert werden.

Die Anwendung von Hilfsmitteln zur Wissensrepräsentation aus der künstlichen Intelligenz führt zur Verwendung von 'semantischen Netzen' zur Modellierung von Realitätsausschnitten. Die Knoten derartiger Netze repräsentieren dabei Datenobjekte und die Kanten Beziehungen zwischen ihnen [RoMy75]. Daten und Strukturen über Daten werden auf einheitliche Weise behandelt, ähnlich früheren 'binären' Datenmodellen [Abri74], [Senk75] zum logischen Datenbankentwurf.

'TAXIS' [MBW78], [MBW80] bietet eine semantische Spezifikationssprache, die die Abstraktionsmechanismen aus dem Bereich der Datenbanken mit denen semantischer Netze und höherer Programmiersprachen kombiniert. Grundlegende Konzepte von TAXIS sind Objektklassen (verschiedener Ebenen), Spezifikationsmöglichkeiten für Objekteigenschaften und Generalisierungshierarchien zwischen Objektklassen. Da auch Transaktionen in Form von Objektklassen definiert werden können, erlaubt es TAXIS, auch operationale Aspekte und Integritätsbedingungen zu spezifizieren. Dabei initiieren Operationen auf komplexen Objekten in der Regel viele abhängige Folgeoperationen auf anderen Datenobjekten in einem durch das Netz bestimmten semantischen Zusammenhang.

Schließlich können auch 'funktionale' Datenmodelle [BuFr79], [Ship81] mit zu den semantischen Modellen gerechnet werden. Funktionale Datenmodelle betrachten Objekte, Objekteigenschaften, Objektklassen und Beziehungen einheitlich als Funktionen. So werden zum Beispiel Typen als parameterlose Funktionen angesehen, Funktionskompositionen werden zur Formulierung von Anfragen verwandt und bestimmte Funktionsklassen (injektive, bijektive etc.) spezifizieren die entsprechenden Integritätsbedingungen.

Semantische Datenmodelle insgesamt stellen also die Spezifikations- und Modellierungsaspekte der rechnergestützten Beschreibung datenintensiver Anwendungsbereiche in den Vordergrund. Herkömmliche Datenmodelle dagegen gehen eher von effizient implementierbaren Abbildungen datenintensiver Realitätsausschnitte aus und unterliegen daher weit größeren Einschränkungen in der Ausdruckskraft ihrer semantischen Beschreibungsmittel. Semantische Datenmodelle stellen einen Versuch dar, die Repräsentation der Daten mit der des Schemas und der der Operationen auf Schema oder Daten zu integrieren. Dadurch soll ein größerer Teil der Semantik des zu modellierenden Anwendungsbereiches bereits explizit als Teil des Modells und nicht mehr implizit als Teil der Anwendungsprogramme (wie in herkömmlichen Datenmodellen) beschrieben werden.

Die Entwicklung der Datenmodellierung hat zu immer komplexeren semantischen Datenmodellen geführt, die zum Teil nur manuell, zum Teil nur mit relativ großem Aufwand automatisch auf Schnittstellen existierender Datenbankverwaltungssysteme abzubilden sind. Direkte Implementationen semantischer Datenmodelle (wie etwa in [Chan82] angestrebt) gibt es bisher nur wenig. Neuere Ansätze, Datenbanken auch für semantisch komplizierte Probleme nutzbar zu machen, gehen meist von existierenden (und effizient implementierten), 'universellen' Datenbankmodellen und den zugehörigen Datenbankverwaltungssystemen aus. Sie erweitern oder verallgemeinern die Datenbankmodelle um semantische Konzepte, die derartige Anwendungen besser unterstützen aber dennoch mit relativ geringem Aufwand in herkömmliche Datenmodelle zu integrieren sind.

Im folgenden soll auf Eigenheiten universeller Datenmodelle bei der semantischen Modellierung komplexer, zusammengesetzter Objektstrukturen näher eingegangen werden.

3.2. UNIVERSELLE DATENMODELLE

3.2.1. Eigenheiten universeller Datenmodelle

Als 'universelle' Datenmodelle seien hier die drei historisch ersten, 'traditionellen', am weitesten verbreiteten, am effizientesten implementierten und universell verwendbaren Datenbankmodelle verstanden: das hierarchische Datenbankmodell, das Netzwerkmodell, und das relationale Datenbankmodell. Diese Datenbankmodelle sind - im Gegensatz zu eher 'anwendungsspezifischen' Datenmodellen, von denen einige im Abschnitt 3.4 vorgestellt werden - vom Konzept her nicht auf den Einsatz in bestimmten Anwendungsbereichen beschränkt.

3.2.1.1. Das Hierarchische Datenmodell

Das hierarchische Datenmodell [IBM75], [TsLo76], [Date81a] strukturiert Datenobjekte und ihre Beziehungen als Baumstrukturen aus übergeordneten ('parent') und untergeordneten ('child') Typen. Einzelne Objektausprägungen eines übergeordneten Typs können viele Ausprägungen eines jeden zugehörigen untergeordneten Typs als abhängige Werte enthalten. Untergeordnete Objektausprägungen haben dagegen genau eine Objektausprägung als übergeordneten Wert und sind untereinander geordnet. Die Über- und Unterordnung von Objekttypen kann bis zu einer vorher im Schema festgelegten Tiefe geschachtelt werden.

Das einfache Beispiel 8 beschreibt die Struktur einer Firma, die hierarchisch aus Abteilungen und Gebäuden aufgebaut ist, wobei Abteilungen wieder aus Mengen verschiedener Mitarbeiter bestehen:

Beispiel 8: Hierarchisches Datenmodell

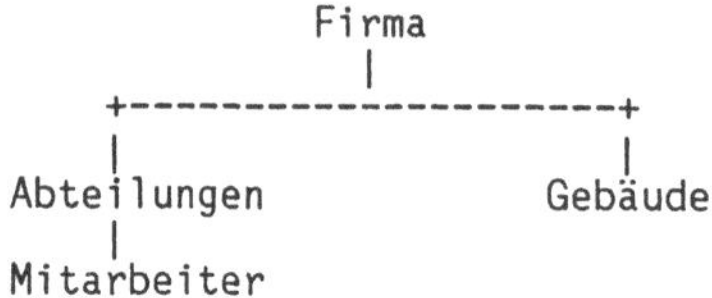

Im hierarchischen Datenmodell können also baumartig strukturierte Datenobjekte mit fester Struktur direkt modelliert und auch effizient implementiert werden. Änderungsoperationen einer übergeordneten Komponente wirken sich auf alle davon abhängigen Teile der Baumstruktur mit aus (z.B. Löschen eines übergeordneten Wertes löscht implizit auch alle davon abhängigen Werte), d.h. der Zusammenhang zwischen den einzelnen Komponenten hierarchisch strukturierter Datenobjekte wird bei allen Änderungsoperationen mit berücksichtigt. Die Anfrageoperationen basieren wesentlich auf der Navigation durch die Baumstruktur, haben also eher prozeduralen als deskriptiven Charakter.

Das hierarchische Datenmodell stellt für eine bestimmte Klasse von Anwendungen durchaus adäquate, semantisch mächtige aber eher prozedurale Modellierungshilfsmittel bereit. Weniger geeignet ist es für Anwendungen, deren hierarchische Struktur sich nicht von vornherein auf eine Baumstruktur fester Tiefe festlegen läßt, deren Objektkomponenten variabel groß sein können oder die nicht 'von Natur aus' hierarchisch strukturiert sind.

3.2.1.2. Das Netzwerkmodell

Auch das Netzwerkmodell bietet Mechanismen, um Datenobjekte in Paare ('sets') von übergeordneten ('owner') und untergeordneten ('member') Typen einzuteilen [Date81a], [TaFr76]. Die Strukturen des Netzwerkmodells sind jedoch allgemeiner als die des hierarchischen, da in einem Netzwerk auch jede Ausprägung eines abhängigen Objekttyps eine beliebige Anzahl von übergeordneten Objektausprägungen haben kann. Die Anfrage- und Manipulationssprache unterstützt die Navigation durch die Objektstruktur und hat daher hauptsächlich prozedurale Sprachelemente.

Beispiel 9 für die netzwerkartige Modellierung einer Firma besteht aus einem Objekt 'Mitarbeiter', das sowohl als Teil von 'Abteilungen' und 'Gebäuden' auftreten kann, gleichzeitig aber auch selber je eine Menge von 'besuchten Kursen' und 'Kindern' als abhängige Objekte umfaßt:

Beispiel 9: Netzwerkmodell

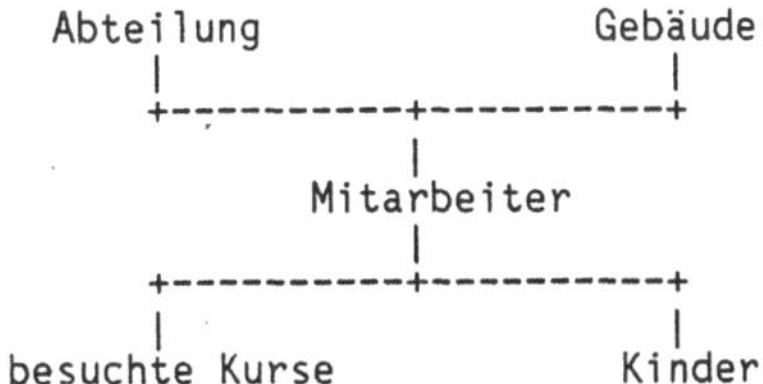

Das Netzwerkmodell erleichtert also die Modellierung von 'n : m'-Beziehungen zwischen Datenobjekten und enthält das hierarchische Modell als Spezialfall. Sein eigentlicher Nachteil besteht in der Repräsentationsabhängigkeit und Komplexität sowohl seiner Strukturen als auch seiner - im wesentlichen prozeduralen - Anfragesprache.

Sowohl das hierarchische als auch das Netzwerkmodell basieren also auf Modellierungsmechanismen, die eher eine effiziente Speicherung und Verwaltung der Daten ermöglichen als die direkte Abbildung der Strukturen und Operationen eines komplexen datenintensiven Anwendungsbereiches.

3.2.1.3. Das Relationale Datenmodell

Das relationale Datenmodell [Codd70], [Date81a] abstrahiert am meisten von den Eigenheiten einer speziellen Speicherstruktur. Es basiert bezüglich seiner Objektstruktur auf Mengen von Tupeln, die zunächst unverbunden nebeneinander stehen. Auf der Ebene der Relationenelemente stellt es - ähnlich den anderen universellen Datenbankmodellen - ausschließlich den Strukturgenerator 'Record' zur Verfügung. Auf der operationalen Seite unterstützt das relationale Modell Änderungsoperationen auf Element- und Mengenebene sowie mittels Relationenalgebra oder Relationenkalkül [Codd71a] formulierte Anfragen.

Im Relationenmodell kann eine Firma etwa durch die folgenden drei Relationen des Beispiels 10 beschrieben werden, die jeweils die Beziehungen zwischen 'Firmen' und 'Abteilungen', zwischen 'Abteilungen' und 'Mitarbeitern' sowie zwischen 'Firmen' und 'Gebäuden' in je einer Relation darstellen:

Beispiel 10: Relationales Datenmodell

DATENBANKRELATIONEN:

Abteilungen (Firma, Abteilung, ...)
Beschäftigte (Abteilung, Mitarbeiter, ...)
Gebäude (Firma, Gebäude, ...)

Komplexe Objektstrukturen modelliert das relationale Datenmodell also durch Beziehungen zwischen Tupeln, die durch Assoziationen gleicher Werte in Tupeln verschiedener Relationen realisiert werden. Diese Darstellung zusammengehöriger Objekte ermöglicht eine im wesentlichen deskriptive Anfragesprache sowie sehr flexible Manipulationsoperationen. Ein Nachteil des Relationenmodells bei der Modellierung komplexer Datenobjekte liegt in der Tatsache, daß deren Repräsentationen auf mehrere, voneinander unabhängige Relationen verteilt sind und damit auch unabhängig voneinander manipuliert werden können beziehungsweise müssen. Dies führt in der Regel zu einer erhöhten Fehleranfälligkeit der Anwendungsprogramme ('referential integrity' Problem [Codd79], [Date81b], [Codd83]).

3.2.2. *Modellierung komplexer Objektstrukturen*

Auf Möglichkeiten, mit den Mitteln universeller, Record-orientierter Datenmodelle auch komplex aufgebaute, variable Objektstrukturen zu beschreiben, soll nun am Beispiel des relationalen Datenmodells näher eingegangen werden. Im relationalen Datenmodell steht einer direkten Darstellung komplexer Datenobjekte vor allem die Beschränkung auf Mengen von fest formatierten Relationenelementen entgegen [Kent79]. Die Flexibilität, die Relationen bezüglich der Anzahl ihrer Elemente besitzen, ist auf der Ebene einzelner Relationenelemente und deren Komponenten nicht gegeben. Strukturelle Grenzen der Darstellungsmöglichkeiten zeigen sich deshalb insbesondere bei der Beschreibung von auf komplexe Weise semantisch zusammengehörigen Datenobjekten variabler Größe, die sich außerdem durch eine Vielzahl von Komponenten auf verschiedenen Ebenen auszeichnen.

Als Beispiel für die relationale Implementation komplexer Objektstrukturen sei hier die Modellierung zusammengesetzter CAD-Objekte ('bill of material' Problem) betrachtet. Ein komplexes CAD-Objekt sei durch seinen Namen und die Menge seiner Komponenten charakterisiert, die ebenfalls einen Namen sowie eine spezielle Komponentenbeschreibung haben und im übrigen - rekursiv geschachtelt - wieder aus einer Reihe von gleichartig strukturierten Teilkomponenten bestehen. Die Strukturbeschreibung eines Objektes mit Namen 'obj', das (unter anderem) ein durch 'p_i' bezeichnetes Teil als Komponente mit einer durch 'p_ij' bezeichneten Unterkomponente enthält, gibt Abbildung 1 wieder.

Die relationale Implementation solcher Objektstrukturen repräsentiert ein komplexes Objekt nicht als ganzes, sondern zerlegt es in einzelne, voneinander unabhängige Teilkomponenten, die durch Relationenelemente fester Länge dargestellt werden. Die Zuordnung zwischen übergeordneten Teilen und ihren Komponenten muß dazu eigens durch entsprechende Wertepaare definiert und vom Anwendungsprogrammierer auch explizit verwaltet werden. Leicht vereinfacht könnte etwa die Relationendefinition des Beispiels 11 zur Implementation komplexer CAD-Objektstrukturen verwendet werden. Die Syntax der Datentypdefinitionen beruht auf der relationalen Datenbanksprache Pascal/R [Schm77], [ScMa80]:

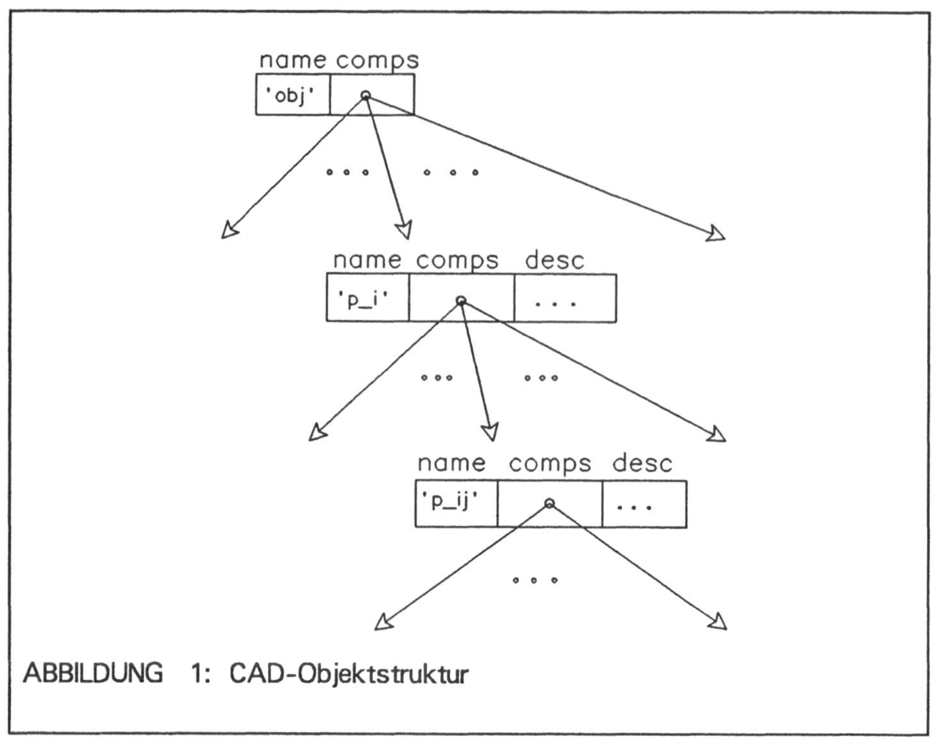

ABBILDUNG 1: CAD-Objektstruktur

Beispiel 11: Relationale Definition der CAD-Objektstrukturen

```
TYPE String         = PACKED ARRAY [..] OF CHAR;

     ObjectType     = RECORD obj_name  : String;
                             comp_name : String;
                             comp_desc : ...
                      END;

     AssemblyType   = RELATION <obj_name, comp_name> OF
                                                 ObjectType;

     PartType       = RECORD name : String;
                             desc : ...
                      END;

VAR  object          : ObjectType;
     assembly        : AssemblyType;
     part_i, part_ij : PartType.
```

Die in Beispiel 11 dargestellte Objektstruktur läßt sich etwa durch den folgenden Inhalt der Relation 'assembly' realisieren:

```
+-----------+-------------+-------------+
| obj_name  | comp_name   | comp_desc   |
+-----------+-------------+-------------+
|  'obj'    |  'p_i'      |  ---        |
|   ...     |   ...       |  ...        |
|  'p_i'    |  'p_ij'     |  ...        |
|   ...     |   ...       |  ...        |
+-----------+-------------+-------------+
```

Die Repräsentation der Objekte erfolgt in diesem Beispiel also durch voneinander unabhängige Darstellungen der Beziehungen zwischen Teilen und ihren Komponenten in der Relation 'assembly'. Durch zusätzliche semantische Integritätsbedingungen muß explizit sichergestellt werden, daß jeder aktuelle Wert dieser Relation 'korrekten' (hierarchischen) Objektstrukturen entspricht.

Das Hinzufügen von 'part_kl' mit Unterkomponente 'part_klm' als Teil eines durch 'p_k' identifizierten Teils müßte etwa wie folgt programmiert werden:

```
part_kl := ... ;  part_klm := ... ;
assembly :+ [ <'p_k', part_kl.name, part_kl.desc>];
assembly :+ [ <part_kl.name, part_klm.name, part_klm.desc>].
```

Das Entfernen eines solchen Teils 'part_kl' mit einer Unterkomponente 'part_klm' darf aus Konsistenzgründen erst erfolgen, wenn keine weiteren, davon abhängigen Komponenten mehr in der Relation 'assembly' existieren:

```
IF ALL o IN assembly (o.obj_name ≠ part_kl.name)
   THEN assembly :- [<part_k.name, part_kl.name, part_kl.desc>]
   ELSE <* ERROR: further sub-components to be deleted ! *>;

IF ALL o IN assembly (o.obj_name ≠ part_klm.name)
   THEN assembly :- [<part_kl.name, part_klm.name, part_klm.desc>]
   ELSE <* ERROR: further sub-components to be deleted ! *>.
```

Wie das Beispiel zeigt, ist eine derartige, repräsentationsabhängige Modellierung komplexer Objektstrukturen aufwendig und fehleranfällig. Es sollte grundsätzlich nicht zum Aufgabenbereich eines Anwendungsprogrammierers gehören, semantische Integritätsbedingungen, die lediglich in der unterschiedlichen Struktur der realen und der Datenbankobjekte begründet sind, explizit zu implementieren und zu verwalten. Der Anwendungsprogrammierer sollte nur die Struktur der Objekte seines Anwendungsbereiches definieren müssen und die Wartung aller repräsentationsabhängigen Konsistenzbedingungen dem Datenverwaltungssystem überlassen können. Die Beschreibung komplexer Objektstrukturen könnte dabei von einer geschachtelten, hierarchisch strukturierten und im allgemeinen Fall rekursiven Betrachtungsweise ausgehen, wie sie in Abbildung 2 am oben vorgestellten Beispiel demonstriert wird.

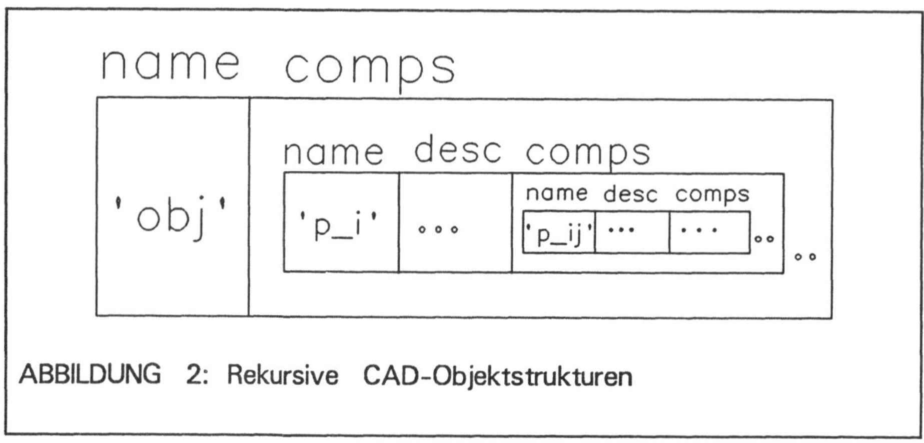

ABBILDUNG 2: Rekursive CAD-Objektstrukturen

3.2.3. Grenzen universeller Datenmodelle

Typischerweise stellen traditionelle Datenbankmodelle nur eine vergleichsweise geringe Anzahl von Konzepten zur Modellierung datenintensiver Realitätsausschnitte bereit, die auch nur in sehr begrenztem Umfang miteinander kombinierbar sind. So enthalten die Datendefinitionssprachen aller drei klassischen Datenbankmodelle im wesentlichen Mechanismen, Mengen gleichartig strukturierter Records zusammenzufassen und Beziehungen zwischen ihnen herzustellen.

Der wesentliche Vorteil begrenzter Modellierungswerkzeuge von Datenmodellen liegt in der Möglichkeit, sie auf effiziente Weise in Datenbankverwaltungssystemen zu realisieren. Nachteile zeigen sich jedoch vor allem bei der Modellierung von nichtkonventionellen Anwendungsbereichen mit Datenobjekten, die auf komplexe Weise strukturierte semantische Zusammenhänge enthalten.

In zunehmendem Maße werden jedoch Datenbanken - insbesondere auch solche, die auf dem relationalen Modell aufbauen - für Anwendungsgebiete interessant, deren Daten weniger streng formatiert und damit weniger leicht mit herkömmlichen Datenbankkonzepten modellierbar sind. Beispiele hierfür finden sich bei der Darstellung komplexer Datenobjekte etwa des CAD [HaLo82], [GuSt82], der Computer-Graphik [WePa79], [ChKu81], der Verwaltung von Texten im 'Information Retrieval' [ScPi82], [FWW82], in Bürosystemanwendungen [GiTs83] etc.. Hier sind die zu beschreibenden Objekte in einer in Grenzen flexiblen Weise aus komplexen Teilobjekten aufgebaut, zwischen denen in der Regel vielfältige semantische Beziehungen bestehen.

Während also traditionelle Datenbankmodelle im wesentlichen der Modellierung großer Mengen gleichartig strukturierter Objekte dienen, unterstützen Programmiersprachen - im Vergleich dazu - eher die Modellierung von Objekten, die in geringer Zahl, dafür aber mit erheblich unterschiedlichen Eigenschaften auftreten (vgl. [Zill84]). Programmiersprachen erreichen dies zum einen durch eine größere Anzahl von Modellierungskonzepten (Typgeneratoren), zum anderen aber durch deren freie Kombinierbarkeit - ähnlich der freien Verwendung abstrakter Objektstrukturen in formalen Methoden der Semantikspezifikation (siehe dazu etwa Abschnitt 2.2). Für Datenmodellerweiterungen wäre es also wünschenswert, derartige Konzepte aus Programmiersprachen und Semantikbeschreibungsverfahren zu integrieren, um geeignetere Repräsentationen semantisch komplexer Datenobjekte zu ermöglichen.

3.3. ERWEITERUNGEN DES RELATIONALEN DATENMODELLS

Erweiterungen universeller Datenmodelle für spezielle Anwendungen beziehen sich im wesentlichen auf das relationale Modell. Verschiedene Erweiterungen des relationalen Datenmodelles sind explizit mit dem Ziel vorgeschlagen worden, die semantisch vollständige Darstellung komplexer Datenobjekte zu erleichtern. Auf drei Ansätze dazu soll im folgenden näher eingegangen werden.

3.3.1. Das RM/T Datenmodell

Ein wesentlicher Nachteil des Relationenmodells sind die eingeschränkten Möglichkeiten, Integritätsbeziehungen zwischen verschiedenen Relationen zu formulieren. Im RM/T Datenmodell (Relational Model/Tasmania) hat Codd das Relationenmodell so erweitert, daß Existenzbedingungen auch zwischen Relationen explizit spezifiziert werden können [Codd79].

Das RM/T Modell führt als neue Datentypen vom System generierte Schlüssel ein, die als Bezeichner ('permanent surrogates') Tupel in anderen Relationen bezeichnen. Diese 'Surrogates' beziehen ihre Werte aus speziellen Wertebereichen und können von Endbenutzern nicht zugegriffen oder manipuliert werden. Sie dienen ausschließlich der Repräsentation von Beziehungen zwischen Tupeln zusammengehöriger Objekte, die im RM/T auch nicht auf andere Weise (etwa durch gleiche Komponentenwerte) dargestellt werden können.

Zur Modellierung einer Objektstruktur mit auf verschiedene Weise voneinander abhängigen Objekten führt das RM/T unterschiedliche Relationentypen für Objekte und Beziehungen zwischen ihnen ein. 'Kernel' Relationen beschreiben Objekte, die unabhängig von anderen existieren können, 'charakteristische' Relationen dagegen enthalten Werte, die nur in Abhängigkeit von anderen sinnvoll sind (z.B. Objekteigenschaften). 'Assoziative' Beziehungen zwischen Objekten werden in Relationen beschrieben, die auch ohne zugehörige Datenobjekte existieren können. Daneben beschreiben ausschließlich verschiedene Klassen von 'graph'-Relationen die Zuordnung zwischen Objekten und ihren Eigenschaften sowie alle Aggregations- und Generalisierungsbeziehungen zwischen den Datenobjekten.

Die Operationen des relationalen Modells werden im RM/T so erweitert, daß sie auch auf 'Nullwerte' in Relationenelementen anwendbar sind. Spezielle Objekte vom Typ 'event' erlauben es, Zeitpunkte zu modellieren. Darauf aufbauend lassen sich mit Relationen über Zeitbeziehungen partielle Ordnungsrelationen zwischen 'events' spezifizieren. Daneben umfaßt das RM/T auch Operationen zur Manipulation des Schemas und der Beziehungsrelationen.

Die Erweiterungen des Relationenmodells zum RM/T verbessern insbesondere die Möglichkeiten zur Spezifikation von Konsistenzbedingungen zwischen Relationen einer Datenbank. Damit stellen sie insgesamt gesehen eher eine erweiterte Spezifikationssprache für die Datenmodellierung zur Verfügung als ein direkt und effizient implementierbares Datenmodell. Daher wird das RM/T oft auch zu den semantischen Datenmodellen gezählt.

3.3.2. Das 'Surrogate'-Modell

Auch Haskins, Lorie und Meier [HaLo82], [LoPl83], [MeLo83] schlagen als Erweiterung des relationalen Datenmodells zur Darstellung komplexer Datenobjekte des Ingenieurbereiches die Einführung neuer Attributtypen vor. Ihr Vorschlag basiert auf einer Erweiterung des relationalen Datenbanksystems 'System/R' [Blas81].

Ein vordefinierter Datentyp 'identifier' enthält Werte, die als Primärschlüssel Tupel in anderen, abhängigen Relationen identifizieren. Ein vordefinierter Datentyp 'component_of' enthält entsprechend Werte, die Tupel in einer übergeordneten Relation bezeichnen. Dabei sind die Abhängigkeiten zwischen Relationen durch die hierarchischen Strukturen der zu beschreibenden Objekte bedingt. Komponentenwerte vom Typ 'identifier' oder 'component_of' werden vom System zur Verfügung gestellt und dürfen vom Benutzer nicht geändert werden.

So kann etwa die Struktur der voneinander abhängigen Relationen A, B, C und D durch erweiterte Relationentypen wie folgt im 'Surrogate'-Modell beschrieben werden (Beispiel 12):

Beispiel 12: 'Surrogate'-Datenmodell

RELATIONENSTRUKTUR :

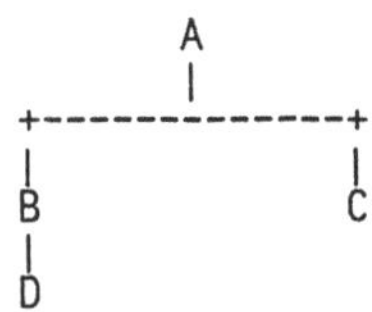

```
RELATIONEN:  A   (A_id:    IDENTIFIER, ...)
             B   (B_id:    IDENTIFIER,
                  B_comp:  COMPONENT_OF (A), ...)
             C   (C_id:    IDENTIFIER,
                  C_comp:  COMPONENT_OF (A), ...)
             D   (D_id:    IDENTIFIER,
                  D_comp:  COMPONENT_OF (B), ...)
```

Die Beziehung zwischen den vom System generierten Bezeichnern, und den vom Benutzer definierten Schlüsseln der Relation wird über zwei inverse Funktionen 'key (identifier)' und 'ID (user key)' hergestellt. Attributwerte vom Typ 'reference' können Tupel anderer Relationen auch in einem nichthierarchischen Zusammenhang referenzieren. Zum Lesen zusammenhängender komplexer Objekte stellt das 'Surrogate'-Konzept implizite 'join' Operationen zur Verfügung, die zusammen mit einem übergeordneten Relationentupel auch alle davon abhängigen Komponentenwerte liefern.

Der wesentliche Vorteil des Ansatzes von Haskins, Lorie und Meier gegenüber anderen Erweiterungen des relationalen Datenmodells liegt in der Tatsache, daß er sich relativ leicht und effizient implementieren läßt. (Dieser Schwerpunkt beim Entwurfs des 'Surrogate' Modells zeigt sich weiterhin in der Tatsache, daß auch die zusammengehörigen Tupel einer Ebene innerhalb der Hierarchie durch zusätzliche Zeiger eigens miteinander verkettet werden.) Nachteilig ist jedoch, daß auf der Ebene der vom Benutzer definierten Werte der Relation implementationsnahe Referenzkonzepte eingeführt werden. Nur zu einem gewissen Grad wird dieser Nachteil durch die Unterstützung der erweiterten Typen durch spezielle Hilfsfunktionen ausgeglichen.

3.3.3. Das NF2-Relationenmodell

Das NF2-Relationenmodell (Non First Normal Form) von Schek u.a. [ScPi82], [ScSc83] wurde ursprünglich zur Integration von Textrepräsentationen in das relationale Datenmodell [Sche82] entworfen. Es läßt die Forderung der ersten Normalform des relationalen Modells fallen (wie auch schon von [Maki77], [Osbo82], [Ullm83], [KTT83] und [AMM83] vorgeschlagen), d.h. im NF2-Modell können Attribute von Relationen ihrerseits vom Typ 'Relation' sein. Dadurch wird es möglich, geschachtelte, mengenwertige Strukturen einer festen Schachtelungstiefe auf direkte Weise als erweiterte Relationenwerte zu repräsentieren. Beispiel 13 zeigt die Repräsentation einer Firma mit Hilfe einer NF2-Relation, deren Attributwert 'Mitarbeiter' wiederum aus einer Relation mit den zwei Attributen 'Name' und 'Gehalt' besteht:

Beispiel 13: NF2-Datenmodell

Firmenrelation:

Abteilung	Mitarbeiter		Gebäude
	Name	Gehalt	
AAA	M-1	2500	317
	M-2	2700	
	M-3	2900	
BBB	M-4	2600	219
	M-5	2800	

Entsprechend der geschachtelten Struktur der NF2-Relationen sind die Operationen der relationalen Algebra für relationenwertige Komponentenwerte erweitert [JaSc82], [Jaes85]. Vergleichsoperationen zwischen Komponentenwerten können auch auf Mengenebene durchgeführt werden. Spezielle Operationen erlauben den Übergang von einer normalisierten Darstellung im relationalen Modell zur Darstellung in NF2-Relationen ('nest') und auch umgekehrt ('unnest'). Als Spezialfall werden auch Listen als Komponentenwerte mit den auf ihnen definierten Standardoperationen zugelassen.

In [PHH83] wird gezeigt, wie die Operationen der erweiterten NF2-Relationenalgebra in eine 'SEQUEL'-ähnliche Sprachschnittstelle [ChBo76], [IBM81] eingebettet werden können. Damit wird insbesondere eine geschachtelte Komponentenselektion unterstützt, die der ineinander geschachtelten Objektstruktur entspricht. Beispiel 14 zeigt eine Selektion über der in Beispiel 13 angegebenen NF2-Relation und beschreibt einen NF2-Ausdruck, der zu jeder Abteilung die Menge aller ihrer Mitarbeiter enthält, deren Gehalt den Wert von G_0 übersteigt:

Beispiel 14: Operationen im NF2-Modell

```
SELECT < X.Abteilung,
         (SELECT XX.Name
          FROM   XX IN X.Mitarbeiter
          WHERE  XX.Gehalt > G_0) >
FROM   X IN Firmenrelation.
```

Der Sprachvorschlag des NF2-Relationenmodells wird zur Zeit in einem Forschungsprojekt der IBM Deutschland am Wissenschaftlichen Zentrum Heidelberg implementiert.

Das NF2 Relationenmodell beschreibt eine interessante, konsequente und naheliegende Erweiterung des ursprünglichen relationalen Modells. In eine umfassendere Datenbanksprache integriert, eignet sich die Benutzerschnittstelle zur adäquaten Formulierung einer Reihe von hierarchisch strukturierten Datenbankproblemen (insbesondere der Integration von formatierten Texten in relationale Datenbanken). Hierarchisch strukturierte Anfragesprachen (wie z.B. 'HIQUEL' [UrZe83]) könnten auf direkte und 'natürliche' Weise mit Hilfe einer solchen Datenbankschnittstelle implementiert werden. Die Beschränkung auf geschachtelte Relationenstrukturen mit begrenzter Schachtelungstiefe erweist sich jedoch als Nachteil bei der Modellierung komplexer Datenobjekte variabler Länge (bzw. Tiefe) - wie sie etwa für CAD Anwendungen typisch sind. Die Verwendung direkter Objektidentifikatoren mit dem Ziel, die Schachtelungstiefe von NF2-Strukturen zu erhöhen (wie in [PHH83] vorgeschlagen), erweitert die semantischen Modellierungshilfsmittel lediglich auf relativ niedrigem Abstraktionsniveau.

3.4. ANWENDUNGSSPEZIFISCHE BUEROMODELLIERUNG

Neben den bisher vorgestellten, universellen und erweiterten Datenbankmodellen sind für spezielle Klassen von Anwendungsbereichen eigene Datenmodelle vorgeschlagen worden, die eine abstrakte Modellierung der Besonderheiten bestimmter Realitätsausschnitte mit eigens darauf abgestimmten Beschreibungsmitteln unterstützen. Als Konsequenz sind diese Datenmodelle nicht mehr universell, sondern nur noch in speziellen Anwendungsbereichen sinnvoll einzusetzen. Eine Übersicht über unterschiedliche Konzepte und Beschreibungsmittel solcher 'anwendungsspezifischer' Datenmodelle soll im folgenden am Beispiel der semantischen Modellierung datenintensiver *Buerosysteme* gegeben werden.

In der Literatur finden sich eine Reihe von Darstellungen konzeptueller und sprachlicher Hilfsmittel zur Beschreibung der semantischen Eigenheiten von Büroinformationssystemen. Sie reichen von der objektorientierten Modellierung der Datenobjekte einer Büroumgebung (Formulare, Dokumente etc.) über deskriptive Erweiterungen von Datenmodellen für Büroanwendungen bis hin zu sehr abstrakten und allgemeinen Spezifikationssprachen zur Beschreibung der Semantik von komplizierten Bürovorgängen. Andere Vorschläge befassen sich mit der nichtprozeduralen Repräsentation von Bürovorgängen zum Beispiel auf der Basis prädikatenlogischer Programmiersprachen oder durch Modellierung der Aktivitäten im Büro mit Hilfe von Problemlösungsstrategien aus der künstlichen Intelligenz. Im folgenden sollen wesentliche Konzepte und Beschreibungsmittel verschiedenartiger Ansätze der Büromodellierung einander gegenüber gestellt werden.

3.4.1. Formularorientierte Bueromodelle

Formularorientierte Büromodelle beschreiben die Datenobjekte und alle darauf ausführbare Operationen im Büro als Verwaltung und Kommunikation von allgemeinen Formularstrukturen. Tsichritzis unterscheidet dabei zwischen Formular*typen*, die nur die Strukturdefinitionen umfassen, Formular*auspraegungen*, die auch Datenwerte enthalten, einfachen *Formularen*, die lediglich eine Sammlung der Datenwerte enthalten, und Formular*formaten* (d.h. Layout-, also Ein-/Ausgabespezifikationen für spezielle Ein- oder Ausgabemedien) [Tsic82]. Verallgemeinerungen dieser Formularstrukturen können neben einfachen Datenwerten und Texten prinzipiell auch Spracheinheiten oder graphische Darstellungen als Komponentenwerte enthalten.

Die auf allgemeinen Formularstrukturen ausführbaren Operationen reichen vom einfachen Einsetzen von Werten in Datenfelder, über das Ändern und Löschen von Komponentenwerten, ganzen Formularausprägungen oder auch einzelnen Formulartypen bis hin zu 'Datenbank'-Operationen, die sich mit der Verwaltung größerer Mengen von Formularen befassen (wie z.B. das Selektieren von Formularausprägungen oder -typen,

Anfragen über Mengen von Formularausprägungen etc.). Das Einhalten von Konsistenzbedingungen für Formularkomponenten wird durch Aufruf spezieller Prozeduren bei jeder Komponentenänderung sichergestellt. Weiterhin werden Operationen benötigt, die ein Versenden von Formularen (bzw. von Formularkopien) zwischen Arbeitsstationen in verteilten Systemen ('electronic mail') im Umweg über einen zentralen Systemknoten beschreiben.

Der vom System gesteuerte, automatische Ablauf komplexer Büroprozeduren wird in [Tsic82] über eine Formularschnittstelle nach Art des Systems 'office by example' [Zloo81], [Zloo82] spezifiziert. Durch Ausfüllen von Feldern in Formularen werden zunächst die zu selektierenden Formularausprägungen sowie die während der Prozedur einzuhaltenden Konsistenzbedingungen spezifiziert ('precondition sketch'). Anschließend wird auf ähnliche Weise und in Abhängigkeit von weiteren Bedingungen das Einsetzen, Ändern, neu Berechnen oder Löschen von Formularwerten definiert, und es können zusätzliche Aktionen automatisch initiiert werden ('action sketch').

Auch das experimentelle System 'Office Procedure Automation System' (OPAS) [LCS82] dient der automatischen Unterstützung der Verwaltung von Formularen im Büro. Die operationale Spezifikation in OPAS basiert auf einer abstrakten Formulardarstellung und beschreibt die auszuführenden Operationen als Vorschrift über die Berechnung eines Ausgabeformulars aus gegebenen Eingabeformularen. Zur Spezifikation komplexer Büroprozeduren wird in einem 'procedure-specification'-Formular angegeben, welche Einzelaktivitäten (z.B. 'print', 'send' etc.) unter welchen Bedingungen (bzw. zu welchen Zeiten) ausgeführt werden sollen, mit welchen Eingabeformularen und sonstigen Parametern sie welche Ausgabeformulare erzeugen und was in Fehlerfällen zu veranlassen ist. Auf ähnliche Weise werden auch Authorisierungsbedingungen über eine Formularschnittstelle in OPAS spezifiziert.

Die im Zusammenhang mit der Standardisierung des Dokumentenaustausches in offenen Systemen vorgeschlagenen Konzepte einer Dokumentenarchitektur [HoKr83] im CCITT 'Document Interchange Protocol' [Hora84] legen besonderen Wert auf die Ein- und Ausgabeformate der modellierten Dokumente und Formulare. Dazu wird strikt zwischen der 'logischen' und der 'Layout-' Struktur eines Dokumentes unterschieden, wobei beide Strukturen unabhängig voneinander modelliert und die Zusammenhänge zwischen ihnen mit Hilfe zusätzlicher Attributwerte ausgedrückt werden. Beide Arten von Objektstrukturen geben dabei den im wesentlichen *hierarchischen* Aufbau eines Dokumentes aus logischen (d.h. Kapiteln, Paragraphen, Absätzen, Abbildungen etc.) und 'Layout'- (d.h. Seiten, Zeilen, Überschriften etc.) Komponenten wieder.

3.4.2. Deskriptive Buerodatenmodelle

Die hier als 'deskriptiv' bezeichneten Bürodatenmodelle gehen von Konzepten der datenorientierten Modellierung von Bürosystemen aus, wie sie von Daten*bank*modellen her bekannt sind. (Formularorientierte Büromodelle können als ein Spezialfall eines solchen Ansatzes angesehen werden.) Sie stellen in einer abstrakten Spezifikationssprache zunächst Hilfsmittel zur Modellierung der strukturellen Aspekte der Datenobjekte und dann der Operationen und Konsistenzbedingungen bereit. Das Ziel ist es, mit möglichst abstrakten sprachlichen Mitteln die Eigenheiten eines Anwendungsbereiches sowohl strukturell als auch operational auf angemessene Weise zu beschreiben.

Hammer und Kunin versuchen mit dem Vorschlag einer 'Office Specifiction Language' (OSL) [HaKu80], generelle Hilfsmittel für die abstrakte Beschreibung von Bürovorgängen zu entwerfen, die nicht auf die Unterstützung spezieller Aufgaben im Büro beschränkt sind. Ein Büro wird in OSL als System aus Objekten mit Attributen und Beziehungen angesehen. Die Konzepte der prozeduralen Beschreibungsmittel von OSL sollen sich auf die Generierung, Verwaltung und Löschung von Objekten konzentrieren; sie sollen ein hierarchisches Zusammensetzen von Prozeduren aus einzelnen Aktivitäten erlauben. Prozeduren sollen durch 'events' initiiert werden und auch die explizite Spezifikation von (hierarchisch strukturierten) Ausnahmebedingungen ermöglichen. Die Darstellung der OSL in [HaKu80] geht allerdings lediglich auf Konzepte einer derartigen Bürobeschreibungssprache ein, gibt aber keine konkrete Definition einer solchen Sprache selbst.

Einen ähnlichen Ansatz der Büromodellierung verfolgt die 'Office Procedure Specification Language' [Zism77]. Sie stellt sprachliche Primitive für die Spezifikation von Dokumenten und von Kommunikationsmechanismen bereit, die durch Programme in einer allgemeinen Programmiersprache ergänzt werden können. Zusätzliche Mechanismen zur Beschreibung asynchroner, paralleler Prozesse beruhen auf Formalismen zur Darstellung von erweiterten Petri-Netzen.

Der Ansatz eines detaillierten Datenmodells für Büroinformationssysteme wird in [GiTs83] beschrieben. Die Konzepte des dort vorgestellten Bürodatenmodells enthalten Sprachkonstrukte zur Repräsentation von Formularen, Dokumenten und komplexen Datenobjekten, die auch nicht formatiert sein können. Durch die Definition von 'templates' kann die Aufbereitung von Büroobjekten für die Erfordernisse spezieller Ein-/Ausgabemedien (wie Sprache, Bilder, Text etc.) beschrieben werden. Komplexe Objekttypen werden hierarchisch aus Komponenten und einer Reihe von Eigenschaften zusammengesetzt, die durch deklarative Konsistenzbedingungen zusätzlich eingeschränkt sein können. Objektkomponenten werden durch mit den Objekten definierte Selektionsoperationen ('mappings') ausgewählt. Geschachtelte Selektionen von Komponenten und Komponenteneigenschaften komplexer Datenobjekte werden durch 'chains' von nacheinander auszuführenden Selektionsausdrücken beschrieben. Elementare Operationen zur Verwaltung komplexer Datenobjekte unterstützen die Generierung, Modifikation, das Kopieren und das Löschen von Objekten sowie die Änderung von Eigenschaften oder von Komponenten einzelner Objekte. Speziell definierte 'trigger' können durch mit ihnen spezifizierte Operationen angestoßen werden, wenn vorgegebene Bedingungen erfüllt sind. Auf diese Weise lassen sich Konsistenzbedingungen auch prozedural formulieren.

Generelles Ziel der deskriptiven Bürodatenmodelle ist es, die Trennung zwischen der Beschreibung der Datenobjekte und der auf ihnen definierten Operationen möglichst weitgehend aufzuheben. Anwendungsprogramme auf der Basis derartiger Datenmodelle können wesentlich einfacher sein als solche, die auf herkömmlichen Datenmodellen beruhen, da bei Verwendung deskriptiver Modelle die Semantik der Datenobjekte nicht mehr auf der Benutzerebene explizit berücksichtigt zu werden braucht. (Ein Beispiel dafür gibt auch der Vergleich der relationalen und der rekursiven Repräsentation komplexer Datenobjekte in den Abschnitten 3.2.2 und 4.2.)

3.4.3. *Praedikatenlogische Bueromodellierung*

Als Beispiel für die prädikatenlogische, deskriptive Beschreibung von Bürovorgängen einer verteilten Systemumgebung sei die von Günther vorgeschlagene 'Prädikaten LOgische Programmiersprache' (PLOP) angeführt [Günt84]. PLOP basiert - ähnlich wie auch PROLOG [ClMe81] - auf Konzepten der Prädikatenlogik (in PLOP auch höherer Ordnung), die um Funktionen und Gleichungen erweitert sind. Die in der Sprache PLOP vereinigten Konzepte haben zum Ziel, die Erfordernisse der semantischen Beschreibung von Bürovorgängen in verteilten Arbeitsumgebungen und die der Verwaltung von Büroobjekten in Bürodatenbanken zu integrieren.

Der in PLOP vorgeschlagene Modellierungsansatz versucht, alle für die Büromodellierung wichtigen Aspekte eines Realitätsausschnittes als Prädikate und Argumente von Prädikaten zu beschreiben. Das heißt, in PLOP werden ausschließlich Prädikate sowie 'reale' (d.h. physisch vorhandene) Objekte dargestellt, nicht jedoch - wie z.B. in PROLOG - auch Mengen, Relationen, Funktionen, Listen etc. und deren Operationen. PLOP-Programme setzen sich damit im wesentlichen aus drei Teilen zusammen: aus der Definition von Prädikaten und Fakten, die prädikativ formuliert sind, aus der Ableitung von Werten aus den gespeicherten Fakten und Prädikatdefinitionen und aus der Generierung von externen 'events' (typischerweise Ein-/Ausgabeoperationen).

Die Verwaltung von Fakten in PLOP ersetzt den zustandsorientierten Ansatz der herkömmlichen Datenverwaltung durch einen versionsorientierten: alle Fakten in der Datenbank beziehen sich auf gegebene Objekte der Realität (Datenobjekte aber auch Ereignisse oder Prozesse), deren Existenz und Eigenschaften ***zu einem bestimmten Zeitpunkt*** durch das Prädikat zugesichert und beschrieben werden. Spätere 'Änderungen' dieser Fakten werden durch neue Versionen der Fakten, d.h. durch zusätzliche Prädikate mit neuen (internen) Zeitmarken dargestellt. Dazu das folgende Beispiel 15, in dem für alle Angestellten einer gegebenen Datenbasis zugesichert wird, daß ihr neues Gehalt um 100 höher als ihr aktuelles ist, wenn sie ein Kind haben, das weniger als 18 Jahre alt ist:

Beispiel 15: Verwaltung von Fakten in PLOP

```
FOR EVERY employee (e)
    IF EXISTS child (c,e) AND age (c) < 18
       THEN NEW salary OF emplyoee (e) :
                 CURRENT salary OF employee (e) + 100
    FI.
```

PLOP unterstützt die Programmierung von Anwendungen in verteilten Umgebungen. Programme, die auf verschiedenen Stationen auszuwertende Prädikate enthalten, werden dazu in entsprechende Konstrukte kommunizierender sequentieller Prozesse zerlegt, wobei jeder beteiligten Arbeitsstation jeweils einer dieser Prozesse zugeordnet wird. Daneben stellt PLOP auch 'trigger'- Mechanismen zur Verfügung, die gesteuert durch anwendungsabhängige Bedingungen automatisch neue Büroprozeduren initiieren.

3.4.4. Bueromodellierung auf der Basis von Netzstrukturen

Ein ganz anderer Ansatz der Modellierung von Bürosystemen basiert auf der Verwendung von Netzstrukturen zur Beschreibung insbesondere der Kommmunikations- und Informationsflußstrukturen von Büroumgebungen. Auf einer relativ hohen Abstraktionsstufe dienen so etwa die 'Information Control Nets' (ICN) [Elli79] der Analyse des Daten- und Kommunikationsflusses sowie der Synchronisation von Vorgängen in Bürosystemen. Teile der dabei gewonnenen Erkenntnisse finden ihren Ausdruck in den unter dem Namen 'Officetalk' bekannt gewordenen, experimentellen Bürosystemen [ElBe83].

Ellis definiert ein Bürosystem als Menge von konkreten (z.B. Menschen, Maschinen etc.) und abstrakten (z.B. Zielen, Ideen) Objekten sowie von Abbildungen, die die Zusammenhänge dieser Objekte untereinander beschreiben. Dabei können sowohl Objekte als auch Abbildungen durch zusätzliche Attribute näher bestimmt werden. Beispiele für mögliche Abbildungen sind etwa die Relation 'arbeitet für' zwischen Angestellten und Firmen oder die Beziehung 'glaubt an' zwischen Menschen und Ideen [Elli83]. Aktivitäten beschreiben Einheiten von zu erledigenden Arbeiten, die zum

Beispiel in Beziehung stehen mit den Ressourcen die sie verwenden, und mit den Ausgaben, die von ihnen erzeugt werden.

Das auf diese Weise erzeugte Netz aus Objekten und Beziehungen stellt den Ausgangspunkt für die weitere Analyse und Modellierung des zugehörigen Bürosystems dar. So können zum Beispiel Bürovorgänge durch den Fluß von Zeichen ('tokens') durch das Netz simuliert und analysiert werden. Diese Analyse kann zu Änderungen der Netzstruktur führen, die wiederum Verbesserungen der Büromodelle repräsentieren. In weiteren Analyseschritten können dann die Kommunikationsaspekte verteilter Arbeitsumgebungen in ICN simuliert und ausgewertet werden.

Auch Richter verwendet abstrakte Netzstrukturen zur Modellierung und schrittweise konkreter werdenden Realisierung von Bürosystemen [Rich83]. Seine Modellierungshilfsmittel basieren auf höheren Petri-Netzen aus Kanälen und Instanzen, die als Prädikate und Transitionen (d.h. Übergangsinstanzen) interpretiert werden. Dabei 'schalten' die Transitionen immer dann, wenn alle anstehenden Prädikate erfüllt sind, und das durch das Netz beschriebene System geht in einen Zustand über, in dem alle nachfolgenden Prädikate gelten.

Zur Repräsentation der für Büroanwendungen typischen komplexen Objektstrukturen verwendet Richter Konzepte der 'Information Management Language' (IML) [Rich81], die auf strukturellen Objektrepräsentationen der Datenmodellierung beruht. Im wesentlichen können dabei aggregierte Objektstrukturen aus Mengen (Kollektion), Funktionen (Nomination) und Folgen (Katenation) von Teilobjekten zusammengesetzt werden. Die semantischen Grundoperationen auf diesen Objektstrukturen können zur Prädikatdefinition mit verwendet werden.

Ein wesentlicher Vorteil der Verwendung von Netzstrukturen zur Beschreibung von Bürosystemen besteht in der einfachen und abstrakten Darstellung von nebenläufigen Prozessen und Bürovorgängen. Netzartige Büromodelle sind meist sehr abstrakt, sie lassen sich jedoch durch schrittweise Verfeinerung der einzelnen Netzkomponenten zu detaillierten Systemspezifikationen umformen, die dann auf bereits implementierte Sprachschnittstellen abgebildet werden können.

3.4.5. Zielorientierte Bueromodellierung

Barber, DeJong und Hewitt kritisieren an den bisher beschriebenen Ansätzen zur Büromodellierung im wesentlichen die fehlende Spezifikation der ***Ziele*** eines Bürovorganges, an denen sich die Ausführung der einzelnen Büroaktivitäten orientiert [BdJH83]. Sie halten allgemeine Büroumgebungen und die darin ablaufenden Bürovorgänge für derartig unstrukturiert und unvorhersehbar, daß die Beschreibung von Büroprozeduren sich nur in Spezialfällen auf eine von vornherein bestimmte Folge von (sequentiellen oder auch nebenläufigen) Anweisungen festlegen läßt. Als Alternative empfehlen sie die Verwendung von Problembeschreibungen und Problemlösungsstrategien der künstlichen Intelligenz.

Zunächst muß dazu die Anwendungsumgebung eines Büroinformationssystems mit allen semantischen Zusammenhängen abstrakt beschrieben werden. Die hier gewählte Art der Darstellung erlaubt ein inkrementelles Wachsen (oder Abnehmen) des modellierten Realitätsausschnittes durch Hinzufügen (oder Löschen) einzelner Aussagen. Beispiel 16 beschreibt in der Notation der Beschreibungssprache 'OMEGA' [Barb82] eine Aussage über einen Käufer und seinen Verantwortungsbereich (rsp), die Vererbung von Eigenschaften der Klasse der Angestellten auf die aller Käufer sowie die Struktur der Einkaufsabteilung:

Beispiel 16: Problembeschreibung in OMEGA

```
(Smith IS (A buyer (WITH rsp Chemicals)))

((A buyer) IS (AN employee))

(A purchasing_department
   (WITH personnel_roles
    {( A buyer (WITH rsp Chemicals))
     ( A buyer (WITH rsp Computers))})
   (WITH files
    . . .             )).
```

Das Verhalten einer speziellen Organisationseinheit beschreiben Barber, DeJong und Hewitt durch Angabe der Botschaften, die die Organisationseinheit von anderen Stationen empfangen oder an diese abgeben kann; so läßt sich etwa der Empfang oder das Versenden von Kaufaufträgen wie folgt modellieren:

```
(A purchasing_department
   (WITH handler
    (A request_handler
     (WITH messages_received
        (A purchase_request))
     (WITH messages_sent
        {(A communication
            (WITH target (A vendor))
            (WITH msg (A purchase_order))
          (A communication
            (WITH . . .     )
             . . .              ))}))))).
```

Nachdem die Semantik des modellierten Realitätsausschnittes auf diese Weise beschrieben ist, kann ein zu erreichendes Ziel als 'goal' in OMEGA spezifiziert werden, das anhand der Problembeschreibung mit einer geeigneten Belegung der freien Variablen ('=1', '=2', ...) zu erfüllen gesucht wird. Damit kann dann der Name eines Käufers von Teil '4711' wie folgt festgestellt werden:

```
(GOAL
     (=1 IS (A buyer (OF item '4711')))).
```

Bei dieser Art der Modellierung von Büroaktivitäten werden Botschaften generiert, die auf verschiedenen Stationen zur Suche nach einer Erfüllung des Ziels führen und im Erfolgsfall eine Antwort mit einer geeigneten Belegung der Ausgangsvariablen generieren.

Die flexible und jederzeit erweiterungsfähige Spezifikation eines Realitätsausschnittes und des zu erreichenden Zieles in diesem Ansatz ähnelt prädikatenlogischen Beschreibungen (wie z.B. [Günth84]). Neu an dem Ansatz von Barber, DeJong und Hewitt ist insbesondere die voneinander unabhängige Repräsentation verschiedener Organisationseinheiten, die frei miteinander über den Austausch von Botschaften kommunizieren und dabei Problemlösungsstrategien der künstlichen Intelligenz in einem veränderbaren Suchraum realisieren.

4. EIN REKURSIVES DATENMODELL

4.1. VERWALTUNG KOMPLEXER DATENOBJEKTE

4.1.1. Aspekte der Datenmodellierung

Die Modellierung erweiterter, 'nichtkonventioneller' Datenbankanwendungen (zum Beispiel in CAD/CAM-Systemen, Text- und Bürosystemen, in der Computer-Graphik etc.) ist in zunehmendem Maße durch Datenobjekte gekennzeichnet, die nicht fest formatiert und auf komplizierte Weise aus unterschiedlichen Komponenten zusammengesetzt sind. Damit muß auch die Verwaltung der Daten immer mehr den speziellen Erfordernissen solcher 'komplexer' Datenobjekte angepaßt werden. Das bedeutet, daß insbesondere die Repräsentation, Selektion, und Manipulation derartig variabler Datenobjekte und Objektkomponenten durch spezielle Konzepte einer abstrakten Beschreibungssprache angemessen unterstützt werden müssen.

Datenintensive Anwendungen mit komplexen Objektstrukturen sind bisher meist als spezielle (Anwendungs-) Softwaresysteme auf der Basis traditioneller oder erweiterter Datenbankverwaltungssysteme implementiert worden. Ein Beispiel für einen solchen Ansatz bildet das Datenverwaltungssystem 'PHIDAS' [Fisc79] das ein netzwerkartiges Datenbanksystem für die besonderen Aufgaben der Verwaltung von CAD/CAM-Daten erweitert. PHIDAS unterstützt beispielsweise die physische 'Clusterung' von Daten zusammengehöriger CAD-Objekte auf gemeinsamen Datenträgern sowie eine flexible Speicherungs- und Zugriffsstruktur für CAD-Objekte variabler Größe [Fisc83].

Wie im vorangegangenen Kapitel am Beispiel demonstriert, sind spezielle Lösungsansätze jedoch aufwendig und einer abstrakten Problembeschreibung nicht immer angemessen. Die in Abschnitt 3.3 vorgestellten Erweiterungen universeller Datenbankmodelle bieten entweder eine so große Vielfalt abstrakter Modellierungskonzepte, daß sie nur mit großem Aufwand effizient implementiert werden können (z.B. RM/T, semantische Datenmodelle), oder die zur Verfügung gestellten Beschreibungsmittel sind durch Rücksichten auf spezielle Implementierungsmöglichkeiten so weit eingeschränkt, daß sie sich zur abstrakten Modellierung komplexer und variabler Objektstrukturen nur bedingt eignen (z.B. NF2- oder 'Surrogate'-Modell).

Die Klasse der im folgenden vorgeschlagenen Datenmodelle erweitert die Modellierungshilfsmittel herkömmlicher Datenbankmodelle um semantische Beschreibungskonzepte, die von höheren Programmiersprachen und formalen Semantikspezifikationsmethoden her bekannt sind. Solche Datenmodelle sind nicht mehr auf Datenobjekte mit *gleicher Struktur* beschränkt, sondern erlauben auch die Definition und Verarbeitung von Datenobjekten, die lediglich bestimmte *Generierungsregeln* gemeinsam haben. Diese Generierungsregeln können bei der Erzeugung einzelner Objekte jeweils frei miteinander kombiniert werden. 'Rekursive Datenmodelle' ermöglichen damit die adäquate Modellierung komplexer Objekte mit verwandten Strukturprinzipien. Eine geeignete Einschränkung der Prinzipien ermöglicht es zudem, Ergebnisse der klassischen Datenbankmodelle - etwa in den Bereichen Anfragesprache, Konsistenzdefinition und Transaktionsabwicklung - auf rekursive Datenmodelle zu übertragen.

4.1.2. Semantische Grundoperationen

Die adäquate Modellierung erweiterter, datenintensiver Anwendungsbereiche erfordert neben einer abstrakten Objektrepräsentation auch Modellierungskonzepte zur abstrakten Beschreibung der semantischen Grundoperationen auf diesen Objekten. Ein wichtiges Kriterium für die Angemessenheit eines Datenmodells für einen bestimmten Anwendungsbereich ist der Grad der Übereinstimmung der durch das Datenmodell bereitgestellten Modellierungswerkzeuge mit den semantischen Grundkonzepten der zu modellierenden Realitätsausschnitte. Deshalb sind im folgenden die grundlegenden strukturellen und operationalen Charakteristika 'nichtkonventioneller' Datenbankanwendungen zusammengefaßt. Die wesentlichen semantischen Grundoperationen, die auf komplexen, variabel strukturierten Datenobjekten ausführbar sind, umfassen:

- die ***Konstruktion*** von zusammengesetzten Datenobjekten aus elementaren Objekten, die bereits in früheren Konstruktionsschritten erzeugt worden sind,

- die ***Selektion*** spezieller Komponenten zusammengesetzter Datenobjekte nach vorgegebenen Selektionskriterien und

- das ***Erkennen*** des Konstruktionsprinzips (bzw. des Typs) einer gegebenen Objektausprägung, um dementsprechend die richtigen Selektionsoperationen ausführen zu können.

In einer CAD-Umgebung zum Beispiel bestehen die wesentlichen semantischen Grundoperationen daraus,

- komplexe Objekte aus gegebenen Grundobjekten oder bereits in früheren Konstruktionsschritten erzeugten Teilobjekten zusammenzusetzen,

- Teilkomponenten komplexer Objekte auf beliebiger Schachtelungstiefe zu selektieren, um sie zu lesen oder zu manipulieren und

- das Konstruktionsprinzip eines CAD-(Teil-) Objektes eindeutig zu identifizieren, um anschließend die entsprechenden Komponentenselektionen auf dem Objekt richtig vornehmen zu können.

Wie am Beispiel der relationalen Implementation von CAD-Objekten im Kapitel 3 gezeigt, ist es auch mit den allgemeinen Beschreibungsmitteln traditioneller Datenbankmodelle - wie etwa des relationalen - möglich, komplexe Objekte und die zugehörigen semantischen Grundoperationen zu implementieren. Im Fall des relationalen Datenbankmodells werden dabei die genannten semantischen Grundoperationen komplexer Datenobjekte auf die folgende, begrenzte Weise realisiert:

- 'Record-'***Konstruktoren*** repräsentieren komplexe Datenobjekte einer festen Länge. Datenobjekte variabler Länge werden durch Mengen von Records in verschiedenen Relationen repräsentiert, die durch inhaltsorientierte Referenzen (z.B. Schlüssel) verknüpft sind. Der Preis für die auf diese Weise gewonnene Flexibilität ('relational relativism') besteht jedoch außer in Problemen der Effizienz in der Wahrung der 'referentiellen' Integrität [Codd79], [Date81b], d.h. der beabsichtigten Abhängigkeiten innerhalb einer Menge von Tupeln verschiedener Relationen.

- Die *Selektion* von Objektkomponenten ist einfach in Fällen, in denen die Komponenten durch einzelne Tupel oder Attributwerte repräsentiert werden können. Die Selektion komplexer Objektkomponenten, die durch Mengen von Tupeln verschiedener Relationen repräsentiert sind, wird durch die Auswertung komplexer Datenbankanfragen angemessen unterstützt. Anfragen aber, bei denen die beteiligten Relationen nicht von vornherein bestimmt werden können, sind oft auch in Sprachen nicht direkt formulierbar, die relational vollständig ('relational complete' [Codd72]) sind [Codd83]. Die Implementation solcher Anfragen ist meist aufwendig und problematisch hinsichtlich des Antwortzeitverhaltens.

- Das *Erkennen* des Konstruktionsprinzips eines Datenobjekts bedeutet im Relationenmodell das Bestimmen des Typs eines beliebigen relationalen Ausdrucks und der zugehörigen Schlüsselbedingung. Ergebnisse von Untersuchungen des Relationenmodells (z.B. [Klug80], [KWS81]) haben gezeigt, daß dies im allgemeinen schwierig oder überhaupt nicht möglich ist.

Das Hauptproblem einer direkten Beschreibung komplexer Datenobjekte variabler Länge liegt bei den universellen Datenmodellen in ihrer Beschränkung auf Records mit fester Komponentenzahl. Derartige Datenstrukturen eignen sich zwar für die Beschreibung von Objekten mit 'fester' Struktur, d.h. von formatierten Datenobjekten. Für die Repräsentation komplexer Datenobjekte stellen die herkömmlichen Datenmodelle jedoch nur indirekte Implementierungsmöglichkeiten bereit. Komplexe Objektstrukturen können durch Mengen verschiedenartiger Records beschrieben werden, die entweder über Referenzen (wie im hierarchischen oder im Netzwerkmodell) oder über gemeinsame Komponentenwerte (wie im relationalen Modell) zueinander in Beziehung gesetzt werden.

Damit entsteht ein hoher Implementierungsaufwand schon bei der Codierung einfacher Operationen auf komplexen Objekten, der zu den am Beispiel des Relationenmodells dargestellten Problemen führt. Rekursive Beschreibungen komplexer Objekstrukturen sollen es nun gestatten, durch direkte und abstrakte Objektrepräsentation von Problemen einer korrekten Implementation solcher Datenobjekte auf der Ebene der Anwendungsprogrammierung zu abstrahieren.

4.2. REKURSIVE SPEZIFIKATION KOMPLEXER DATENOBJEKTE

4.2.1. Rekursive Modellierungskonzepte

Die Erfahrungen im Umgang mit Rekursion sind vielfältig. Ausgehend von der Verwendung grundlegender rekursiver Techniken in der Logik (z.B. [Chur41], [Klee52]) wurden rekursive Modellierungskonzepte sowohl zur Definition natürlicher Sprache (z.B. mittels kontextfreier Grammatiken bei [Chom59]) als auch zur Spezifikation der Syntax (z.B. BNF [Back60]) und der der formalen Semantik (z.B. [Scot71], [Wegn72], [Bjør80a], [Hard85], [Klae80]) von Programmiersprachen angewandt. Als Konzept allgemeiner, höherer Programmiersprachen wurde eine rekursive Notation zunächst in ALGOL 60 [Naur63] und LISP [MAEHL62], [McCa63], dann auch in anderen Programmiersprachen eingeführt (für eine allgemeine Beschreibung derartiger Sprachkonzepte siehe [Burg75]). Dabei hat sich gezeigt, daß sich gerade komplexe Objektstrukturen durch Anwendung rekursiver Modellierungskonzepte auf einfache und flexible Weise darstellen und manipulieren lassen.

Beispiele für die Verwendung von Rekursion für die formale Beschreibung von Semantik finden sich in Kapitel 2. Rekursion als prozedurale Ausdrucksform ist Bestandteil vieler moderner Programmiersprachen. Rekursiv aufgebaute Datenstrukturen werden in der Regel durch referentielle Verkettung von fest formatierten Daten implementiert und müssen auch programmiersprachlich auf diese Weise beschrieben werden (eine Ausnahme bildet hier die Programmiersprache LISP). In [Hoar73], [Hoar75] schlägt Hoare bereits die Verwendung rekursiver Sprachelemente auch für die Definition von hierarchisch strukturierten Datentypen vor. Damit soll in höheren Programmiersprachen die aufwendige und fehleranfällige *Implementation* variabel langer Datenobjekte mittels 'niedriger' und maschinenabhängiger Sprachkonstrukte wie Zeiger oder andere Identifikatoren (z.B. Schlüssel) durch eine hochsprachliche *Deklaration* entsprechender Datenstrukturen ersetzt werden.

Auch *rekursive Datenmodelle* [LaSc83b], [Lame84] verwenden rekursive Modellierungskonzepte, um komplex strukturierte Datenobjekte durch mächtige und flexible Datenstrukturen deklarativ zu beschreiben. Sie verallgemeinern damit die Möglichkeiten traditioneller Datenmodelle dadurch, daß sie eine abstrakte Beschreibung variabel langer Datenobjekte auch direkt (d.h. nicht auf verschiedene Repräsentationen verteilt) gestatten. Damit befreien sie den Anwendungsprogrammierer von Problemen der Repräsentation (d.h. Implementation) und Manipulation komplexer Datenobjekte mit programmiersprachlichen Beschreibungsmitteln, die dieser Aufgabe nicht adäquat sind.

In den folgenden Abschnitten wird ein rekursives Datenmodell vorgestellt, und die verwendeten Modellierungshilfsmittel werden an ausgewählten Beispielen erläutert. Das rekursive Datenmodell umfaßt Beschreibungskonzepte für komplexe Datenstrukturen und unterstützt insbesondere die Generierung, Selektion und Identifikation von Datenobjekten variabler Größe. Unter 'rekursiv definierten' Datentypen sollen im folgenden alle mit Hilfe eines rekursiven Datenmodells definierten Datentypen verstanden werden (auch dann, wenn sie nicht wirklich 'rekursiv' sind).

4.2.2. Rekursiv definierte Datentypen

Für jeden rekursiv definierten Datentyp, RcsType, stellt ein rekursives Datenmodell eine Menge verschiedener '*Strukturgeneratoren*' zur Verfügung, mit denen einzelne Objekte des zu definierenden Datentyps erzeugt werden können. Jeder der Strukturgeneratoren, Gen_i, basiert auf einer festen Anzahl vorgegebener Komponententypen, CompType_ij, die die Typen der formalen Parameter des Generators spezifizieren. Die Anwendung eines Strukturgenerators auf eine aktuelle Belegung seiner Parameter mit Objekten der entsprechenden Komponententypen erzeugt ein komplexes Objekt des übergeordneten rekursiven Datentyps.

Die Komponenten eines rekursiv erzeugten komplexen Objektes lassen sich mittels '*elementarer Komponentenselektoren*', sel_ij, identifizieren. Alle elementaren Komponentenselektoren werden als Bezeichner der formalen Parameter der Strukturgeneratoren bei der Definition eines rekursiven Datentyps deklariert. Die Komponententypen können entweder rekursiv definiert oder als einfache Datentypen (wie aus herkömmlichen Programmiersprachen bekannt) gegeben sein.

Wirklich 'rekursiv' wird die Definition eines rekursiven Datentyps dadurch, daß die Menge der Komponententypen eines oder mehrerer der zugehörigen Strukturgeneratoren - direkt oder indirekt - wieder den zu definierenden Datentyp enthält. In einem solchen Fall muß mindestens einer der Strukturgeneratoren sicherstellen, daß jede rekursive Folge von Anwendungen der Generatoren schließlich in der Erzeugung einer nichtrekursiven Objektkomponente endet.

Damit ergibt sich die allgemeine Definition eines rekursiven Datentyps in einer an Pascal und [Hoar75] angelehnten Syntax wie folgt:

```
TYPE  RcsType  =  Gen_1 (sel_11: CompType_11; ...;
                         sel_1n: CompType_1n)
               |  . . .  |  Gen_i (...)  |  . . .
               |  Gen_k (sel_k1: CompType_k1; ...;
                         sel_km: CompType_km).
```

Die rekursive Typdefinition spezifiziert einen Datentyp, dessen Wertebereich aus allen hierarchisch strukturierten Objektausprägungen besteht, die sich durch (möglicherweise beliebig geschachtelte) Anwendungen der Strukturgeneratoren 'Gen_i' mit $1 \leq i \leq k$ auf Komponenten der Typen 'CompType_ij' erzeugen lassen.

Unter Verwendung rekursiv definierter Datentypen läßt sich das CAD-Beispiel aus Kapitel 3 neu formulieren: Modelliert werden soll der Typ von CAD-Objekten, die jeweils aus einem Namen und einer Menge nacheinander konstruierter Komponenten zusammengesetzt sind. Im allgemeinen kann die Menge aller Teilkomponenten eines Objekts entweder leer sein, nur aus einem einzelnen Teil oder auch aus einem Teilobjekt bestehen, das in einem vorangegangenen Konstruktionsschritt mit einem zusätzlichen Einzelteil zu dem übergordneten Objekt verknüpft worden ist. Entsprechend umfaßt also der rekursiv definierte Datentyp 'AsmblTyp', der strukturierte Objektkomponenten beschreibt, die drei Strukturgeneratoren 'Empty', 'Single_part' und 'Asmbl_part'. Einzelteile eines komplexen Objekts bestehen aus dem Namen und der Beschreibung eines Teils sowie aus einer Menge von Komponententeilen.

Damit ist die Struktur von CAD-Objekten durch einen Baum beschrieben, der an jedem Knoten jeder Ebene seiner variablen Tiefe wiederum aus einer variablen Anzahl von Ästen aufgebaut sein kann. Syntaktisch sieht die Definition des Strukturierungsprinzips solcher CAD-Objekte in der Form einer rekursiven Datentypdefinition wie folgt aus:

Beispiel 17: Rekursive Definition von CAD-Objekten

```
TYPE String     = PACKED ARRAY [...] OF CHAR;

     ObjectType = Object (name : String;
                          comps: AsmblType) ;

     AsmblType  = Empty ()
                | Single_part(s_part: PartType)
                | Asmbl_part (asmbl : AsmblType;
                              a_part: PartType) ;

     PartType   = Part (name : String; desc: ...;
                        comps: AsmblType).
```

Im Stil einer herkömmlichen Programmiersprache lassen sich über den so definierten rekursiven Typen *Variable, Konstanten, Parameter* etc. definieren, deren Werte jeweils ganze komplexe Objekte mit allen Teilkomponenten repräsentieren, z.B.:

```
VAR object          : ObjectType;
    part, sub_part  : PartType.
```

4.2.3. Operationen auf rekursiven Datentypen

Als abstraktes Beschreibungsmittel für die Modellierung komplexer Datenobjekte müssen die Operationen auf rekursiv definierten Datentypen insbesondere eine direkte Repräsentation der semantischen Grundoperationen ermöglichen. Im folgenden wird gezeigt, wie die drei Klassen semantischer Grundoperationen zur Verwaltung komplexer Datenobjekte (vgl. Abschnitt 4.1.2) in einem rekursiven Datenmodell abstrakt formuliert werden.

- Mit Hilfe der Menge von ***Strukturgeneratoren***, Gen_i, lassen sich komplexe Objekte aus einer Menge gegebener Teilobjekte konstruieren (diese Komponentenobjekte sind dabei entweder das Ergebnis früherer Anwendungen von Strukturgeneratoren oder als einfache Ausdrücke einer traditionellen Programmiersprache gegeben).

- Unter Verwendung der für jeden Strukturgenerator zur Verfügung stehenden Menge elementarer ***Komponentenselektoren***, sel_ij, können einzelne Komponenten rekursiver Variabler selektiert werden, deren Wert durch Anwendung eines entsprechenden Strukturgenerators, Gen_i, erzeugt worden ist. (Syntaktisch werden Komponentenselektoren in eckigen Klammern hinter die zu selektierende Variable geschrieben.) Damit gilt für eine rekursiv definierte Variable, rcs_var, deren Wert durch Anwendung des Generators 'Gen_i' auf Komponenten 'comp_val_ij' erzeugt worden ist,

  rcs_var [sel_ij] = comp_val_ij.

  Komponentenselektoren angewandt auf Variable identifizieren wiederum Komponenten*variable*, d.h. sie können sowohl im Kontext eines Ausdrucks als auch auf der linken Seite einer Zuweisungsoperation verwendet werden. Dementsprechend lassen sich Komponentenselektoren auch geschachtelt anwenden; sie werden dann hintereinander geschrieben und von links nach rechts ausgewertet.

- Durch Verwendung einer Menge Boolescher ***charakteristischer Funktionen***, is-Gen_i, kann für ein vorliegendes rekursives Objekt entschieden werden, ob es durch Anwendung eines bestimmten Strukturgenerators, Gen_i, erzeugt worden ist und damit die entsprechenden Komponentenselektoren anwendbar sind. Zum Beispiel gilt für eine rekursiv definierte Variable 'rcs_var', deren Wert durch Anwendung des Generators 'Gen_i (...)' erzeugt worden ist,

  is-Gen_i (rcs_var) = TRUE.

Für das CAD-Beispiel läßt sich durch rekursive Typdefinitionen nun erreichen, daß alle inneren Objektbeziehungen implizit als Teil der Objektbeschreibung deklariert sind und nicht mehr implementiert und vom Anwendungsprogrammierer verwaltet und explizit gewartet werden müssen. Damit vereinfacht sich in Beispiel 18 das Hinzufügen eines neuen Teils 'part' mit einer Komponente 'sub_part' zu einem existierenden Objekt 'object' auf die folgenden Anweisungen: nach der Initialisierung der Objektkomponenten (Zeile 1) wird zunächst mit Hilfe des Strukturgenerators 'Single_part' ein neues Einzelteil aus der Subkomponente 'sub_part' erzeugt und als Komponente dem Teil 'part' zugewiesen (Zeile 2). Dieses Teil wird dann zusammen mit den bisherigen Komponenten des Objektes 'object' als neuer, zusammengesetzter Komponentenwert dem Objekt zugewiesen, d.h. ihm als neue Komponente hinzugefügt (Zeile 3). Zum Löschen der als letzter hinzugefügten Komponente braucht der Komponentenwert des Objektes nur auf seinen durch 'asmbl' selektierten 'Rest' reduziert zu werden (Zeile 4).

Beispiel 18: Operationen auf rekursiv definierten CAD-Objekten

```
object := ...; part := ...; sub_part := ...;                (1)
part [comps]   := Single_part (sub_part);                   (2)
object [comps] := Asmbl_part (object [comps], part);        (3)
. . .
object [comps] := object [comps] [asmbl].                   (4)
```

Eine Zuweisungsoperation von rekursiven Datenobjekten an rekursive Komponentenvariable sei hier wie in imperativen Programmiersprachen üblich vorausgesetzt. Die vollständige Semantik einer solchen Zuweisungsoperation für Komponentenvariable wird exemplarisch in Abschnitt 4.4.1 spezifiziert.

4.2.4. Rekursive Modellierung von Textstrukturen

Im folgenden soll an einem größeren Beispiel gezeigt werden, wie sich mit Hilfe der Datenstrukturen eines rekursiven Datenmodells auch komplex strukturierte Anwendungen durch eine Reihe einfacher Typdefinitionen spezifizieren lassen. Modelliert wird die Struktur eines Textes - etwa einer wissenschaftlichen Veröffentlichung - bestehend aus einer geordneten Folge von Kapiteln, möglicherweise numerierten Sektionen und Subsektionen etc. bis zu einer von Sektion zu Sektion variierenden Schachtelungstiefe. Dabei kommen in Sektionen wiederum Paragraphen mit Sätzen und Wörtern oder auch Abbildungen in beliebiger Reihenfolge vor. Die Modellierung der Datenobjekte soll so beschaffen sein, daß auf jeder Stufe der Hierarchie jederzeit neue Komponenten eingefügt oder entfernt werden können. In Abbildung 3 ist die rekursive Struktur derartiger Texte zunächst graphisch durch ineinander geschachtelte Rechtecke dargestellt. In Beispiel 19 ist die Textstruktur mit Hilfe rekursiver Typdefinitionen des vorgeschlagenen Datenmodells definiert.

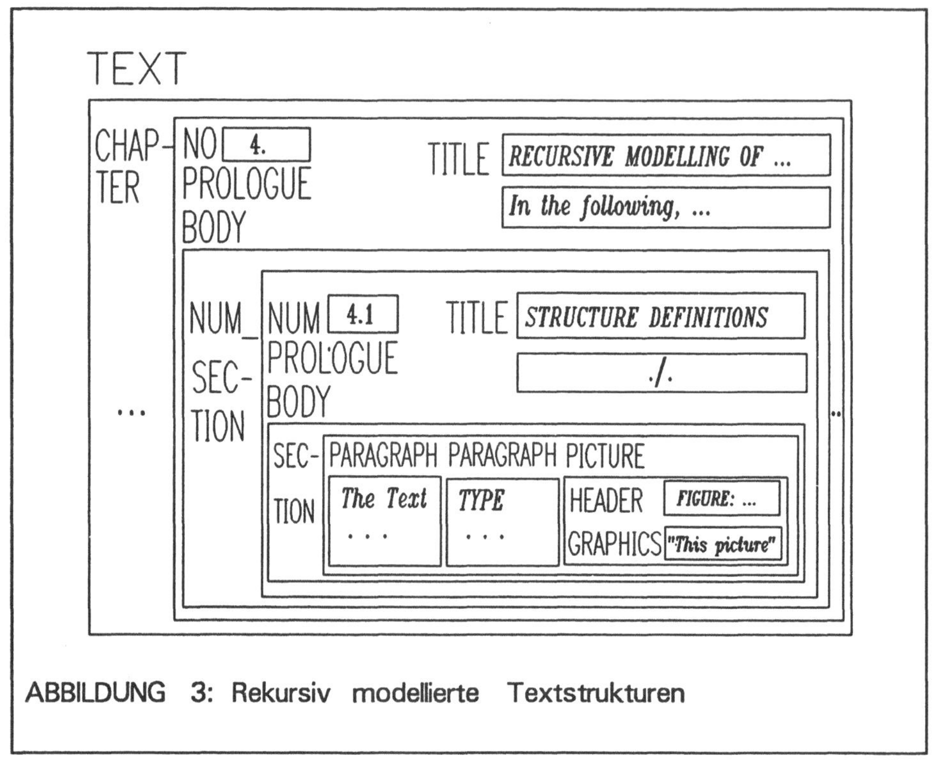

ABBILDUNG 3: Rekursiv modellierte Textstrukturen

Beispiel 19: Rekursive Definition der Textstrukturen

```
TYPE

   Wordtype       =  Single_char (s_char : CHAR)
                  |  Append_char (word   : WordType;
                                  a_char : CHAR) ;

   SentenceType   =  Single_word (s_word   : WordType)
                  |  Append_word (sentence : SentenceType;
                                  a_word   : WordType)
                  |  Append_mark (sentence : SentenceType;
                                  a_mark   : ('.',',',...)) ;

   ParagraphType  =  Empty_paragraph ()
                  |  Append_sentence (paragraph : ParagraphType;
                                      a_sentence: SentenceType) ;
```

```
GraphicsType    =  . . . ;

PictureType     =  Empty_picture ()
                |  Picture (header   : SentenceType;
                            graphics : GraphicsType) ;

SectionType     =  Single_paragraph (s-paragraph: ParagraphType)
                |  Single_picture   (s-picture  : PictureType)
                |  Append_paragraph (section    : SectionType;
                                     a_paragraph: ParagraphType)
                |  Append_picture (section      : SectionType;
                                   a_picture    : PictureType) ;

NumType         =  Single_int (s_int : INTEGER)
                |  Append_int (num   : NumType;
                               a_int : INTEGER) ;

BodyType        =  Empty_body ()
                |  Single_section (section  : SectionType)
                |  Append_num_section (body : BodyType;
                                num_section : NumSectionType) ;

NumSectionType =  Num_section (num : NumType;
                             title : SentenceType;
                          prologue : ParagraphType;
                              body : BodyType) ;

ChapterType     =  Chapter (no : INTEGER;
                         title : SentenceType;
                      prologue : ParagraphType;
                          body : BodyType) ;

TextType        =  Empty_text ()
                |  Append_chapter (text : TextType;
                                chapter : ChapterType) ;

ReferencesType =  . . . ;

PaperType       =  Paper (title, authors, keywords :
                                    SentenceType;
                          abstract : ParagraphType;
                              text : TextType;
                        references : ReferencesType) .
```

Die variable Struktur der Texte wird in Beispiel 19 besonders an der rekursiven Definition des Hauptteiles 'body' eines numerierten Abschnittes 'num_section' deutlich. Ein solcher 'body' kann zunächt leer sein ('Empty_body') oder aus nur einem variabel langen Textabschnitt bestehen ('Single_section'), dann aber auch eine Folge von numerierten Abschnitten derselben Ebene enthalten ('Append_num_section'), die sich möglicherweise rekursiv aus ineinander geschachtelten, numerierten Abschnitten einer tieferen Schachtelungsebene zusammensetzen.

4.3. ABSTRAKTION DEDIZIERTER FUNKTIONEN

4.3.1. Anwendungsorientierte Operationen

Unter Verwendung der elementaren Operationen rekursiver Datentypen sollen Benutzer eines rekursiven Datenmodells, dessen Sprachkonstrukte in eine höhere Programmiersprache eingebettet sind, auch spezielle Operationen des zu modellierenden Anwendungsbereiches abstrakt beschreiben können. Entsprechend der rekursiven Struktur der Datenobjekte sind auch die meisten dieser '*anwendungsorientierten*' Funktionen rekursiv definiert.

So läßt sich etwa die strukturelle Äquivalenz zweier CAD-Teilobjekte vom Typ 'AsmblType' durch die anwendungsorientierte Funktion 'equiv', wie in Beispiel 20 dargestellt, rekursiv definieren. Dabei dient ein Boolesches 'case'-Konstrukt zur Auswahl der entsprechenden Strukturgeneratoren, mit denen die aktuellen Werte der Parameter jeweils erzeugt worden sind.

Beispiel 20: Anwendungsorientierte Funktionen (1)

```
FUNCTION equiv (assembly, assembly': AsmblType) : BOOLEAN;
   (is-Empty (assembly) -------------->
                                RETURN is-Empty (assembly') ,
    is-Single_part (assembly) -------->
                                RETURN is-Single_part (assembly')
                                   AND equiv (assembly [s_part] [comps],
                                              assembly' [s_part] [comps]) ,
    is-Asmbl_part (assembly) --------->
                                RETURN is-Asmbl_part (assembly')
                                   AND equiv (assembly [a_part] [comps],
                                              assembly' [a_part] [comps])
                                   AND equiv (assembly [asmbl],
                                              assembly' [asmbl]) )
END equiv.
```

Die Verwendung rekursiver Funktionen und die durch das 'case'-Konstrukt und die Anwendung charakteristischer Funktionen mögliche Selektion der Alternativen erlauben es, Operationen prozedural zu abstrahieren, die unabhängig von der gerade aktuellen Struktur der Werte ihrer Parameter sind.

Eine zweite Verwendung anwendungsorientierter Funktionen läßt sich am Beispiel der rekursiven Definition von Textstrukturen aus Abschnitt 4.2.4 zeigen. Anwendungsorientierte Funktionen können auch zur Erzeugung von Datenobjekten eingesetzt werden, die speziellen, anwendungsspezifischen Integritätsbedingungen unterliegen: zum Beispiel sollen nur solche Inhalte von Kapiteln, Sektionen oder Subsektionen erzeugt werden dürfen, die eine konsistente Numerierung der gesamten Textstruktur gewährleisten. 'Konsistent' numeriert heißt hier, daß ein nicht leerer Textinhalt entweder nicht numeriert sein darf oder daß er auf gleicher Schachtelungsebene nur numerierte Sektionen enthält, deren Nummern gleich tief geschachtelt, d.h. gleich lang sind. Deshalb wird in Beispiel 21 das Hinzufügen einer neuen numerierten Sektion (vom Typ 'NumSectionType') zu einem bereits bestehenden Inhalt (vom Typ 'BodyType') auf die spezielle anwendungsorientierte Funktion 'add_ns' beschränkt, die ausschließlich die Generierung konsistent numerierter Textinhalte (vom Typ 'BodyType') erlaubt:

Beispiel 21: Anwendungsorientierte Funktionen (2)

```
FUNCTION add_ns (bd: BodyType; ns: NumSectionType): BodyType;
   (is-Single_section (bd) ------>
               <* ERROR: previous section not numbered ! *>,
    is-Empty_body (bd) ---------->
                RETURN  Append_num_section (bd, ns) ,
    is-Append_num_section (bd) -->
                IF NOT (Length (bd [num_section] [num]) =
                                            Length (ns [num]))
                   THEN <* ERROR: previous section number
                                    of different level ! *>
                   ELSE  RETURN Append_num_section (bd, ns) )
END add_ns.
```

Beschränkt man die Manipulationsoperationen auf rekursiv definierten Datenobjekten ausschließlich auf derartige anwendungsorientierte Funktionen, so lassen sich rekursive Datentypen vollständig zu 'abstrakten Datentypen' im Sinne von [LiZi74] erweitern. Um dann Verletzungen der anwendungsbezogenen Integritätsbedingungen zu vermeiden, muß die freie Verwendung der elementaren Strukturgeneratoren entsprechend eingeschränkt werden.

4.3.2. Anwendungsorientierte Selektoren

Ebenso wie durch die anwendungsorientierten Funktionen des Datenmodells häufig vorkommende und semantisch komplexe ***prozedurale*** Funktionen abstrahiert werden, werden durch anwendungsorientierte Selektoren häufig vorkommende und semantisch komplexe ***selektive*** Funktionen abstrahiert. Dies ist in dem vorgeschlagenen Datenmodell vor allem deshalb von Bedeutung, weil Komponentenselektionen in komplexen Datenobjekten häufig und nicht immer einfach zu notieren sind.

Anwendungsorientierte Komponentenselektoren werden in ähnlicher Weise wie erweiterte relationale Selektoren (vgl. [MRS84]) für Variable eines bestimmten (rekursiven) Typs definiert und können parameterisiert sein. Im allgemeinen sind anwendungsorientierte Selektoren rekursiv definiert. Die Kopfzeile der Definition eines solchen Selektors enthält am Ende die Spezifikation des Typs der selektierten Komponente, um Typprüfungen zur Übersetzungszeit zu ermöglichen.

In Beispiel 22 wird ein sehr einfacher Selektor 's-last_char' ohne Parameter definiert, der von einem beliebigen, rekursiv definierten Wort vom Typ 'WordType' jeweils das letzte Zeichen selektiert. Ebenso wie die elementaren Komponentenselektoren werden auch anwendungsorientierte Selektoren in eckigen Klammern hinter die zu selektierenden Variablen geschrieben; sie können (auch mit elementaren Selektoren gemischt) geschachtelt werden und selektieren in gleicher Weise Komponentenvariable oder -konstanten.

Beispiel 22: Anwendungsorientierte Selektoren (1)

```
SELECTOR s-last_char FOR w: WordType (): CHAR;
   (is-Single_char (w) ---> SELECT  w [s_char] ,
    is-Append_char (w) ---> SELECT  w [a_char] )
END s-last_char.
```

In Beispiel 23 wird für die oben definierten Textstrukturen ein anwendungsorientierter Selektor 's-sub_sect' spezifiziert, der eine Subsektion eines (Kapitel-, Sektions- oder Subsektions-) Inhaltes auf beliebiger Schachtelungstiefe mittels einer qualifizierten Sektionsnummer als Parameter auswählt. Die Definition dieses Selektors stützt sich auf einen weiteren anwendungsorientierten Selektor 's-sect', der jeweils für eine als Parameter gegebene Teilnummer (d.h. hier eine Ziffer) der vollständigen Selektionsnummer die entsprechende Subsektion auf einer Schachtelungsebene selektiert.

Beispiel 23: Anwendungsorientierte Selektoren (2)

```
SELECTOR s-sub_sect FOR bd : BodyType
                        (no : NumType) : NumSectionType;
   (is-Single_int (no) ------------->
            SELECT  bd [ s-sect (no [ s_int ]) ] ,
    is-Append_int (no) ------------->
            SELECT  bd [ s-sect (no [ a_int ]) ]
                       [ body ] [ s-sub_sect (no [num]) ] )
END s-sub_sect;


SELECTOR s-sect FOR bd : BodyType (i : INTEGER) : NumSectionType;
   (is-Empty_body (bd) -------------------->
            <* ERROR: no section with such a number ! *> ,
    is-Single_section (bd) --------------->
            <* ERROR: section not numbered ! *> ,
    is-Append_num-section (bd) ----------->
            (is-Single_int (bd [num_section] [num]) --->
```

```
                IF bd [num_section] [num] [s_int] = i
                   THEN SELECT  bd [num_section]
                   ELSE SELECT  bd [body] [s-sect (i)] ,

        is-Append_int (bd [num_section] [num]) --->

                IF bd [num_section] [num] [a_int] = i
                   THEN SELECT  bd [num_section]
                   ELSE SELECT  bd [body] [s-sect (i)] ) )

END s-sect.
```

Unabhängig von der gerade aktuellen Schachtelungstiefe eines Textes in numerierte Abschnitte ('sections') und Unterabschnitte ('sub_sections') kann also mit Hilfe dieser anwendungsorientierten Komponentenselektoren zu einer gegebenen, geschachtelten (Unter-) Abschnittsnummer jeweils direkt die zugehörige Textkomponente ausgewählt und manipuliert werden.

4.3.3. Selektion von Objektmengen

Wie aus den Beispielen dieses Kapitels deutlich wird, können rekursive Datenmodelle datenintensive Realitätsausschnitte mit einer großen Anzahl von Objekten und Objektkomponenten beschreiben. Daher benötigen rekursive - ebenso wie auch traditionelle - Datenmodelle zur adäquaten Unterstützung der Selektion von Teilkomponenten eine mächtige ***Anfragesprache*** auf der Basis von Mengen von Objektkomponenten.

Elementare und anwendungsorientierte Selektoren stellen bereits wesentliche Elemente für die strukturelle Komponentenselektion rekursiver Datenobjekte zur Verfügung. Daneben sind aber auch Sprachkonstrukte wünschenswert, die es erlauben, Mengen von Objektkomponenten nach Art der mengenorientierten Anfragesprachen relationaler Datenbankmodelle in einem Ausdruck zu konstruieren. Derartige Sprachkonstrukte sollen im folgenden als Beispiele für ***mengenwertige Konstruktoren*** einer erweiterten Anfragesprache für rekursive Datenmodelle eingeführt werden.

Syntaktisch werden alle konstruierten, mengenwertigen Ausdrücke eines rekursiven Datenmodells in geschweiften Klammern eingeschlossen. Zunächst sollen einfach Mengen von Teilobjekten eines bestimmten Typs, die als Komponenten komplexer

Objekte auftreten, von diesen extrahiert werden können. So konstruiert zum Beispiel der folgende Ausdruck die Menge aller Komponenten vom Typ '<component_type>' eines rekursiv definierten Objekts '<composite_object>':

```
{ <component_type> OF <composite_object> }.
```

Eine derartige Menge von Objektkomponenten kann weiter eingeschränkt werden durch Sprachkonstrukte, wie sie von prädikativen, kalkülorientierten Anfragesprachen relationaler Datenbanksysteme her bekannt sind:

```
{ EACH <element> IN {...} : Pred (<element>) }.
```

In diesem Beispiel ist '<element>' eine logische Variable des Elementtyps der selektierten Menge, und 'Pred (<element>)' ist ein Boolesches Prädikat erster Ordnung mit der freien Variablen '<element>'.

Der folgende Ausdruck selektiert zum Beispiel alle Worte vom Typ 'WordType' eines gegebenen Satzes 'sentence', die mit dem Buchstaben 'x' enden. Zur Definition des Selektionsprädikates wird der in Abschnitt 4.3.2 definierte anwendungsorientierte Selektor 's-last_char' verwendet:

```
{ EACH w IN { WordType OF sentence } :
                    w [ s-last_char () ] = 'x' }.
```

Als letzte syntaktische Ergänzung soll im folgenden zur Erleichterung der statischen Typbestimmung immer der Typ eines konstruierten Ausdrucks vor die erste Klammer des (hier mengenwertigen) Ausdrucks geschrieben und dieser als 'SET' kenntlich gemacht werden. Die vollständige Syntax des Konstruktors der Wortmenge des letzten Beispiels wäre damit wie folgt gegeben:

```
SET OF WordType { EACH w IN { WordType OF sentence } :
                              w [ s-last_char () ] = 'x' }.
```

Prädikative Ausdrücke über Teilmengen von Komponenten rekursiver Objekte können zusätzlich zu den implizit verwalteten strukturellen auch explizit anwendungsbezogene semantische ***Konsistenzbedingungen*** für komplexe Datenobjekte spezifizieren.

4.3.4. Rekursive Programme

Die bisher vorgestellten rekursiven Typdefinitionen des Datenmodells mit den implizit (d.h. allgemein) und explizit (d.h. für eine spezielle Anwendung) definierten Operationen sind sinnvoll erst in der Umgebung einer umfassenden algorithmischen Programmiersprache anwendbar. Ebenso wie zum Beispiel Realisierungen von Konzepten des relationalen Datenmodells in Datenbanksystemen in die Umgebung allgemeiner Programmiersprachen eingebettet sind (siehe etwa [StRo77], [Schm79], [RoSh79], [Wass80] und [MRS82b]), lassen sich auch die vorgeschlagenen rekursiven Datenstrukturen in die Umgebung einer algorithmischen Programmiersprache integrieren. Damit können in einer derartig erweiterten Datenbankprogrammiersprache 'rekursive Programme' geschrieben werden, die sowohl sprachliche Ausdrücke der umgebenden Programmiersprache als auch Typdefinitionen, Variablendeklarationen, anwendungsorientierte Funktionen und Selektoren sowie Anweisungen und Ausdrücke eines rekursiven Datenmodells enthalten.

Im folgenden Beispiel 24 werden die rekursiven Typdefinitionen der Modellierung von CAD-Objekten zusammen mit je einer einfachen, anwendungsorientierten Funktions- und Selektordefinition sowie einigen Anweisungen zu einem vollständigen, rekursiven Programm erweitert. Dabei wird von einer minimalen programmiersprachlichen Umgebung ausgegangen, die an eine imperative, Pascal oder Modula-2 ähnliche Sprache angelehnt ist. Zur Vereinfachung der syntaktischen Analyse werden im Beispiel rekursive und nichtrekursive Typdefinitionen voneinander getrennt und ausschließlich rekursiv definierte Variable vereinbart. Das 'case'-Konstrukt in rekursiven Funktionsdefinitionen wird in Beispiel 24 durch 'CASE' und 'END' geklammert.

Beispiel 24: Ein rekursives Programm

```
PROGRAM Rcs_example;

   TYPE

      String     = PACKED ARRAY [ 1..10 ] OF CHAR;

   RCSTYPE

      ObjectType = Object (name : String; comps : AsmblType);

      AsmblType  = Empty ()
                 | Single_part (s_part : PartType)
                 | Asmbl_part  (asmbl  : AsmblType; a_part : PartType);

      PartType   = Part (name, desc : String; comps : AsmblType);

   VAR

      part_1,  part_2,  part_3  : PartType;
      asmbl_1, asmbl_2, asmbl_3 : AsmblType;
      object : ObjectType;

      RCSFUNCTION Last_part (asmbl : AsmblType) : PartType;
         BEGIN
            CASE is-Empty (asbml)          -> <* ERROR *>,
                 is-Single_part (asmbl)  -> RETURN asmbl [ s_part ],
                 is-Asmbl_part (asmbl)   -> RETURN asmbl [ a_part ]
            END
         END;

      SELECTOR First_part FOR asmbl : AsmblType () : PartType;
         BEGIN
            CASE is-Empty (asbml)          -> <* ERROR *>,
                 is-Single_part (asmbl)  -> SELECT asmbl [ s_part ],
                 is-Asmbl_part (asmbl)   -> SELECT asmbl [ asmbl ]
                                                         [ First_part () ]
            END
         END;

   BEGIN

      part_1  := Part ('p_1', 'd_1', Empty);                            (1)
      part_2  := Part ('p_2', 'd_2', Empty);                            (2)
      part_3  := Part ('p_3', 'd_3', Empty);                            (3)

      asmbl_1 := Single_part (part_1);                                  (4)
      asmbl_2 := Asmbl_part (asmbl_1, part_2);                          (5)
      asmbl_3 := Asmbl_part (asmbl_2, part_3);                          (6)

      object  := Object ('o_1', asmbl_3);                               (7)
      object [comps] := Asmbl_part (object [comps], part_1);            (8)

      part_2  := Last_part ( object [comps] );                          (9)

      object [comps] [First_part ()] := Part ('p_4', 'd_4', Empty)     (10)

   END.
```

Die Anweisungen des Programmrumpfes generieren zunächst drei Einzelteile 'part_1', 'part_2' und 'part_3' (Zeilen 1 bis 3), setzen diese dann schrittweise zu konstruierten Komponenten 'asmbl_1', 'asmbl_2' und 'asmbl_3' zusammen (Zeilen 4 bis 6) und erzeugen daraus ein Objekt 'object' (Zeile 7), das schließlich (Zeile 8) um ein Einzelteil 'part_1' ergänzt wird. Die abschließenden Anweisungen (Zeilen 9 und 10) verwenden die anwendungsorientierten Funktions- und Selektordefinitionen, um zunächst das zuletzt dem Objekt hinzugefügte Einzelteil zu selektieren und der Variablen 'part_2' zuzuweisen und dann das erste ('innerste') Einzelteil der Objektvariablen durch ein neu generiertes Objekt zu ersetzen.

Das vorgestellte rekursive Beispielprogramm konnte vollständig durch einen automatisch erzeugten Übersetzer auf die Benutzerschnittstelle eines relationalen Datenbanksystems abgebildet werden. (Es wurde hier lediglich mit einigen Zeilennummern als Referenzen für die Erläuterung versehen). Die Generierung eines solchen Übersetzers zur Abbildung rekursiver Programme auf entsprechende relationale Sprachkonstrukte wird in Kapitel 6 beschrieben.

4.4. FORMALE SEMANTIK DES REKURSIVEN DATENMODELLS

Der Entwurf rekursiver Datenmodelle ist unter anderem durch Erfahrungen mit der formalen Spezifikation von Semantik im Bereich der Datenbanken entstanden. Insbesondere haben sich die abstrakten Sprachkonstrukte der formalen Beschreibungssprache META IV, der Metasprache der Software-Entwurfsmethode VDM (siehe Abschnitt 2.2) als geeignet erwiesen, komplexe semantische Zusammenhänge in einer formalen und überschaubaren Notation zu beschreiben.

Im folgenden sollen zunächst an einem Beispiel Ähnlichkeiten zwischen META IV und einem rekursiven Datenmodell aufgezeigt werden, bevor Teile der Semantik eines rekursiven Datenmodells unter Verwendung von VDM formal spezifiziert werden. Eine vollständige formale Semantikbeschreibung des Kerns eines rekursiven Datenmodells findet sich im Anhang 8.1.

4.4.1. Syntax und formale Semantik eines Beispiels

Beispiel 25 macht den engen Zusammenhang zwischen einer formalen Semanktikbeschreibung komplexer Objektstrukturen unter Verwendung von META IV und ihrer syntaktischen Repräsentation in einem rekursiven Datenmodell deutlich. Als Beispiel sei zunächst die rekursive Definition eines Typs 'WordType' und die Deklaration einer Variablen dieses Typs in der Syntax eines rekursiven Datenmodells notiert:

Beispiel 25a: Syntax der Datentypdefinitionen

```
TYPE
     Wordtype  =  Single_char (s_char : CHAR)

               |  Append_char (word   : WordType;
                              a_char : CHAR) ;

VAR
     word_var  :  WordType.
```

Diese syntaktische Notation umfaßt implizit auch die Definition der generischen Grundoperationen für rekursiv definierte Datentypen wie in Abschnitt 4.2.3 beschrieben. Die denotationale Semantikspezifikation in VDM definiert zunächst die abstrakten Objekte und den globalen Zustand der rekursiv als 'Wort' deklarierten Variablen. Dabei entspricht die 'abstrakte' Syntax der VDM Spezifikation weitgehend der 'konkreten' Syntax des verwendeten rekursiven Datenmodells:

Beispiel 25b: Semantik der Objektstrukturen

```
SEMANTISCHE DOMÄNEN
===================

WORD_VAR      ::  WORD_ID  WORD_VAL                        (1)

WORD_VAL      =   SINGLE_CHAR  |  APPEND_CHAR              (2)
SINGLE_CHAR   ::  s_char : QUOT                            (3)
APPEND_CHAR   ::  word : WORD_VAL   a_char : QUOT          (4)

WORD_ID       =   TOKEN
```

GLOBALER ZUSTAND

```
DCL Words     :=   [ ... ] TYPE  ( WORD_ID ---> WORD_VAL )       (5)
```

Anmerkungen

(1) Semantisch betrachtet besteht eine Variable eines Typs 'Wort' aus einem Bezeichner und dem bezeichneten Objekt.

(2) Der Wert einer solchen Variablen ist entweder als einzelnes Zeichen oder als Konstruktion aus einem Wortrest und einem einzelnen Zeichen gegeben.

(3) Ein einzelnes Zeichen eines Wortes wird durch den Komponentenselektor 's_char',

(4) die Komponenten eines zusammengesetzten Wortes werden durch die Selektoren 'word' und 'a_char' identifiziert. (Komponentenselektoren für baumartig strukturierte Objekte können in META IV auch explizit angegeben werden.)

(5) Der globale Zustand des Semantikmodells ist durch eine abstrakte Abbildung gegeben, die die Bezeichner aller Wortvariablen auf ihre jeweils aktuellen Werte abbildet.

Im folgenden muß die Semantik der implizit definierten Operationen im einzelnen formal spezifiziert werden. Exemplarisch sei hier nur die Zuweisungsoperation auf Komponentenebene 'Cp_asgn' beschrieben. Zunächst wird in den syntaktischen Domänen die abstrakte Syntax der Operation 'Cp_asgn' spezifiziert, dann in den nachfolgenden Elaborationsfunktionen die Semantik der Operation als Funktion über dem globalen Zustand 'S' definiert:

SYNTAKTISCHE DOMÄNEN

```
Cp_asgn      ::   Cp_sel  Cp_val                                  (1)

Cp_sel       ::   WORD_ID  Elem_sel                               (2)
Elem_sel     =    's_char'  |  'a_char'  |  'word'                (3)
Cp_val       =    WORD_VAL  |  QUOT                               (4)
```

Anmerkungen

(1) Eine Zuweisungsoperation auf Komponentenebene besteht aus einer selektierten Komponentenvariablen und einem Teilobjekt als neuem Komponentenwert.

(2) Eine elementare Komponentenselektion bezeichnet zunächst eine Wortvariable und

(3) wendet darauf einen der drei möglichen elementaren Komponentenselektoren an.

(4) Komponentenwerte sind (rekursiv) als Werte von Teilworten oder als Einzelzeichen gegeben.

ELABORATIONSFUNKTIONEN
====================

```
int-Cp_asgn ( cp_asgn ) =
-------------------------

LET mk-Cp_asgn (cp_sel, cp_val)   BE  cp_asgn  IN                    (1)
LET mk-Cp_sel (word_id, elem_sel)  BE  cp_sel   IN

CASES elem_sel OF

('s_char' ---> IF is-SINGLE_CHAR (c Words (w_id))                     (2)
               THEN IF is-QUOT (cp_val)
                    THEN Words := c Words + [ w_id -->
                                   mk-SINGLE_CHAR (cp_val) ]
                    ELSE <ERROR>
               ELSE <ERROR> ,

 'a_char' ---> IF is-APPEND_CHAR (c Words (w_id))                     (3)
               THEN IF QUOT (cp_val)
                    THEN Words := c Words + [ w_id -->
                         mk-APPEND_CHAR (s-word (c Words
                                        (w_id)), cp_val) ]
                    ELSE <ERROR>
               ELSE <ERROR> ,

 'word' -----> IF is-APPEND_CHAR (c Words (w_id))                     (4)
               THEN IF is-WORD_VAL (cp_val)
                    THEN Words := c Words + [ w_id -->
                                  mk-APPEND_CHAR (cp_val,
                                  s-a_char (c Words (w_id))) ]
                    ELSE <ERROR>
               ELSE <ERROR> )

TYPE  :  Cp_asgn ---> ( S ---> S )
```

Anmerkungen

(1) Zur Spezifikation der Zuweisungsoperation auf Komponentenebene werden zunächst die Zuweisungsoperation und die Komponentenselektion in die einzelnen Teile ihrer abstrakten Syntax zerlegt.

(2) Im Fall der Selektion des einzigen Zeichens eines Wortes muß das Wort mit dem Strukturgenerator 'Single_char' erzeugt worden sein und der neue Komponentenwert auch als einzelnes Zeichen gegeben sein.

(3) Anderenfalls muß das Wort aus zwei Teilen zusammengesetzt sein und der neue Komponentenwert entweder als einzelnes Zeichen oder

(4) als Teilwort gegeben sein. Der globale Zustand wird in jedem der drei möglichen Fälle an der Stelle der selektierten Wortvariablen auf den neu generierten Wert geändert.

Die Ähnlichkeiten zwischen der (konkreten) syntaktischen und der (abstrakten) semantischen Beschreibung zeigen, wie die abstrakten Hilfsmittel einer formalen, semantischen Spezifikationssprache auch direkt zum Entwurf eines Datenmodells verwendet werden können. Damit nähern sich das abstrakte Modell eines Realitätsausschnittes und seine programmiersprachliche, d.h. seine ausführbare Beschreibung schließlich so weit einander an, daß Probleme der Programmverifikation zwischen diesen beiden Ebenen weitgehend entfallen.

4.4.2. Semantikspezifikation der wichtigsten Funktionen

Trotz der Ähnlichkeit der Konzepte abstrakter Datenmodelle mit denen formaler Semantikbeschreibungssprachen soll die Semantik eines neuartigen Datenmodells vor seiner Verwendung einmal eindeutig und vollständig definiert sein. Im folgenden wird eine formale Semantikspezifikation des Kerns eines rekursiven Datenmodells vorgestellt, die in META IV formuliert ist (nach [Lame83c]).

Zunächst werden die wesentlichen abstrakten Objekte eines rekursiven Typschemas beschrieben, die sowohl rekursiv als auch im Stile einer herkömmlichen Programmiersprache definierte Datentypen sowie darüber deklarierte Variable umfassen. Dabei enthält die erste Zeile der 'Semantischen Domänen' die Objekte des globalen Zustandes der Semantikdefinition, die von allen nachfolgenden Teilen der Beschreibung aus global erreichbar sind.

```
SEMANTISCHE DOMÄNEN (GLOBALER ZUSTAND)
======================================

RCS_TYPE_SCHEME   ::  RCS_TYPE_DEFS  TYPE_DEFS
                      RCS_VAR_DCLS   RCS_VARS                 (1)

RCS_TYPE_DEFS     =   (RCS_TYPE_ID ---> RCS_TYPE_DEF)         (2)
RCS_TYPE_DEF      =   (STR_GEN_ID ---> STR_GEN_DEF)           (3)
STR_GEN_DEF       =   (COMP_ID ---> COMP_TYPE_ID)             (4)
COMP_TYPE_ID      =    RCS_TYPE_ID  |  TYPE_ID                (5)

TYPE_DEFS         =   (TYPE_ID ---> VAL-Set)                  (6)

RCS_VAR_DCLS      =   (RCS_VAR_ID ---> RCS_TYPE_ID)           (7)

RCS_VARS          =   (RCS_VAR_ID ---> RCS_VAL)               (8)
RCS_VAL           ::   STR_GEN_ID  COMPONENTS                 (9)
COMPONENTS        =   (COMP_ID ---> COMP_VAL)                 (10)
COMP_VAL          =    RCS_VAL  |  VAL
VAL               =    . . .

RCS_TYPE_ID, STR_GEN_ID, COMP_ID,                             (11)
COMP_TYPE_ID, RCS_VAR_ID,            =      TOKEN
```

Anmerkungen

(1) Ein rekursives Typschema besteht aus vier verschiedenen Teilen: den rekursiven und nichtrekursiven Typvereinbarungen sowie rekursiven und nichtrekursiven Variablenvereinbarungen. (Diese vier Komponenten des abstrakten Systemzustandes sind als globale Variable von allen Teilen der formalen Beschreibung aus zugreifbar.)

(2) Die rekursiven Typvereinbarungen sind durch eine abstrakte Abbildung spezifiziert, die rekursive Typbezeichner auf die zugehörigen Typdefinitionen abbildet.

(3) Jede rekursive Typvereinbarung wird durch eine Abbildung von den Bezeichnern der Strukturgeneratoren auf die entsprechenden Generatordefinitionen beschrieben.

(4) Diese wiederum bilden Komponentenbezeichner auf Komponententypbezeichner ab.

(5) Komponententypbezeichner sind entweder rekursive oder nichtrekursive Typbezeichner.

(6) Die nichtrekursiven Typen sind hier (vereinfacht) durch ihre Wertemengen repräsentiert.

(7) Rekursive Variablendeklarationen enthalten zusammengehörige Paare von rekursiven Variablen- und Typbezeichnern.

(8) Entsprechend bestehen die rekursiven Variablen aus Variablennamen und den jeweils aktuellen Variablenwerten.

(9) Der Wert eines rekursiven Datenobjektes wird durch den Namen des Strukturgenerators beschrieben, mit dem er erzeugt wurde, und durch die zugehörigen Komponentenwerte,

(10) die Komponentenbezeichner auf (rekursive oder nichtrekursive) Komponentenwerte abbilden.

(11) Alle Bezeichner werden als nicht weiter strukturierte 'tokens' angesehen.

Eine formale Beschreibung aller Konsistenzbedingungen findet sich im Anhang 8.1. Die folgende formale Spezifikation der Operationen beschränkt sich auf die Zuweisungsoperation an rekursiv definierte (Komponenten-) Variable und deren Auswertung. Auch die vollständige Darstellung der Elaborationsfunktionen für die Interpretation von Anweisungen und die Auswertung von rekursiven Ausdrücken wird - mit Anmerkungen versehen - im Anhang gegeben.

```
SYNTAKTISCHE DOMÄNEN (OPERATIONEN)
==================================

Rcs_asgn          ::  Sel_var  Comp_expr                  (1)

Sel_var           ::  RCS_VAR_ID  Sel_desgn_list          (2)
Sel_desgn_list     =  COMP_ID *
```

```
Comp_expr          =  Rcs_expr  |  Expr                              (3)
Rcs_expr           =  RCS_VAR_ID  | Sel_var  |  Str_gen_desgn        (4)
Str_gen_desgn      =  STR_GEN_ID  Comp_expr_map                      (5)
Comp_expr_map      =  (COMP_ID ---> Comp_expr)                       (6)
Expr               =  . . .
```

Anmerkungen

(1) Eine (rekursive) Zuweisungsoperation besteht aus einer (möglicherweise selektierten) Variablen und dem Objekt, das ihr zugewiesen werden soll und das durch einen (Komponenten-) Ausdruck gegeben ist.

(2) Eine selektierte Variable hat einen Bezeichner und eine (möglicherweise leere) Liste von Komponentenselektoren.

(3) Ausdrücke auf Komponentenebene sind entweder rekursiv oder nichtrekursiv definiert.

(4) Rekursive Ausdrücke sind entweder durch rekursive Variable, durch selektierte Variable oder durch Strukturgeneratoren gegeben.

(5) Aufrufe von Strukturgeneratoren bestehen aus dem zugehörigen Bezeichner angewandt auf eine Liste von bezeichneten Komponentenausdrücken.

(6) In dieser Semantikbeschreibung werden die Komponentenausdrücke in einer abstrakten Abbildung durch eigene Komponentennamen bezeichnet. In linearer Syntax sind die Komponentenausdrücke in der Regel durch die Reihenfolge ihrer Aufschreibung identifiziert.

ELABORATIONSFUNKTIONEN
======================

```
int-Rcs_asgn (mk-Rcs_asgn (sel_var, comp_expr)) =
-------------------------------------------------

LET mk-Sel_var (rcs_var_id, sel_desgn_list) BE sel_var,
    new_comp_val BE eval-Comp_expr (comp_expr)              IN    (1)

LET new_val BE update (c Rcs_vars (rcs_var_id), new_com_val,
          c Rcs_var_dcls (rcs_var_id), sel_desgn_list)  IN    (2)

    Rcs_vars := c Rcs_vars + [ rcs_var_id ---> new_val ]          (3)

TYPE  :  Rcs_asgn ---> ( S ---> S )
```

Anmerkungen

(1) Die Auswertung (Interpretation) einer rekursiven Zuweisungsoperation beginnt mit der Dekomposition der (selektierten) Variablen und der Auswertung des zugehörigen Ausdrucks.

(2) Der Wert des neuen rekursiven Objektes wird durch die Hilfsfunktion 'update' bestimmt, die im Anhang 8.1 näher spezifiziert ist.

(3) Die Variablenkomponente des globalen Zustandes wird schließlich an der Stelle der selektierten Variablen auf den neuen Wert geändert.

4.5. REKURSIVE DATENMODELLE UND DATENBANKMODELLE

In den bisherigen Abschnitten dieses Kapitels wurden rekursiv definierte Datentypen als eigenständige Konzepte zur Repräsentation und Verwaltung *einzelner* komplexer Datenobjekte eingeführt. Im folgenden soll nun untersucht werden, in welchem Verhältnis rekursive Datenmodelle zu traditionellen, universellen Daten*bank*modellen stehen (hier vor allem zum relationalen Modell), die wesentlich auf die Repräsentation und Verwaltung großer *Mengen* von Datenobjekten ausgerichtet sind.

4.5.1. Verallgemeinerung fest formatierter Datenstrukturen

Zunächst wird anhand eines Beispiels gezeigt, wie sich rekursive Datenmodelle als schrittweise Verallgemeinerung fest formatierter Record-Strukturen und darauf aufbauender traditioneller Datenbankmodelle herleiten lassen: modelliert wird die hierarchische Struktur eines Textparagraphen, der aus einer geordneten Liste von Sätzen besteht. Die Sätze sind wiederum aus (geordneten) Komponenten aufgebaut, die entweder als Worte oder als Satzzeichen gegeben sind. Zusätzlich soll gelten, daß Sätze mindestens aus einem Wort und Worte aus mindestens einem Buchstaben bestehen.

4.5.1.1. Elementare Record-Strukturen

In der ersten Formulierung (Beispiel 26) werden die Typen zur Modellierung von Textparagraphen als Hierarchie fest formatierter Records definiert: ein Paragraph besteht aus einer festen (maximalen) Anzahl von Sätzen, diese aus einer festen Anzahl von Worten oder Satzzeichen und Worte aus einer in ihrer Länge begrenzten Liste von Buchstaben:

Beispiel 26: Elementare Record-Strukturen

```
TYPE
   ParagraphType = RECORD . . . ;
                      sentence_i: RECORD
                                     sentence: SentenceType;
                                     sent_ord_no: ...
                                  END;
                      . . .
                   END;

   SentenceType  = RECORD . . . ;
                      comp_j: RECORD
                                 comp_ord_no: ... ;
                                 CASE kind : (wd, mk) OF
                                        wd : (word : WordType);
                                        mk : (mark : MarkType)
                                 END
                              END;
                      . . .
                   END;

   WordType      = PACKED ARRAY [1..n] OF CHAR;
   MarkType      = (',', ..., '.').
```

Diese Art, Textparagraphen zu definieren, ist in mehrerer Hinsicht unzureichend: die Anzahl der Sätze in einem Paragraphen, die Anzahl der Komponenten eines Satzes und die Anzahl der Zeichen eines Wortes müssen auf ein vorher festzulegendes Maximum beschränkt werden. Da außerdem Record-Komponenten vom Konzept her ungeordnet sind, müssen auch die Komponentenreihenfolgen explizit modelliert werden. Zusätzliche Integritätsbedingungen lassen sich nicht auf einfache Weise formulieren.

4.5.1.2. Strukturen Record-basierter Datenbankmodelle

Die Erweiterung der Record-Strukturen auf die hierarchischer Datenbankmodelle ermöglicht es, einige der Schwierigkeiten zu vermeiden: Mengenvariable können eine variable Anzahl von Elementwerten enthalten, und Hierarchien können direkt oder durch Referenzen komplexe Objektstrukturen modellieren. Die folgende Formulierung (Beispiel 27) beruht auf der relationalen Datenbanksprache Pascal/R [Schm77]:

Beispiel 27: Relationale Strukturen

```
TYPE
  ParagraphType = RELATION <sent_id> OF
                    RECORD sent_id : ... ;
                      sent_ord_no  : ...        END;

  SentencesType = RELATION <sent_id, comp_id> OF
                    RECORD sentence_id : ... ;
                           comp_ord_no : ... ;
                           comp_kind   : (wd,mk);
                           comp_id     : ...    END;

  WordsType     = RELATION <comp_id> OF
                    RECORD comp_id : ... ;
                           word    : WordType   END;

  MarksType     = RELATION <comp_id> OF
                    RECORD comp_id : ... ;
                           mark    : MarkType   END;

  WordType      = PACKED ARRAY [1..n] OF CHAR;
  MarkType      = (',', ..., '.').
```

In traditionellen Datenbankmodellen beruht die Modellierung zusammengesetzter Objekte im Prinzip auf dem Konzept fest formatierter Records mit Komponentenwerten als Referenzen. Zusammen mit der Verwendung von Mengen mit einer variablen Anzahl von Komponenten wird auf diese Weise eine flexible Implementation komplexer Objektstrukturen möglich, die allerdings die bereits in Abschnitt 3.2.3 dargestellten Nachteile hat.

4.5.1.3. Verallgemeinerung der Record-Strukturen

Zur Darstellung komplexer Objektstrukturen werden nun die herkömmlichen, fest formatierten Records wie folgt verallgemeinert: als Komponententypen können auch strukturierte Record-Typen verwendet werden, und mit jeder Definition eines aggregierten (Record-) Typs wird explizit ein Strukturgenerator angegeben, der die Werte des aggregierten Typs erzeugt. Außerdem sollen für die verallgemeinerten aggregierten Datentypen auch mehrere Strukturgeneratoren alternativ zugelassen sein.

Mit einer in Hinblick auf die Definition rekursiver Datentypen geänderten Syntax ergibt sich damit die folgende Definition aggregierter Datentypen mit alternativen Strukturgeneratoren:

```
TYPE AggType = StrGen_1 (. . .; sel_i: CompType_i; . . .)
             | . . .
             | StrGen_n (. . .; sel_j: CompType_j; . . .).
```

Die Verwendung elementarer Selektoren (mit Komponentennamen in eckigen Klammern) statt der '.'-Notation für die Komponentenselektion und die Einführung einer Zuweisungsoperation auf der Ebene ganzer aggregierter Werte sind rein syntaktischer Natur.

Damit können die Datentypen des Beispiels wie folgt als verallgemeinerte Record-Strukturen dargestellt werden:

Beispiel 28: Verallgemeinerte Record-Strukturen

```
TYPE
   ParagraphType = Paragraph (. . .;
                              sentence_i : SentenceType;
                              . . .);

   SentenceType  = Sentence (sentence_ord_no : ... ;
                             . . .;
                             comp_j : ComponentType;
                             . . .);

   ComponentType = Word (comp_ord_no : ...;
                         content     : WordType)
                 | Mark (comp_ord_no : ... ;
                         punct_mark  : MarkType);

   WordType      = PACKED ARRAY [1..n] OF CHAR;
   MarkType      = (',', ..., '.').
```

In der Formulierung des Beispiels 28 müssen Ordnung und maximale Anzahl der Objektkomponenten immer noch explizit implementiert werden. Allerdings ist es nun nur noch ein geringer Verallgemeinerungsschritt hin zur Definition allgemeiner rekursiver Strukturen.

4.5.1.4. Rekursiv definierte Objektstrukturen

Wird bei der Definition der Komponententypen der verallgemeinerten Record-Strukturen noch (direkte oder indirekte) Rekursion erlaubt, so entsprechen die so definierbaren Objektstrukturen denen des vorgestellten rekursiven Datenmodells, und Beispiel 29 entspricht der Formulierung in Abschnitt 4.2.4:

Beispiel 29: Rekursive Strukturen

```
TYPE
   ParagraphType = Empty_paragraph ()
                 | Append_sentence (paragraph: ParagraphType;
                                    a_sentence: SentenceType) ;

   SentenceType  = Single_word (s_word: WordType)
                 | Append_word (sentence: SentenceType;
                                a_word: WordType)
                 | Append_mark (sentence: SentenceType;
                                a_mark: MarkType) ;

   Wordtype      = Single_char (s_char: CHAR)
                 | Append_char (word: WordType; a_char: CHAR) ;

   Marktype      = (',', ..., '.').
```

In dieser Formulierung der Typdefinitionen können alle strukturellen Eigenschaften des Beispiels implizit definiert und gewährleistet werden, ohne daß die Anzahl der Komponenten der Paragraphen, Sätze und Worte von vornherein auf ein Maximum beschränkt ist.

4.5.2. *Integration von rekursiven und Datenbankmodellen*

Der vorangegangene Abschnitt zeigt, wie traditionelle Datenbankmodelle - insbesondere das relationale - als Spezialfälle rekursiver Modellierungskonzepte verstanden werden können. Die wesentliche Begründung für die Verallgemeinerung von Record-basierten zu rekursiven Datenmodellen liegt in den begrenzten Möglichkeiten, die herkömmliche Datenbankmodelle zur abstrakten Beschreibung komplexer Objektstrukturen anbieten. Zwar lassen sich solche Datenobjekte mit den Mechanismen traditioneller Datenbankmodelle (z.B. über Referenzketten) *implementieren*, jedoch nicht auf direkte Weise *deklarieren*.

Die Hauptfunktion traditioneller Datenbankmodelle bei der Beschreibung datenintensiver Realitätsausschnitte besteht darin, Mechanismen zur flexiblen Repräsentation und Verwaltung großer *Mengen* von relativ einfach strukturierten Datenobjekten zur Verfügung zu stellen. Diese eigentliche Aufgabe der Modellierung im Datenbankbereich wird dabei im wesentlichen durch die folgenden Konzepte unterstützt:

- eine variable Anzahl von Objektrepräsentationen kann in *Mengen*strukturen zusammengefaßt werden, die sich beliebig erweitern und einschränken lassen,

- *Ordnungsreihenfolgen* unter den zu modellierenden Datenobjekten können entweder direkt (im Netzwerk- und im hierarchischen Modell) oder indirekt (im Relationenmodell entweder als implementationsbedingte Folge der Relationenelemente oder durch zusätzliche Komponentenwerte) modelliert werden und

- einzelne Objektrepräsentationen in derartigen Objektsammlungen können durch spezielle *Identifikatoren* (Schlüssel) eindeutig benannt werden.

Da traditionelle Datenbankmodelle also Konzepte zur Verwaltung großer Mengen von Objektrepräsentationen auf angemessene Weise zur Verfügung stellen, sollten ähnliche Beschreibungsmittel auch zur Verwaltung großer Objektmengen in rekursiven Datenmodellen eingeführt werden. Dazu benötigen auch rekursive Datenmodelle abstrakte Konzepte der Modellierung von:

- *Mengen* komplexer Objektrepräsentationen,

- *Listenstrukturen* zur Repräsentation geordneter Folgen von Objektrepräsentationen datenintensiver Realitätsausschnitte und

- *Abbildungen* zwischen Objektidentifikatoren und den Repräsentationen der identifizierten Datenobjekte.

Eine Erweiterung rekursiver Datenmodelle um abstrakte Objektstrukturen wie 'SET', 'LIST' und 'MAP' zur Repräsentation von Objektmengen stellt von Seiten der Datenmodellierung her also eine sinnvolle Ergänzung dar. Rekursive Datenmodelle lassen sich so zu erweiterten Daten*bank*modellen verallgemeinern, in denen die Objektstrukturen traditioneller Datenbankmodelle als Spezialfall der Verwendung der abstrakten Objekttypen interpretiert werden können.

Geht man zum Beispiel von den Objektstrukturen des relationalen Datenmodells aus, so lassen sich abstrakte Mengen von Objektrepräsentationen als erweiterte 'Relationen' über rekursiv definierten Objekten interpretieren, deren 'Schlüsselwerte' durch abstrakte Abbildungen von Komponentenwerten auf die sie enthaltenen komplexen Objektwerte gegeben sind. Behält man gleichzeitig die rekursive Definition der Relationenelemente bei, so können damit rekursive Datentypen als Repräsentationen komplexer Objekte in ein erweitertes Datenbankmodell integriert werden. In einem solchen Datenbankmodell werden traditionelle (relationale) Konzepte zur Verwaltung von Mengen von Objektrepräsentationen mit neuartigen (rekursiven) Konzepten zur Objektrepräsentation kombiniert. Auf diese Weise sind auch andere Ergebnisse traditioneller Datenbanktheorie etwa aus den Bereichen Anfragesprachen (Definition, Auswertung und Optimierung), Transaktions- und Parallelitätskontrolle, 'View'-Mechanismen etc. - gegebenenfalls entsprechend verallgemeinert - auf ein derartig erweitertes Datenbankmodell übertragbar.

5. *BEISPIEL: REKURSIVE MODELLIERUNG VON BUEROSYSTEMEN*

Zum Anwendungsbereich erweiterter Datenmodelle können - neben den bereits in Kapitel 3 erwähnten Gebieten - in zunehmendem Maße auch der Entwurf und die Entwicklung von automatisch unterstützten Informationssystemen für Büroanwendungen gezählt werden. Büroinformationssysteme sind dabei nach [HaKu80] "größere Programmsysteme, die versuchen, die Ausführung von Büroprozeduren insgesamt, d.h. nicht nur die Durchführung spezieller Teilaufgaben, zu unterstützen und - wenn immer es angemessen erscheint - auch zu automatisieren." Das Hauptproblem dabei ist nach Ansicht von Hammer und Kunin, daß sich Büroanwendungen durch eine große Abhängigkeit von Eigenheiten spezieller Anwendungen auszeichnen und daher generell verwendbare Büroinformationssysteme besonders aufwendig zu implementieren sind. Einen wesentlichen Grund für den hohen Implementationsaufwand sehen sie vor allem im Fehlen geeigneter sprachlicher Ausdrucksmittel, mit denen die typischen Eigenschaften von Bürosystemen auf angemessene und 'natürliche' Weise beschrieben werden können.

Die Datenmodellierung im Einsatzbereich von Büroinformationssystemen versucht, abstrakte Konzepte und Hilfsmittel zur adäquaten Beschreibung datenintensiver und komplexer Objektstrukturen sowie der Operationen auf den Objekten in einer für Büroanwendungen typischen Umgebung bereitzustellen. Mit Hilfe der dazu verwendeten Sprachmittel sollen nicht nur die (statischen) Strukturbeschreibungen, sondern auch typische (dynamische) Büro*prozeduren* auf angemessene Weise modelliert werden können. Dabei muß von den typischen Eigenheiten von Büroinformationssystemen ausgegangen werden, die durch geeignete Konzepte der Datenmodellierung besonders unterstützt werden sollen. Als wesentlich für die Aufgabenstellung moderner Büroinformationssysteme wird in dieser Arbeit angesehen:

- die Verwaltung ***komplex strukturierter Datenobjekte*** variabler Größe (z.B. Dokumente, Formulare, Textfragmente etc.) mit entsprechend komplexen Definitions-, Selektions- und Manipulationsoperationen,

- die Gruppierung größerer ***Mengen*** von komplexen Datenobjekten zu abstrakten Objekten 'höherer Ordnung' (z.B. Aktenordner, die viele einzelne Dokumente - möglicherweise auch geordnet - enthalten) sowie

- die Zusammenarbeit unterschiedlicher Organisationseinheiten bei der Ausführung von ***komplexen Prozeduren*** - möglicherweise auch in verteilten Systemumgebungen (z.B die Zusammenarbeit von Mitarbeitern, Verwaltung, Management und eines Reisebüros bei der Bearbeitung von Reiseanträgen).

Entsprechend dieser Hauptmerkmale der zu modellierenden Büroinformationssysteme ist es ein erstes Ziel dieses Kapitels zu demonstrieren, wie die formalen Beschreibungsmittel eines rekursiven Datenmodells zur Beschreibung von Objekten und Prozeduren im Bürobereich angewendet und so erweitert werden können, daß sie eine abstrakte und damit weniger fehleranfällige Anwendungsprogrammierung in einer für Bürosysteme typischen Umgebung möglichst weitgehend unterstützen. Dazu sollen im ersten Abschnitt (5.1) zunächst einige Kennzeichen der zu repräsentierenden Bürosysteme zusammengestellt und so weit wie möglich mit den bisher eingeführten Mitteln rekursiver Datenmodelle exemplarisch beschrieben werden. Daran anschließend wird in Abschnitt 5.2 die Erweiterung des verwendeten rekursiven Datenmodells um abstrakte Objektstrukturen zur besseren Beschreibung von größeren Gruppierungen strukturierter Datenobjekte vorgeschlagen und erläutert. In Abschnitt 5.3 wird anhand von Beispielen gezeigt, wie die sprachlichen Konzepte eines erweiterten rekursiven Datenmodells es gestatten, komplexe Büroobjekte, einfache Büroprozeduren sowie komplizierte Büroabläufe einschließlich der semantischen Grundoperationen für die Kommunikation und Synchronisation von Prozessen in verteilten Arbeitsumgebungen auf abstrakte Weise zu beschreiben.

5.1. DATENMODELLIERUNG IM BUERO

Insbesondere zur Repräsentation und Verwaltung großer Mengen von komplex strukturierten Datenobjekten ist die Datenmodellierung im Bereich der Büroinformationssysteme also darauf angewiesen, Modellierungstechniken zu verwenden, die über die Möglichkeiten herkömmlicher, Record-orientierter Datenbankmodelle hinausgehen. Wichtig für derartige Modellierungstechniken sind vor allem abstrakte Beschreibungsmittel für in ihrer Größe und in ihrem Aufbau variierende Datenobjekte, die in vielen Fällen hierarchisch aus Teilobjekten aufgebaut sind.

So ist in der Regel der Aufbau großer Datensammlungen im Büro - wie zum Beispiel der Inhalt eines Aktenschrankes - bestimmt durch eine hierarchische Untergliederung in verschiedene Komponenten - zum Beispiel in einzelne Akten, die wiederum aus strukturierten Teilkomponenten bestehen wie etwa Dokumenten, Formularen oder Texten etc.. Einzelne (Teil-) Komponenten (z.B. Texte) können dabei in flexibler Weise untergliedert sein, wobei die Schachtelungstiefe variieren kann und von vornherein nicht immer zu begrenzen ist (vgl. Abschnitt 4.2.4).

Ähnlich wie beim Konstruieren komplexer Objekte des CAD enstehen in der Regel auch die komplexen Datenobjekte im Bürobereich durch schrittweises Zusammensetzen und Weiterentwickeln von Teilen, die in früheren Arbeitsschritten erzeugt worden sind. Auf diese Weise ergeben sich im wesentlichen hierarchische Objektstrukturen variabler Tiefe, die eine Verwendung erweiterter Datenmodelle - wie zum Beispiel eines rekursiven - zur impliziten Repräsentation der strukturellen Aspekte von Büroinformationssystemen oder auch von CAD-Systemen nahelegen (vgl. [LSM85]). Zur Modellierung nichthierarchischer ('n : m'-) Objektbeziehungen (z.B. zur Repräsentation gemeinsamer Teilkomponenten verschiedener Objekte) bieten rekursive Datenmodelle zumindest die gleichen Beschreibungsmittel an wie etwa das relationale Datenbankmodell: die explizite Darstellung von Objektbeziehungen durch Verwendung von Objektidentifikatoren als Datenobjekte (d.h. Komponentenwerte).

5.1.1. Kennzeichen von Bueroinformationssystemen

Kennzeichnend für ein Büro ist seine kompliziert aufgebaute Organisation aus Objekten, Prozeduren, Abläufen, Lokationen, Kommunikationswegen und - nicht zuletzt - Menschen. Moderne Büros sind darüberhinaus in der Regel verteilte Systeme aus voneinander unabhängigen Arbeitsstationen, die untereinander und mit ihren menschlichen Benutzern kommunizieren, wenn sie bei der Ausführung komplexer Aufgaben an verschiedenen Stationen kooperieren. Die Zusammenarbeit kann dabei sowohl aus voneinander unabhängigen, parallelen oder nebenläufigen, wie auch aus voneinander abhängigen, zeitlich geordneten oder sequentiellen Teilschritten bestehen.

Da der gesamte Arbeitsablauf im Büro "letztlich zu einem großen Teil immer noch durch menschliche Arbeit bestimmt wird" [Elli83], muß sich die Unterstützung der Büroarbeit durch Computer auf angemessene Teilbereiche beschränken. Einen für derartige Unterstützung geeigneten Teilbereich der Büroarbeit stellen moderne Büro*informationssysteme* dar. Sie umfassen die Definition, Organisation, Speicherung, Auswahl und Manipulation von Informationen im Büro, die sich aus nicht notwendigerweise streng formatierten Datenobjekten zusammensetzen und durch komplexe Büroprozeduren manipuliert werden können.

Typisch für die zu modellierenden ***Datenobjekte*** in Büroumgebungen ist die Gruppierung von mehreren, komplexen Teilobjekten zu Objektsammlungen 'höherer Ordnung', d.h. abstrakten Büroobjekten (wie z.B. Dokumente zu Aktenordnern, Aktenordner zu Aktenschränken etc.). Dabei können die Teilkomponenten zusammengesetzter Objekte im einzelnen entweder als ungeordnete Mengen oder als (z.B. zeitlich) geordnete Listen oder auch als identifizierende Abbildungen gegeben sein, die spezielle Komponentenbezeichner mit den durch sie bezeichneten Objekten verknüpfen.

Typisch für die Modellierung der operationalen Aspekte moderner Büroinformationssysteme sind neben der Definition und Manipulation komplexer Objektstrukturen auch die Operationen, die die - möglicherweise örtlich und zeitlich verteilte - Ausführung von Büro***prozeduren*** beschreiben. Dabei basiert die Modellierung der semantischen Grundoperationen auf den operationalen Primitiven der rekursiven Datenstrukturen zur Beschreibung der komplexen Büroobjekte. Darüberhinaus sollen einzelne Büroprozeduren auch zu größeren ***Buerovorgaengen*** zusammengefaßt und diese wiederum abstrakt beschrieben werden können.

Ein wichtiger Teilaspekt bei der Beschreibung von Büroabläufen ist die Berücksichtigung besonderer Probleme bei der Ausführung von Büroprozeduren in ***verteilten Umgebungen***. Typische moderne Büroumgebungen bestehen aus einer Vielzahl von Arbeitsstationen an verschiedenen Orten, die - zunächst unabhängig voneinander - bei der Bearbeitung komplizierter Büroabläufe zusammenwirken. So sollen zum Beispiel auch Bürovorgänge angemessen modelliert werden können, bei denen ein Formular nach bestimmten Kriterien aus einem Aktenschrank selektiert, dann von verschiedenen Arbeitsstationen in einer festgelegten Reihenfolge bearbeitet (d.h.

an bestimmten Stellen gelesen oder modifiziert) und schließlich wieder in den Aktenordner eines Archives abgelegt wird. Damit hat die Modellierung der Büroprozeduren auch die Definition und Ausführung von Prozessen auf unterschiedlichen Arbeitsstationen zu unterstützen, die im allgemeinen als Knoten in eine verteilte Systemumgebung integriert sind. Das erfordert neben Operationen zur Datendefinition, -selektion und -manipulation auch spezielle Operationen zur *Kommunikation* zwischen im übrigen unabhängigen Teilprozeduren sowie Mechnismen zur zeitlichen Koordination gemeinsamer Aktivitäten.

5.1.2. Rekursive Modellierung strukturierter Bueroobjekte

Die Modellierung der Verwaltung komplexer Datenobjekte von Büroinformationssystemen läßt sich zunächst mit Hilfe der im Abschnitt 4.1.2 zusammengestellten semantischen Grundoperationen Objektkonstruktion, -selektion und -identifikation beschreiben. Am Beispiel eines komplex strukturierten Dokumentes bedeutet dies etwa:

- es muß möglich sein, z.B. einen Brief aus gegebenen Komponenten - wie zum Beispiel den Namen des Absenders und des Empfängers, deren Adressen, Absende- und Empfangsdatum sowie dem eigentlichen Textinhalt - zusammenzusetzten (Objektkonstruktion),

- es müssen die verschiedenen Komponenten eines Briefes einzeln selektiert werden können, entweder um sie zu lesen oder auch um ihnen einzeln neue Werte zuzuweisen (Komponentenselektion) und

- es muß möglich sein festzustellen, ob es sich bei einem vorliegenden Dokument um einen Brief, ein Formular oder ein Memo etc. handelt (Objektidentifikation).

Mit Hilfe der rekursiv definierten Datenstrukturen sind komplex strukturierte Bürodatenobjekte relativ einfach und direkt modellierbar. Die Definition eines Typs 'DocumentType' zur strukturellen Beschreibung der angesprochenen Dokumente kann zum Beispiel in einem rekursiven Datenmodell wie folgt angegeben werden:

```
DocumentType = Letter (sender, receiver: NameType;
                       from, to: AddressType;
                       date_mailed, date_received: DateType;
                       content: TextType)
             | Form ( ... ) | Memo ( ... ) | . . . .
```

Die genaue Definition der Komponententypen 'NameType', 'AddressType' und 'DateType' erfolgt später; die 'Texte' seien hier vereinfacht in Anlehnung an Abschnitt 4.2.4 wie folgt modelliert:

```
TextType       = Empty_text ()
               | Append_para (text: TextType;
                              paragraph: ParagraphType);

ParagraphType  = Empty_paragraph ()
               | Append_sentence (paragraph: ParagraphType;
                                  sentence : SentenceType);

SentenceType   = Single_word (word: WordType)
               | Append_word (sentence: SentenceType;
                              a_word  : WordType);

WordType       = Single_char (s_char: CHAR)
               | Append_char (word  : WordType;
                              a_char: CHAR).
```

Mit Hilfe der angegebenen Strukturgeneratoren können also einzelne Dokumente der unterschiedlichen Arten erzeugt werden. Durch Anwendung der charakterisierenden Funktionen auf Dokumentexemplare läßt sich jeweils die Art eines vorliegenden Dokumentes bestimmen. Die Komponentenselektoren ermöglichen den geschachtelten (oder im Falle des Textes auch rekursiven) Zugriff auf einzelne Dokumentkomponenten. Soweit reichen also die Modellierungskonzepte rekursiver Datenmodelle aus, um die semantischen Grundoperationen für komplexe Datenobjekte auch im Bereich von Büroinformationssystemen auf geeignete Weise darzustellen.

Am Beispiel der rekursiven Definition des Typs 'TextType' und seiner Komponenten 'ParagraphType', 'SentenceType' und 'WordType' jedoch wird deutlich, daß diese rekursiven Typdefinitionen jeweils ähnliche Strukturgeneratoren verwenden, die hier lediglich einfache *Listen*strukturen erzeugen. Auf ähnliche Weise ist auch vorstellbar, daß sich zum Beispiel ein Aktenschrank als *Menge* von Schubladen und eine derartige Schublade als *Abbildung* von Aktenbezeichnern auf die zugehörigen Aktenordner darstellen läßt.

Da also derartig strukturierte Datenobjekte höherer Ordnung nicht untypisch für den angestrebten Anwendungsbereich erweiterter Datenmodelle sind, sollen im folgenden Abschnitt rekursive Datenmodelle um spezielle Modellierungskonzepte zur Repräsentation höherer Objektstrukturen ergänzt werden. Dabei soll die orthogonale Anwendbarkeit der Modellierungskonzepte des Datenmodells in der bisherigen Allgemeinheit beibehalten werden. (Das heißt, es sollen zum Beispiel sowohl Listen von Komponentenobjekten, Mengen von Listen aus komplexen Objekten oder auch komplexe Objekte, die Abbildungen als Komponentenwerte enthalten etc. beschrieben werden können.) Alle im folgenden vorgestellten, erweiterten Strukturierungsmechanismen stellen jedoch lediglich vereinfachende Umschreibungen von sprachlichen Ausdrucksformen dar, die auch in nicht erweiterten rekursiven Datenmodellen möglich sind.

5.2. ERWEITERTE REKURSIVE STRUKTURIERUNGSMECHANISMEN

Prinzipiell sind also die in Kapitel 4 eingeführten allgemeinen rekursiven Datenstrukturen mächtig genug, um auch alle folgenden '***abstrakten Objekttypen***' als Repräsentationen spezieller Klassen von rekursiv definierbaren Datentypen zu beschreiben. In diesem Abschnitt werden zusätzlich die höheren abstrakten Datenstrukturen '*SET*', '*LIST*' und '*MAP*' eingeführt, die - gewissermaßen als Kurzschreibweise - semantische Konzepte repräsentieren, die häufig in der Klasse der zu modellierenden Realitätsausschnitte vorkommen und daher eine besondere Unterstützung durch die angebotenen Modellierungswerkzeuge rechtfertigen (vgl. Lame85]). Die Notwendigkeit mächtigerer Strukturierungshilfsmittel zur Beschreibung von ungeordneten, geordneten sowie identifizierbaren Mengen von komplexen Datenobjekten war zudem auch bereits bei Überlegungen zur Erweiterung rekursiver Datenmodelle hin zu allgemeineren rekursiv definierten Datenbankmodellen erkannt und (in Abschnitt 4.5.2) dargestellt worden.

Auch andere Ansätze der semantischen Modellierung komplexer Objektstrukturen datenintensiver Anwendungsbereiche basieren auf einer ähnlichen Auswahl grundlegender abstrakter Objekttypen: So verwendet beispielsweise Richter in seiner Sprache 'IML' (Information Management Language) zur Beschreibung der strukturellen

Aspekte von Informationssystemen die Konstruktoren 'Collection' (Menge), 'Nomination' (Identifikation) und 'Catenation' (Liste) [Rich81]; META IV, die Metasprache der 'Vienna Development Method', basiert auf den (Meta-) Datentypen 'Tree' (entspricht dem rekursiven Objektkonstruktor mit identifizierbaren Komponenten), 'Set' (Menge), 'List' (Reihenfolge), 'Map' und 'Function' (endliche und unendliche Abbildung). Diese Beispiele können als weitere Indizien dafür angesehen werden, daß den vorgeschlagenen abstrakten Objekttypen semantische Konzepte zugrunde liegen, die für komplexe, datenintensive Realitätsausschnitte wesentlich sind und daher die besondere Unterstützung durch abstrakte Datenobjekte höherer Ordnung rechtfertigen.

Im folgenden sollen die drei abstrakten Datenstrukturen zur Repräsentation von Objektmengen, Objektreihenfolgen und Objektidentifikationen im einzelnen definiert und ihre Verwendung an ausgewählten Beispielen demonstriert werden.

5.2.1. Objektreihenfolgen

Das erste semantische Konzept, das durch abstrakte Datenstrukturen speziell unterstützt wird, ist das der *Reihenfolge* von Datenobjekten. Es führt zur Definition einer abstrakten *Listen*struktur. So wird als Kurzschreibweise etwa für die folgende explizite rekursive Definition einer Liste

```
ListType    = Empty ()
            | Append_list (last : ElementType;
                           rest : ListType);
ElementType = . . .
```

die folgende, semantisch äquivalente Notation als vordefinierter Typgenerator für variabel lange Listen eingeführt:

```
ListType    =  LIST OF ElementType.
```

Einzelne Listenausprägungen können damit durch Anwendung eines Standardgenerators erzeugt werden, der bereits in Abschnitt 4.3.3 verwendet wurde und der hier Objekte vom Typ 'ListType' erzeugt:

ListType { list_element_1, ..., list_element_n }.

Die Syntax dieses Standardkonstruktors für komplexe Werte folgt dabei der Syntax von Ausdrücken in modernen Programmiersprachen wie zum Beispiel Modula-2 [Wirth82]: der gesamte konstruierte Ausdruck wird in geschweiften Klammern eingeschlossen, sein Typ wird zur Erleichterung von Typprüfungen zur Übersetzungszeit davor geschrieben. Konstruierte Ausdrücke können auch ineinander geschachtelt werden.

Auf Objekte eines mit dem vordefinierten Typgenerator 'LIST' erzeugten Datentyps sind die üblichen Listenoperationen anwendbar: zum Beispiel der Komponentenselektor 'LAST' (selektiert das letzte Element einer Liste), 'REST' (liefert die Liste ohne das letzte Element), 'list [i]' (selektiert das i-te Listenelement), 'ELEMS' (liefert die Menge aller Listenelemente), 'LENGTH' (liefert die Anzahl der Elemente einer Liste), 'VOID' (prüft, ob eine Liste 'leer' ist und liefert den entsprechenden Booleschen Wert), ':+' (fügt die Elemente einer Liste einer links stehenden Listenvariablen hinzu) etc..

Zum Beispiel kann auf diese Weise der Typ eines Satzes einfacher als im vorangegangenen Beispiel als 'Liste' modelliert werden:

SentenceType = LIST OF WordType.

Dann selektiert 'sentence [i]' für eine entsprechende Satzvariable 'sentence' das i-te Wort eines Satzes (falls es existiert) und 'sentence [LAST]' selektiert direkt (d.h. ohne Definition eines anwendungsorientierten Selektors) das letzte Wort eines Satzes. 'SentenceType {word_1, ..., word_n}' erzeugt einen neuen Satz aus den gegebenen Worten 'word_1', ..., 'word_n'.

Unter Verwendung des abstrakten Objekttyps 'LIST' lassen sich dann auch die Typdefinitionen der Texte, Paragraphen und Worte aus dem vorangegangenen Beispiel entsprechend vereinfachen:

```
TextType      = LIST OF ParagraphType;
ParagraphType = LIST OF SentenceType;
WordType      = LIST OF CHAR.
```

5.2.2. Objektmengen

Die Repräsentation von Objekt*mengen* führt zu einem abstrakten Datentypgenerator 'SET'. Mengen haben eine variierende Anzahl von Komponenten (Kardinalität), Wertduplikate sind ohne Bedeutung. Die üblichen Operatoren auf Mengen (u, n, IN, :+, :- etc.) sind implizit auch für alle Objekte eines mengenwertigen Datentyps eines erweiterten rekursiven Datenmodells definiert. Syntaktisch ergibt sich die Definition des Typs 'SetType' für Mengen des vorgegebenen Elementtyps 'ElementType' wie folgt:

SetType = SET OF ElementType.

Auch Mengenausprägungen können durch Anwendung des Standardgenerators auf Mengenelemente, so zum Beispiel durch den Ausdruck 'SetType { element_1, ..., element_n }' erzeugt werden. Restriktionen auf Mengen werden durch prädikative Ausdrücke erster Ordnung (entprechend kalkülorientierten, relationalen Anfragesprachen) beschrieben:

SetType { <element_id> IN <set> : <predicate> }.

Zum Beispiel kann auf diese Weise der Typ eines Aktenschrankes 'FileCabinetType' als Menge aller zugehörigen Schubladen des (unten näher spezifizierten) Typs 'DrawerType' wie folgt definiert werden:

FileCabinetType = SET OF DrawerType.

Dann beschreibt etwa 'cabinet_1 u cabinet_2' einen Ausdruck über der gemeinsamen Menge aller Schubladen zweier Variablen 'cabinet_1' und 'cabinet_2' für Aktenschränke, und 'FileCabinetType { drawer IN cabinet_1 : <predicate> }' selektiert eine Kopie einer prädikativ bestimmten Teilmenge der Schubladen des Schrankes 'cabinet_1'.

5.2.3. Objektidentifikation

Die Identifikation von Datenobjekten ist ein wesentliches semantisches Konzept vieler datenintensiver Realitätsausschnitte. Die Identifikation von Objekten über Bezeichner erlaubt auch in rekursiven Datenmodellen die ***referentielle*** Darstellung auch nichthierarchischer Objektstrukturen. In der abstrakten Objektrepräsentation eines erweiterten rekursiven Datenmodells wird die Objektidentifikation durch eine abstrakte ***Abbildung*** von Objektidentifikatoren auf die identifizierten Objekte modelliert. Dabei sind Abbildungen durch Mengen von Paaren ε (Domain x Range) gegeben, wobei 'Domain' und 'Range' wiederum Mengen sind und jeder erste Wert eines jeden Paares in jeder Abbildung eindeutig sein muß. Die Syntax der Definition des Typs einer Abbildung sei wie folgt:

```
MapType      =  (DomainType ---> RangeType).
```

Ausprägungen von Werten eines Abbildungstyps werden durch Anwendung des Standardgenerators auf Paare von Werten, z.B. 'MapType { d_1-->r_1, ..., d_n-->r_n }', erzeugt. Die implizit definierten Operationen auf Abbildungen sind 'DOM' (Definitionsbereich der Abbildung), 'RNG' (Wertebereich der Abbildung), ':+' (Erweiterung einer Abbildung um neue Paare von Bezeichnern und Werten; dabei führt eine Verletzung der Eindeutigkeit des jeweils ersten Wertes aller Paare der Abbildung zu einem Fehler), ':&' (Änderung einer Abbildung an den Stellen der Werte ihres Definitionsbereiches, die durch die jeweils ersten Komponenten der neuen Paare gegeben sind), 'map [argument]' (Anwendung der Abbildung auf ein Argument) etc..

Zum Beispiel kann nun der Typ der oben verwendeten Schublade eines Aktenschrankes als Abbildung der Aktenbezeichner auf die so bezeichneten Akten selber wie folgt beschrieben werden:

```
DrawerType  =  (FileIdType ---> FileType);
FileIdType  =  TOKEN.
```

(Aktenbezeichner sind hier als nicht weiter interessierende 'tokens' modelliert.) Damit repräsentiert beispielsweise

```
drawer     :+  DrawerType { file_i --> file }
```

den um eine neue, mit 'file_i' bezeichnete Akte 'file' erweiterten Inhalt einer Schublade 'drawer'. Die implizite Abbildungseigenschaft garantiert dabei, daß 'file_i' die Akte 'file' auch eindeutig bestimmt.

5.3. MODELLIERUNG VON BUEROSYSTEMEN

5.3.1. Modellierung von Bueroobjekten

In Beispiel 30 wird die Typdefinition des exemplarischen Ausschnitts aus dem Bürobereich mit Hilfe der erweiterten Strukturierungsmechanismen des rekursiven Datenmodells vervollständigt:

Beispiel 30: Datenobjekte der Bueromodellierung

Zunächst seien Aktenschränke, Schubladen, Akten und Dokumente wie folgt mit Hilfe der erweiterten Datenstrukturen definiert:

```
TYPE
   FileCabinetType = SET OF DrawerType;
   DrawerType      = (FileIdType ---> FileType);
   FileType        = LIST OF DocumentType;
   DocumentType    = Letter (sender, receiver: NameType;
                             from, to: AddressType; date_mailed,
                             date_received: DateType;
                             content: TextType)
                   | Form (type_no, serial_no: INTEGER;
                           entries: (EntryIdType ---> EntryType))
                   | Memo ( ... )        |        . . .        ;
```

Die Komponenten von Briefen, Formularen, Memos etc. sind durch die folgenden, geschachtelten Typdefinitionen bestimmt:

```
   NameType        = Name (first, middle, last: WordType);
   AddressType     = Address (organization: LIST OF WordType;
                              street, city, state, country:
                              WordType; no, zip: INTEGER);
   DateType        = Date (year: (1950..1999); month: (1..12);
                           day : (1..31));
```

```
EntryType        = Entry (descr : TextType; value: ContentType;
                         domain: SET OF ContentType);

ContentType      = . . .;
FileIdType       = TOKEN;
EntryIdType      = TOKEN;
```

Der als Komponententyp verwendete Datentyp 'TextType' läßt sich in einem erweiterten rekursiven Datenmodell folgendermaßen beschreiben:

```
TextType         = LIST OF ParagraphType;

ParagraphType    = Titled_para  (title: SentenceType;
                                 cont: ParagraphType)
                 | Untitled_para (para: LIST OF SentenceType);

SentenceType     = Sentence (elems   : LIST OF ElementType;
                             end_mark: ('.', '!', '?', ...));

ElementType      = Word (WordType)
                 | Mark (',', ';', ...);
WordType         = LIST OF CHAR.
```

Damit ist es schließlich möglich, eine einzige Variable des rekursiv definierten Datentyps 'FileCabinetType' zur Repräsentation des Inhaltes eines gesamten Aktenschrankes wie folgt zu deklarieren:

```
VAR file_cabinet : FileCabinetType.
```

Die Darstellung komplexer Datenobjekte mit Hilfe der Strukturierungsmechanismen eines erweiterten rekursiven Datenmodells ermöglicht es in den meisten Fällen, referentielle Integritätsprobleme durch die geeignete Auswahl der Datenstrukturdefinitionen zu vermeiden. Um jedoch darüberhinaus noch die Einhaltung spezifisch anwendungsbedingter ***Konsistenzbedingungen*** zu gewährleisten, können zusätzliche Boolesche 'Invarianz'-Prädikate bei den Typdefinitionen mit angegeben werden. In der Literatur werden solche Konsistenzbedingungen auch als 'explizit', als 'semantische Integritätsbedingungen', oder als 'Zusicherungen' bezeichnet (vgl. z.B. [HaMc78]). In einem einfachen Beispiel beschränkt etwa die folgende Invarianzbedingung die Kapazität einer einzelnen Akte auf höchstens 99 Dokumente:

```
INVARIANT FileType (file);
   CARD ELEMS file ≤ 99
END.
```

Allerdings müssen dann derartige Invarianzbedingungen nach jeder Manipulation der zugehörigen Objektausprägungen auf Gültigkeit geprüft und nötigenfalls die entsprechenden Fehlermeldungen generiert werden.

5.3.2. Modellierung von Operationen auf Bueroobjekten

Die Basis für die Modellierung der operationalen Aspekte von Büroinformationssystemen liefern die implizit gegebenen Operationen der rekursiv definierten Datentypen sowie die elementaren Grundoperationen auf den abstrakten Datentypen des erweiterten rekursiven Datenmodells. Sie gestatten es, komplexe Datenobjekte zu konstruieren und zu identifizieren, Komponenten zu selektieren sowie anwendungsabhängige Funktionen und Selektoren (in der Regel rekursiv) zu definieren und zu verwenden. So können zum Beispiel elementare Komponentenselektionen auf die wie oben definierten Büroobjekte in folgender Weise angewendet werden:

Beispiel 31: Elementare Komponentenselektion

- "selektiere alle Schubladen eines Aktenschrankes 'file_cabinet', die eine mit 'file_i' bezeichnete Akte enthalten" :

```
SET OF DrawerType
     { drawer IN file_cabinet : file_i IN  DOM drawer }
```

- "selektiere das vierte Dokument einer Akte 'file_i' aus einer gegebenen Schublade 'drawer'" :

```
drawer [file_i] [4]
```

- "ist dieses Dokument ein Formular ?" :

```
is-Form (drawer [file_i] [4])
```

- "selektiere den Inhalt des zugehörigen 'Datum'-Feldes" :

```
drawer [file_i] [4] [entries] [date] [content]
```

- Ein etwas größeres Beispiel schließlich selektiert "den letzten Brief bzw. die letzten Briefe, die ein Absender 's' geschickt hat und die in der Akte 'f' abgelegt sind" :

```
SET OF DocumentType { doc IN  ELEMS f  :
                    is-Letter (doc) AND (doc [sender] = s)
                AND ALL doc' IN ELEMS f ((is-Letter (doc')
                    AND (doc' [sender] = s)) ==>
                        (doc [date] ≥ doc' [date])   ) }.
```

Wird eine derartig aufwendige Komponentenselektion häufiger benötigt, ist es angemessen, sie durch Abstraktion eines entsprechenden anwendungsabhängigen Komponentenselektors 'last_letter_from' zu unterstützen (Beispiel 32). Dieser Selektor hat den Namen des Absenders als Parameter, kann auf Akten vom Typ 'FileType' angewendet werden und selektiert dann jeweils Dokumente vom Typ 'DocumentType'. (Dabei gilt die Operatorpräzedenzregel, daß jeweils unäre Operatoren - wie z.B. 'LAST' - stärker binden als binäre.)

Beispiel 32: Anwendungsorientierte Komponentenselektion

```
SELECTOR last_letter_from FOR f: FileType (s: NameType) : DocumentType;
   IF VOID f
      THEN <* EXCEPTION: message ("There is no letter from s !") *>
       ELSE IF is-Letter (f [LAST])  AND  f [LAST] [sender] = s
               THEN SELECT f [LAST]
               ELSE SELECT f [REST] [last_letter_from (s)].
END last_letter_from.
```

Die Anwendung dieses Selektors auf eine gegebene Akte 'f' : 'f [last_letter_from (s)]' selektiert damit entweder das geforderte Dokument oder initiiert die entsprechende Ausnahmebehandlung. Damit selektiert der in Beispiel 32 definierte Selektor dieselben Dokumente wie der letzte in Beispiel 31 angegebene Ausdruck, vorausgesetzt, daß der zeitlich letzte Brief auch als letzter abgelegt wurde.

Die Komponentenselektion kann auch zur Änderung von Werten von Komponentenvariablen verwendet werden. Im einfachsten Fall wird eine Objektkomponente selektiert und ihr dann ein neuer Wert zugewiesen. So ändert etwa die folgende Zuweisung das

Empfangsdatum des letzten Briefes von einem Absender 's' auf den neuen Wert '1983-11-23':

```
file [last_letter_from (s)] [date_received] := Date (1983,11,23).
```

Das Einsetzen, Löschen oder Ändern von Komponentenvariablen kann durch Verwendung mächtiger, mengenorientierter Änderungsoperatoren auf der Basis entsprechend konstruierter Ausdrücke als Operanden ausgeführt werden. Dies sei an den in Beispiel 33 zusammengefaßten Manipulationsoperationen verdeutlicht:

Beispiel 33: Manipulationsoperationen

- "füge eine durch 'file_i' bezeichnete Akte in eine gegebene Schublade 'drawer' ein :"

  ```
  drawer :+ DrawerType { file_i --> file }
  ```

- "lösche eine Menge von Werten aus dem Wertebereich 'domain' des Datenfeldes 'entry' eines gegebenen Formulars :"

  ```
  entry [domain] :- SET OF ContentType {value_1, ..., value_n}
  ```

- "ersetze in einer gegebenen Schublade 'drawer' den Inhalt einer existierenden Akte 'file_i' durch den neuen Wert 'new_file' :

  ```
  drawer :& DrawerType { file_i --> new_file }.
  ```

Weitere (hier nicht definierte) Anfrage- und Änderungsoperationen der Benutzersprache eines erweiterten rekursiven Datenmodells könnten zum Beispiel Selektionsausdrücke für Komponentenmengen sowie weitere Manipulationsoperationen und Kontrollstrukturen umfassen, die auf Listen, Mengen und Abbildungen von Objektkomponenten beruhen.

5.3.3. Modellierung von Bueroprozeduren

Die prozeduralen Aspekte komplexer Bürosysteme lassen sich zu größeren Einheiten von Büroabläufen zusammenfassen, die aus einzelnen, zum Teil voneinander unabhängigen Teilaktivitäten bestehen. In der lokalen Umgebung einzelner Arbeitsstationen lassen sich derartige Teilaktivitäten durch Prozeduren und Funktionen modellieren, die auf herkömmliche Weise nacheinander ausgeführt werden und untereinander kommunizieren, indem sie jeweils anfallende Teilergebnisse zum Beispiel in gemeinsam zugreifbare Speicherbereiche ablegen oder aus diesen lesen.

So lassen sich die zur Bearbeitung eines Büroablaufes notwendigen Teilaktivitäten in einer einheitlichen Arbeitsumgebung durch entsprechende Teilprozeduren und -funktionen modellieren, die dann in einer lokalen Büro*prozedur* zusammengefaßt werden. Zum Beispiel umfaßt das Stellen eines Reiseantrages in der Regel verschiedene Teilaktivitäten (wie Formular vom Antragsteller ausfüllen, Genehmigung des Vorgesetzten einholen, Buchung beim Reisebüro in Auftrag geben, Unterlagen im Archiv ablegen etc.), die in Beispiel 34 in der Büroprozedur 'travel_application' zusammengefaßt sind. Jede einzelne Teilaktivität wird dabei durch einen Prozeduraufruf repräsentiert, dessen Ausführung die Details der nächsttieferen Modellierungsstufe beschreibt (im Beispiel nicht eigens spezifiziert).

Beispiel 34: Bearbeitung eines Reiseantrages (zentral)

```
PROCEDURE travel_application (form: DocumentType;
          applicant_id, manager_id, travel_office_id,
          archive_id: AddressType);

VAR doc        : DocumentType;
    manager_ok : BOOL;

BEGIN

   form [entries] := fill_out_form (form, applicant_id);

   manager_ok     := approve_form  (form, manager_id);
```

```
  IF manager_ok
     THEN BEGIN book    (doc, travel_office_id);
                archive (doc, archive_id)
          END
     ELSE ... <* application rejected *> ...
END travel_application.
```

In Beispiel 34 sind die an der Ausführung der Büroprozedur beteiligten Systemkomponenten ('applicant', 'manager', 'travel_office' und 'archive') durch Adreßbezeichner identifiziert, die als Parameter der betreffenden Prozeduren in einer lokalen, gemeinsamen Arbeitsumgebung verwendet werden. In der Regel basieren die prozeduralen Aspekte moderner Büroinformationssysteme jedoch auf voneinander unabhängigen Teilaktivitäten, die auf ***unterschiedlichen*** Arbeitsstationen bearbeitet werden und kooperativ bei der Ausführung komplizierter Büroaktivitäten an verschiedenen Orten zusammenwirken. (Von derartigen Arbeitsumgebungen geht beispielsweise der in [HKMS84] beschriebene Projektansatz zur Realisierung der technischen Voraussetzungen für die Kommunikation in verteilten Systemen aus.) Die Beschreibung von Bürovorgängen in verteilten Arbeitsumgebungen erfordert dann dementsprechend auch zusätzliche Modellierungshilfsmittel zur Repräsentation der erforderlichen Kommunikationsdienste. Der folgende Abschnitt geht kurz auf Ergänzungen des vorgestellten Datenmodells ein, die versuchen, derartigen Erfordernissen verteilter Arbeitsumgebungen Rechnung zu tragen.

5.4. BUEROPROZEDUREN IN VERTEILTEN SYSTEMEN

Kooperierende Prozesse auf unterschiedlichen Benutzerstationen in einer verteilten Arbeitsumgebung benötigen spezielle Operationen sowohl zum Austausch von Daten (Datenkommunikation) als auch zum Austausch von Nachrichten zur Synchronisation des Fortschreitens von Teilaktivitäten (Prozeßkommunikation). Erste Vorschläge zur sprachlichen Beschreibung elementarer, hierzu notwendiger semantischer Grundoperationen finden sich in [LMS84]; sie werden im folgenden zusammengestellt und am Beispiel erläutert.

5.4.1. Datenkommunikation

Im einfachsten Fall kann das Kommunikationsverhalten von Arbeitsstationen in verteilten Systemem mit Hilfe allgemein zugreifbarer 'Briefkästen' (mailboxes) modelliert werden. Mit den Mitteln eines rekursiven Datenmodells läßt sich die dafür erforderliche zentrale Nachrichtenstation als globale Variable deklarieren, die für jede Arbeitsstation eine für alle erreichbare Postadresse mit zugehörigem Nachrichtenpuffer enthält. Die auszutauschenden Nachrichten werden durch komplexe Datenobjekte variabler Länge repräsentiert und von speziellen Kommunikationsprozeduren in die Nachrichtenpuffer abgelegt bzw. aus diesen gelesen.

Beispiel 35: Einfaches Mailboxsystem

Wenn zum Beispiel eine globale Variable 'Mailboxes' eine derartige Postadresse für jede Arbeitsstation enthält und wie folgt rekursiv definiert ist,

```
TYPE  MailboxesType =  (AdressType ---> FileType);
VAR   Mailboxes     :   MailboxesType
```

dann kann eine einfache Prozedur 'mail' auf der Benutzerebene eines erweiterten rekursiven Datenmodells beispielsweise wie folgt definiert werden:

```
PROCEDURE mail (doc: DocumentType);
   VAR   receiver  :   AddressType;
   BEGIN IF is-Letter (doc)
             THEN BEGIN doc [date_mailed] := <* current_date *>;
                        receiver := doc [to] END
             ELSE receiver := <* requested_address_info *>;
         Mailboxes [receiver] :+ doc
   END mail.
```

Dabei beschreibt die Prozedur 'mail' die Datenkommunikation durch (ändernden) Zugriff auf die gemeinsamen Briefkästen; die kommunizierten Daten werden durch rekursiv definierte Objekte vom Typ 'DocumentType' repräsentiert.

Um bei einer solchen Lösung des Nachrichtenaustausches über globale Variable Parallelitätsprobleme zu vermeiden, müssen die für verschiedene Prozesse gemeinsam zugreifbaren Variablen (hier insbesondere der gemeinsame 'Briefkasten') vor dem Zugriff von mehr als einem Prozeß gleichzeitig geschützt werden [EGLT76]. Geeignete Sperrstrategien speziell für rekursiv definierte Datenobjekte können dabei in bestimmten Fällen Vorteile aus der hierarchischen Objektstruktur ziehen (mit dem Ziel, möglichst viele Zugriffe auf unterschiedliche Teilkomponenten eines komplexen Objektes parallel zuzulassen [GLP75]).

Da die Modellierung des Nachrichtenaustausches über eine zentrale Systemkomponente nur für ganz bestimmte Anwendungen (mailbox-Systeme) geeignet ist, sollen es besondere prozedurale Modellierungskonzepte eines erweiterten Datenmodells ermöglichen, die Interprozeßkommunikation und -synchronisation direkt zu beschreiben. Hoare's Modell der 'kommunizierenden parallelen Prozesse' ('communicating sequential processes', CSP) [Hoar78] bildet die Basis für Konzepte einer ersten Modellierung nichtdeterministischer Kommunikation zwischen parallelen Prozessen. Zur Beschreibung des Datenaustausches zwischen kooperierenden Prozessen auf unterschiedlichen Arbeitsstationen bietet das entsprechend ergänzte Datenmodell die folgenden Operationen an:

SEND <data_object_value> TO <workstation_id>;
RECEIVE <data_object_variable> FROM <workstation_id>.

Die Operation 'send' sendet den Wert eines komplexen Datenobjektes '<data_object_value>' zu einer durch ihren Bezeichner '<workstation_id>' identifizierten Arbeitsstation und fährt danach mit der Ausführung ihrer Anweisungsfolge fort. Die Operation 'receive' empfängt den Wert eines komplexen Datenobjektes von einer durch '<workstation_id>' bezeichneten Arbeitsstation und weist ihn der Variablen '<data_object_variable>' zu. Ist von der angegebenen Arbeitsstation kein Wert mit dem Typ der Empfangsvariablen abgesendet worden, geht der empfangende Prozeß in einen Wartezustand über; sind dagegen bereits mehrere Werte dieses Typs von der sendenden Station abgeschickt worden, so wird der zuerst gesendete empfangen.

Wie bei CSP hat hier also die Operation 'receive' Einfluß auf die Prozeßsynchronisation, d.h. sie schließt eine implizite 'wait'-Operation für den empfangenden Prozeß mit ein. Die 'send'-Operation dagegen kann in vielen Fällen auch unsynchronisiert ablaufen, wenn ein ausreichend großer, automatischer Puffermechanismus zur Speicherung der bereits von einem Prozeß gesendeten, von dem zugehörigen Zielprozeß jedoch noch nicht empfangenen Nachrichten zur Verfügung steht.

5.4.2. Prozesskommunikation

Neben dem Austausch von Daten benötigen kooperierende Prozesse spezielle Funktionen zur Steuerung der Synchronisation ihrer gemeinsamen Aktivitäten. So kann zum Beispiel die Ausführung einer Büroprozedur auf einer Arbeitsstation entweder von der Beendigung einer anderen Teilprozedur auf einer anderen Arbeitsstation abhängig sein (Kontroll*konvergenz*), oder eine Teilprozedur kann die Ausführung einer anderen, von ihr unabhängigen Teilprozedur auf einer anderen Arbeitsstation initiieren (Kontroll*verzweigung*). Um diese Art von Synchronisationsprimitiven in dem erweiterten Datenmodell darstellen zu können, werden jeweils eine 'await' und eine 'initiate' Operation wie folgt eingeführt:

```
AWAIT    <procedure_id> ON <workstation_id>;
INITIATE <procedure_id> ON <workstation_id>.
```

Dabei verzögert ein 'await' die Ausführung eines gerade aktiven Prozesses bis zur Beendigung der Ausführung der angegebenen Prozedur '<procedure_id>' auf einer durch '<workstation_id>' spezifizierten anderen Arbeitsstation. Die Operation 'initiate' initiiert durch den Aufruf der durch '<procedure_id>' angegebenen Büroprozedur einen neuen Prozeß auf einer anderen, durch '<workstation_id>' bezeichneten Arbeitsstation. Die Ausführung des initiierten Prozesses wird danach unabhängig von der des initiierenden fortgeführt. Die Namen der von einer Arbeitsstation für den Aufruf auch von anderen Stationen aus zur Verfügung gestellten Büroprozeduren müssen zuvor von jeder Arbeitsstation - etwa in einer 'export'-Liste nach Art der Programmiersprache Modula-2 [Wirth82] - dem System eigens bekannt gemacht worden sein.

Der Austausch von zusätzlichen Nachrichten zwischen Büroprozessen, die ihre Ausführung untereinander durch Austausch von Synchronisationsprimitiven koordinieren, kann entweder mit Hilfe der Grundoperationen des Datenaustausches zwischen Prozessen (siehe oben) beschrieben werden, oder - im Falle einer Kontrollverzweigung - auch durch aktuelle Prozedurparameter, die als Werteparameter ('call by value') der gerufenen Prozedur übergeben werden.

Unter Verwendung der so eingeführten elementaren Operationen zur Daten- und Prozeßkommunikation läßt sich die Bearbeitung von Reiseanträgen in einer verteilten Arbeitsumgebung wie folgt neu formulieren (Beispiel 36). Dabei können einzelne Teilaktivitäten dieses Bürovorgangs entweder in fest vorgegebener Reihenfolge oder auch parallel auf den jeweils zuständigen Arbeitsstationen ausgeführt werden.

Beispiel 36: Bearbeitung eines Reiseantrages (verteilt)

```
PROCEDURE travel_application (form: DocumentType; manager_ws,
          travel_office_ws, archive_ws: WorkstationIdType);

VAR doc : DocumentType;

BEGIN

   form [entries] := fill_out_form (form);

   INITIATE approve_form (form) ON manager_ws;
   ... <* other, concurrent activities *> ...

   RECEIVE doc FROM manager_ws;

   IF is-Form (doc)
      AND doc [serial_no] = form [serial_no]

      THEN IF doc [entries] [manager_ok]

              THEN BEGIN INITIATE book (doc) ON travel_office_ws;
                         AWAIT book ON travel_office_ws;
                         SEND doc  TO archive_ws
                   END

              ELSE ... <* application rejected *> ...
      ELSE ... <* wrong form returned *> ...

END travel_application.
```

Die Synchronisation von Prozessen kann möglicherweise zu Systemzuständen führen, in denen eine 'await'-Bedingung nie eintritt und dadurch die Ausführung eines wartenden Prozesses um unbestimmte Zeit verzögert wird (zum Beispiel, wenn Prozesse gegenseitig aufeinander warten). Die analytische Vorhersage derartiger

Verklemmungszustände ist im allgemeinen nicht möglich und nur in Ausnahmefällen vom Aufwand her gerechtfertigt. Zur Auflösung der Verklemmungen stellt deshalb das vorgeschlagene Datenmodell Möglichkeiten zur Spezifikation von Ausnahmeaktionen bereit, die in solchen Fällen auszuführen sind. Das Setzen einer oberen Zeitschranke für den Wartezustand eines Teilprozesses erlaubt es, die Verzögerung einzelner Prozesse '<procedure_id>' auf einer Arbeitsstation '<workstation_id>' auf ein vom Benutzer anzugebendes Maximum '<time-out interval'> zu begrenzen. Tritt das Ende der Ausführung einer Prozedur, auf die gewartet wird, während dieser Zeit nicht ein, so wird die Ausführung des wartenden Prozesses mit einer Ausnahmebehandlung '<statement_list>' fortgesetzt:

```
AWAIT <procedure_id> ON <workstation_id>;
      FOR  <time_out_interval>
      EXCEPTION <statement_list>  END.
```

Im Beispiel der Büroprozedur 'travel_application' zur Bearbeitung von Reiseanträgen könnte etwa an die Arbeitsstation 'travel_office_ws', die die Reisen bucht, ein Erinnerungsschreiben (durch Aufruf der Prozedur 'reminder (doc)') abgesandt werden, wenn nach Ablauf von zwei Tagen die Buchung noch nicht durchgeführt ist (Beispiel 37). Ist die Buchung nach Ablauf eines weiteren Tages dann immer noch nicht erfolgt, soll die Arbeitsstation des zuständigen Managers benachrichtigt und die weitere Bearbeitung des Reiseantrages abgebrochen werden ('ABORT'). Die entsprechende Zeile in der Definition der Prozedur 'travel_application' des Beispiels 36 wäre dann wie folgt zu ergänzen:

Beispiel 37: Ausnahmebehandlung beim 'await'

```
AWAIT book ON travel_office_ws;

      FOR '2 days'

      EXCEPTION

         INITIATE reminder (doc) ON travel_office_ws;

         AWAIT    reminder       ON travel_office_ws
                  FOR '1 day'
                  EXCEPTION INITIATE book_problem (doc)
                                     ON manager_office_ws;
                            ABORT travel_application
                  END final exception

      END first exception.
```

Die vorgestellten Ausdrucksmittel zur Beschreibung der Daten- und Prozeßkommunikation in verteilten Büroumgebungen stellen lediglich einen ersten Ausgangspunkt für entsprechende Erweiterungen rekursiver Datenmodelle dar. Weitere Arbeiten in dieser Richtung haben insbesondere die Literatur zur sprachlichen Beschreibung von Kommunikation und Synchronisation in verteilten Systemen zu berücksichtigen (z.B. [Tane81], [Naff81], [TeAn84], [RTZ84]).

6. IMPLEMENTIERUNG REKURSIVER DATENSTRUKTUREN

Die Implementierung der erweiterten Datenstrukturen und Operationen eines rekursiven Datenmodells wird in diesem Kapitel am Beispiel der automatischen Generierung einer Prototypversion dargestellt. Dazu werden die Sprachkonstrukte eines rekursiven Datenmodells auf die Benutzerschnittstelle eines relationalen Datenbanksystems abgebildet, das bereits effizient implementiert ist. Dadurch kann die so realisierte rekursive Sprache auch als zusätzliche, abstrakte Schnittstelle für das relationale Datenbankverwaltungssystem angesehen werden.

In den folgenden Abschnitten wird zunächst darauf eingegangen, wie sich eine rekursive Sprache als erweiterte Schnittstelle eines relationalen Datenverwaltungssystems verstehen läßt (6.1). Dann wird im einzelnen die Abbildung der rekursiven Konzepte auf die des relationalen Datenmodells dargestellt (Abschnitt 6.2) und schließlich wird (in Abschnitt 6.3) die Realisierung des Prototypsystems mit Hilfe automatischer Software-Werkzeuge (insbesondere eines Übersetzer generierenden Systems) beschrieben.

6.1. HOCHSPRACHLICHER ZUGANG ZU DATENBANKSYSTEMEN

6.1.1. Adaptive Benutzerschnittstellen

Die vollständige Implementierung eines Datenbankverwaltungssystems ist sehr aufwendig und kostenintensiv. Trotzdem realisiert die Implementation eines gegebenen Datenbanksystems in der Regel nur die Benutzerschnittstelle einer einzelnen Datenbanksprache, die für Problembeschreibungen einer bestimmten Klasse von Anwendungen und für eine bestimmte Benutzergruppe zugeschnitten ist. Alle anders formulierten Problembeschreibungen - deren Ausdrucksweise im Einzelfall für spezielle Anwendungsbereiche oder Benutzergruppen durchaus besser geeignet sein kann - müssen in die Benutzersprache der einen Datenbankschnittstelle umgeformt werden.

Eine sinnvolle Erweiterung herkömmlicher Datenbankverwaltungssysteme wäre es deshalb, an der Schnittstelle nach außen den Benutzern alternative Zugangsmöglichkeiten zu den Daten zur Verfügung zu stellen. Im Kontext relationaler Datenbanksysteme ist dies zum Beispiel mit der Einführung einer listenähnlichen, formularorientierten Benutzerschnittstelle ('portals') [StRo84] für das INGRES Datenbanksystem [Ston76], [RTI83] geschehen. Damit kann ein Datenbankverwaltungssystem adaptiv den sprachlichen Anforderungen unterschiedlicher Benutzergruppen oder wechselnder Problemstellungen angepaßt werden.

Eine effiziente Realisierung adaptiver Benutzerschnittstellen läßt sich dadurch erreichen, daß alle zur Verfügung gestellten Benutzersprachen nach außen auf eine gemeinsame Systemschnittstelle abgebildet werden. Von dieser gemeinsamen Systemschnittstelle aus kann dann die eigentliche Datenverwaltung uniform ausgeführt werden. In herkömmlichen Datenbanksystemen bietet sich die ursprünglich implementierte Benutzersprache als eine solche gemeinsame und neutrale interne Sprachschnittstelle an:

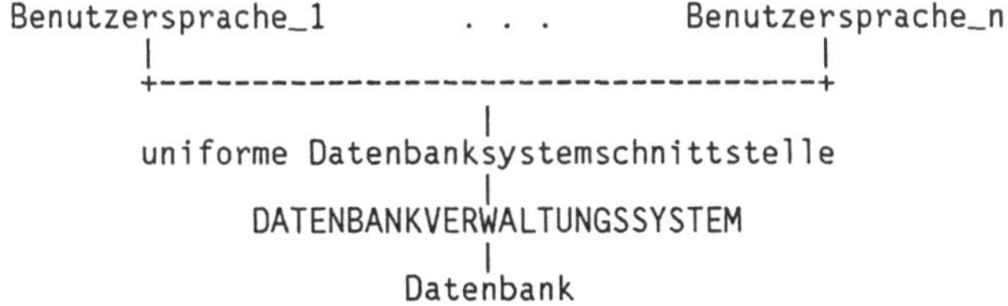

Natürlich sind nicht beliebige Benutzersprachen ineinander abbildbar. In der Regel lassen sich 'allgemeinere', d.h. höhere oder semantisch mächtigere Sprachkonstrukte ohne größere Probleme in 'speziellere', d.h. niedrigere oder semantisch einfachere umformen. (Eine derartige Abbildung ist typisch für das Übersetzen von Programmiersprachen.) Ein Beispiel für die erfolgreiche Abbildung einer QUEL-Sprachschnittstelle von INGRES [Ston76] auf ein Pascal/R Datenbanksystem [ScMa80] und eine Darstellung der dabei zu lösenden Teilaufgaben findet sich in [Saun83]. Im folgenden soll gezeigt werden, wie sich die Sprachschnittstelle eines rekursiven Datenmodells auf die eines existierenden relationalen Datenbanksystems abbilden läßt.

6.1.2. Realisierung rekursiver Benutzerschnittstellen

Die Definition rekursiver Datenmodelle zur Modellierung komplexer Objektstrukturen ist aus einer Verallgemeinerung von Konzepten des relationalen Datenmodells hervorgegangen. Aber auch herkömmliche relationale Datenbanksprachen erlauben es, ihrer Natur nach rekursive, komplex strukturierte Objekte und die auf ihnen definierten Operationen prozedural zu implementieren (siehe Abschnitt 3.2.2).

Rekursive Datenmodelle stellen - im Vergleich zu relationalen Modellen - die abstrakteren, d.h. höheren Sprachkonstrukte zur Verfügung, die die wichtigsten Konzepte des relationalen Modells als Spezialfälle enthalten (siehe Abschnitt 4.5). Damit ist es prinzipiell möglich, beide Repräsentationsformen für komplexe Objektstrukturen miteinander in Beziehung zu setzen und so die Benutzerschnitte des allgemeineren, rekursiven durch die des spezielleren, relationalen Datenmodells zu realisieren.

Die Hauptaufgabe einer derartigen Abbildung liegt in der Repräsentation rekursiv definierter Objekte *variabler* Größe und unterschiedlicher Struktur durch *fest formatierte* Records, auf die das Relationenmodell beschränkt ist. Durch Verwendung von Bezeichnern als Komponentenwerte in Relationenelementen lassen sich jedoch auch komplexe Objektstrukturen als zusammengehörige Tupel in verschiedenen Relationen darstellen und manipulieren.

Anfragen an zusammengesetzte Objekte (oder deren Komponenten) bedeuten dann relationale Anfragen, die mehrere Relationen berühren. Auch die Ausführung charakteristischer Funktionen läßt sich durch Anfragen an strukturbeschreibende Relationen realisieren. Die Selektion von Objektkomponenten kann direkt durch einfache oder erweiterte relationale Selektionsoperationen beschrieben werden, und Manipulationsoperationen auf komplexen Objekten lassen sich auf entsprechende Manipulationsoperationen auf den zugehörigen Tupelmengen einer relationalen Repräsentation zurückführen.

6.2. RELATIONALE BESCHREIBUNG REKURSIVER STRUKTUREN

6.2.1. Objektdarstellung

Komplexe Objekte werden durch Mengen zusammengehöriger Tupel in verschiedenen Relationen dargestellt. Um dabei die zusammengehörigen Tupel eines 'komplexen Wertes' eindeutig zu identifizieren, wird ein gemeinsamer ***Objektbezeichner*** als zusätzliche Komponente in alle die Tupel eingeführt, die zur Repräsentation eines bestimmten komplexen Wertes beitragen. In der relationalen Implementation steht der Objektbezeichner immer stellvertretend für den Wert einer rekursiv definierten Komponente.

Die Datenobjekte eines rekursiven Typs 'RcsType' werden im allgemeinen durch Anwendung verschiedener Strukturgeneratoren 'Gen_1', ..., 'Gen_n' auf gegebene Komponentenausdrücke erzeugt und sind deshalb von unterschiedlicher Struktur. Daher muß zur Repräsentation der von jedem Strukturgenerator 'Gen_i' erzeugten Werte jeweils eine eigene ***Wertrelation*** 'Gen_i-vrel' angelegt werden, die alle aktuellen Werte dieses Typs enthält. (Lediglich 'leere' Strukturgeneratoren ohne Komponenten haben keine zugehörige Wertrelation.)

Daneben muß für jeden Wert eines rekursiv definierten Typs 'RcsType' in einer ***Strukturrelation*** 'RcsType-srel' angegeben werden, welcher Strukturgenerator zu seiner Erzeugung verwendet worden ist, d.h. in welcher Wertrelation der zugehörige Wert zu finden ist. Es existieren also zu jedem rekursiv definierten Typ genau eine Struktur- und (in der Regel) mehrere Wertrelationen, die alle den Objektbezeichner als Primärschlüssel enthalten.

Auf diese Weise wird dann die Struktur der in Abschnitt 4.2.1 eingeführten Objekte des 'bill-of-material'-Problems durch die in Beispiel 38 zusammengestellten Relationentypen repräsentiert: für die rekursiv definierten Objekttypen 'ObjectType', 'AsmblType' und 'PartType' wird je eine Strukturrelation definiert, die für alle Objekte des zugehörigen Typs jeweils deren Bezeichner und den Namen des Generators ihres Wertes enthält. Für jeden Strukturgenerator mit nichtleerer Parameterliste wird dann eine Wertrelation angelegt, die unter dem Objektbezeichner alle zugehörigen Komponentenwerte (bei rekursiv definierten Komponententypen als Objektbezeichner) enthält. Die Syntax der relationalen Repräsentation beruht auf der Datenbanksprache Pascal/R [ScMa80].

Beispiel 38: Relationale Darstellung rekursiver Typen

```
TYPE

    ObjectTypeSrelType   = RELATION <obj_id> OF
                                RECORD obj_id : ObjectIdType;
                                       gen    : (Object)        END;

    ObjectVrelType       = RELATION <obj_id> OF
                                RECORD obj_id : ObjectIdType;
                                       name   : String;
                                       comps  : AsmblIdType     END;

    AsmblTypeSrelType    = RELATION <asmbl_id> OF
                                RECORD asmbl_id : AsmblIdType;
                                       gen      : AsmblGenType  END;

    AsmblGenType         = (Empty, Single_part, Asmbl_part);

    Single_partVrelType = RELATION <asmbl_id> OF
                                RECORD asmbl_id : AsmblIdType;
                                       s_part   : PartIdType    END;

    Asmbl_partVrelType   = RELATION <asmbl_id> OF
                                RECORD asmbl_id : AsmblIdType;
                                       asmbl    : AsmblIdType;
                                       a_part   : PartIdType    END;

    PartTypeSrelType     = RELATION <part_id> OF
                                RECORD part_id : PartIdType;
                                       gen     : (Part)         END;

    PartVrelType         = RELATION <part_id> OF
                                RECORD part_id : PartIdType;
                                       name    : String;
                                       desc    : ...;
                                       comps   : AsmblIdType    END.
```

Die folgenden Variablen der oben definierten Relationentypen deklarieren Relationen, die die Repräsentationen der komplexen Objektwerte enthalten:

```
VAR

    ObjectType-srel   :  ObjectTypeSrelType;
    Object-vrel       :  ObjectVrelType;

    AsmblType-srel    :  AsmblTypeSrelType;
    Single_part-vrel  :  Single_partVrelType;
    Asmbl_part-vrel   :  Asmbl_partVrelType;

    PartType-srel     :  PartTypeSrelType;
    Part-vrel         :  PartVrelType.
```

So wird etwa ein Objekt vom Typ 'ObjectType' mit dem Namen 'ABC', dessen Wert durch 'o_1' identifizierbar ist und das sich aus drei Teilobjekten 'part_1', 'part_2' und 'part_3' mit durch 'p_1', 'p_2' und 'p_3' identifizierbaren Werten zusammensetzt, durch die in Abbildung 4 zusammengestellten Relationenwerte repräsentiert. Dabei könnte das in der Abbildung in seiner relationalen Repräsentation dargestellte komplexe Objekt etwa durch folgende Anwendung von Strukturgeneratoren aus den entsprechenden Komponentenwerten erzeugt worden sein:

```
Object ('ABC', Asmbl_part (Asmbl_part (
                              Single_part (part_1)), part_2), part_3).
```

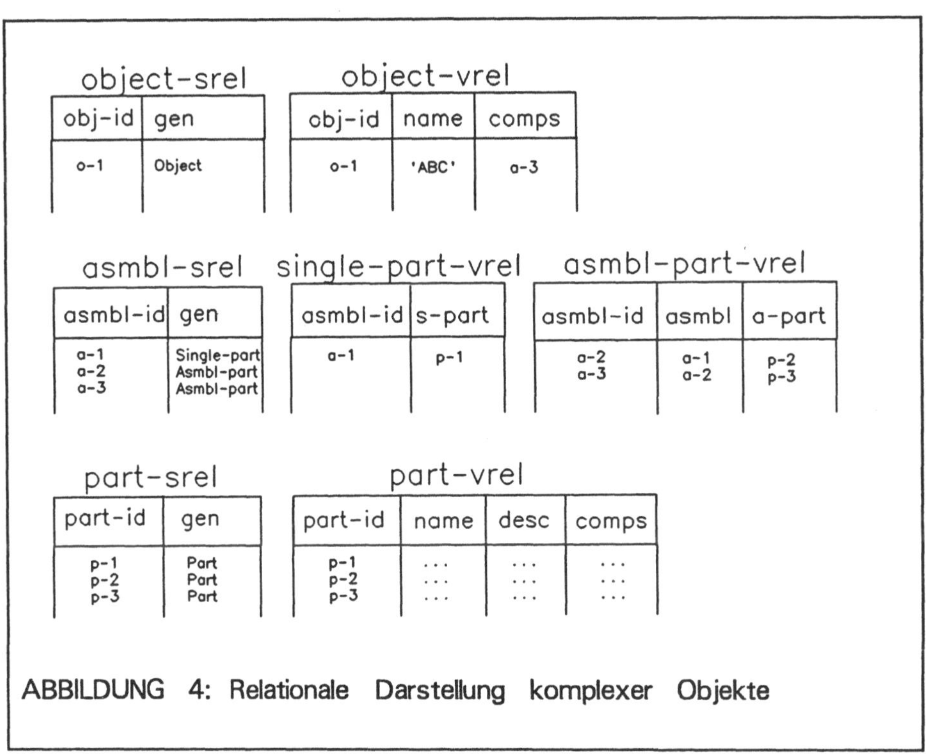

object-srel

obj-id	gen
o-1	Object

object-vrel

obj-id	name	comps
o-1	'ABC'	a-3

asmbl-srel

asmbl-id	gen
a-1	Single-part
a-2	Asmbl-part
a-3	Asmbl-part

single-part-vrel

asmbl-id	s-part
a-1	p-1

asmbl-part-vrel

asmbl-id	asmbl	a-part
a-2	a-1	p-2
a-3	a-2	p-3

part-srel

part-id	gen
p-1	Part
p-2	Part
p-3	Part

part-vrel

part-id	name	desc	comps
p-1	...	...	...
p-2	...	...	...
p-3	...	...	...

ABBILDUNG 4: Relationale Darstellung komplexer Objekte

6.2.2. Darstellung der operationalen Sprachkonstrukte

Auch die operationalen Sprachkonstrukte des rekursiven Datenmodells müssen in entsprechende Operationen auf der relationalen Repräsentation der Objekte umgeformt werden. Im folgenden wird gezeigt, wie die Generierung rekursiver Objekte, Wertzuweisungen an rekursiv definierte Variable sowie die Ausführung der charakteristischen Funktionen und elementaren Selektionsoperationen für Objektkomponenten auf der Ebene einer relationalen Darstellung implementiert werden.

6.2.2.1. Generierung rekursiver Objekte

Die Erzeugung eines rekursiven Objektes bedeutet, daß neue Tupel in die entsprechenden Struktur- und Wertrelationen der relationalen Repräsentation eingesetzt werden müssen. So ist etwa bei der Generierung eines neuen Teils mit dem Namen 'part_1' durch Anwendung des Strukturgenerators 'Part' zunächst ein neuer Objektbezeichner 'p_1' zur Verfügung zu stellen. Dann ist das Tupel '<p_1, Part>' in die Strukturrelation 'PartType-srel' und das Tupel '<p_1, part_1, ...>' in die Wertrelation 'Part-vrel' einzutragen.

Die zur Identifikation neuer Werte benötigten Objektbezeichner werden durch Anwendung einer Hilfsfunktion 'New-Gen_i ()' generiert. In Beispiel 39 wird angegeben, wie die Erweiterung der Komponenten des Wertes einer existierenden Objektvariable 'object_var' vom Typ 'ObjectType' (definiert wie oben) durch ein Teil 'part_i' in der nachfolgenden relationalen Darstellung implementiert wird:

Beispiel 39: Relationale Darstellung rekursiver Operationen

```
object_var [comps] := Asmbl_part (object_var [comps], part_i)

                                          wird implementiert durch

asmbl_id         := New-asmbl_id ();                                (1)
AsmblType-srel   :+ [ <asmbl_id, Asmbl_part> ];                     (2)
Asmbl_part-vrel  :+ [ <asmbl_id,
                       Object-vrel [o_1].comps, p_i> ];             (3)

Object-vrel [o_i].comps  :=  asmbl_id.                              (4)
```

Zunächst wird also ein Bezeichner zur Identifikation der neuen Komponente generiert (Zeile 1), dann unter diesem Bezeichner der Name des verwendeten Strukturgenerators in der Strukturrelation vermerkt (Zeile 2). Der neue Wert, der als Attributwerte die Bezeichner des bisherigen Komponentenwertes und des neuen Teils enthält, wird in die Wertrelation eingetragen (Zeile 3), und schließlich wird der Attributwert der zugehörigen Objektdarstellung auf den neuen Bezeichner geändert (Zeile 4).

Anmerkung :

Wird der Wert eines existierenden komplexen Objektes als Komponente (Parameter) bei der Generierung eines neuen komplexen Objektes verwendet, so wird zunächst eine *Kopie* des alten Wertes erzeugt und dann eine Referenz darauf als neuer Komponentenwert übergeben. Rekursive Werte können also nicht gemeinsame Komponenten unterschiedlicher Objekte bilden. Dadurch wird sichergestellt, daß Änderungen an einer Objektkomponente nicht automatisch auch Änderungen anderer Komponenten bewirken. Wichtiger ist, daß eine derartige 'Kopie'semantik verhindert, daß ein Objekt sich selbst als Wert enthalten kann. Bei Anwendung einer 'Referenz'semantik, bei der es gemeinsam referenzierte Komponenten unterschiedlicher Objekte gibt, müßte zur Vermeidung unendlicher Referenzketten die Verwendung der Manipulationsoperationen entsprechend eingeschränkt werden.

6.2.2.2. Zuweisungen

Nach dem oben beschriebenen Konzept der Kopiesemantik werden *Zuweisungen* an rekursiv definierte Variable wie folgt realisiert: steht auf der rechten Seite des Zuweisungsoperators ein rekursiver Ausdruck, so wird ein neuer Wert generiert (s.o.) und dessen Objektbezeichner der Variablen der linken Seite als neuer Wert zugewiesen. Steht auf der rechten Seite der Zuweisung eine rekursiv deklarierte Variable, so wird diese zunächst dereferenziert, dann (möglicherweise rekursiv über alle Komponenten) eine vollständige Kopie ihres Wertes erzeugt und deren Referenz schließlich als neuer Wert der Variablen der linken Seite übergeben.

Beispiel 40: Kopiesemantik der Zuweisung

```
part_var_1  :=  part_var_2                     wird realisiert durch
part_var_1  :=  PartType-copy (part_var_2).
```

Dabei sind 'part_var_1' und 'part_var_2' Programmvariable vom Typ 'PartType'. 'PartType-copy (...)' ist eine Hilfsfunktion, die zu einem gegebenen rekursiven Typ (hier 'PartType') und einem Bezeichner eines damit generierten Wertes (hier des Wertes von 'part_var_2') eine Referenz auf eine neu erzeugte Kopie dieses Wertes generiert.

Anmerkung :

Bei der Zuweisung neuer Werte an Variable wird jeweils deren früherer Wert gelöscht. In der zugehörigen relationalen Implementation bedeutet das, daß alle Tupel, die den alten Wert repräsentieren, aus den entsprechenden Relationen entfernt werden müssen. Dazu wird zunächst je ein Tupel in der Struktur- und Wertrelation des Typs der rekursiven Variablen gelöscht, dann wird das Entfernen von Tupeln in gleicher Weise (rekursiv !) für alle die Komponenten des gerade gelöschten Tupels fortgesetzt, deren Werte rekursiv definiert sind.

Das Entfernen der relationalen Repräsentation gelöschter rekursiver Werte entspricht damit gerade einer Speicherbereinigung ('garbage collection') auf dem 'relationalen Speicher' für komplexe Objektwerte. Eine effiziente Implementation eines rekursiven Datenmodells wird das Löschen nicht mehr benötigter Repräsentationen rekursiver Objektwerte in die allgemeine Speicherverwaltung integrieren und möglicherweise nur periodisch ausführen.

In einer ersten, relationalen Implementation kann das Löschen zusammengehöriger Tupelmengen von einer Hilfsprozedur '<RcsType>-delete (comp_j)' durchgeführt werden, die in ihrer Struktur der Hilfsfunktion '<RcsType>-copy (...)' entspricht, ohne jedoch ein Ergebnis abzuliefern. Damit sieht dann die relationale Repräsentation des Beispiels 40 für eine Zuweisungsoperation wie folgt aus:

Beispiel 41: Relationale Speicherverwaltung

```
part_var_1  :=  part_var_2                    wird realisiert durch

PartType-delete (part_var_1);
part_var_1  :=  PartType-copy (part_var_2).
```

6.2.2.3. Charakteristische Funktionen

Charakteristische Funktionen, die testen, ob ein komplexes Objekt durch Anwendung eines bestimmten Strukturgenerators erzeugt worden ist, werden durch einfache Anfragen an die 'Generator'komponente der zugehörigen Strukturrelation implementiert. Zum Beispiel kann der folgende Ausdruck über einer rekursiven Variablen 'asmbl_var' vom Typ 'AsmblType', deren Wert durch 'a_i' identifiziert ist, durch den nachfolgenden Booleschen Pascal/R-Ausdruck repräsentiert werden:

Beispiel 42: Charakteristische Funktionen

```
is-Asmbl_part (asmbl_var)                    wird dargestellt durch
Asmbl-srel [a_i].gen  =  Asmbl_part.
```

6.2.2.4. Elementare Komponentenselektion

Elementare Komponentenselektoren werden durch relationale Selektion der entsprechenden Komponentenvariablen der zugehörigen Wertrelation realisiert. Die Selektion einer Komponente der Variablen 'object_var' vom Type 'ObjectType' (definiert wie oben), deren Wert durch 'o_1' identifiziert ist, wird beispielsweise im Kontext eines Ausdrucks durch den nachfolgenden Booleschen Pascal/R-Ausdruck repräsentiert:

Beispiel 43: Elementare Komponentenselektion als Ausdruck

```
is-Single_part  (object_var  [comps])           wird realisiert durch
Asmbl-srel [Object-vrel [o_1].comps].gen = Single_part.
```

Die Selektion von Objektkomponenten als Variable mit dem Ziel, ihren Wert zu ändern (Beispiel 44), kann unter Verwendung einer Hilfsvariablen 'asmbl_id' implementiert werden:

Beispiel 44: Elementare Komponentenselektion als Variable

```
object_var [comps]  :=  Empty ()                  wird realisiert durch

asmbl_id  :=  Object-vrel [o_1].comps;
Asmbl_part-vrel [asmbl_id]    := VOID;
AsmblType-srel [asmbl_id].gen := Empty;
RcsDelete (Asmbl_part, asmbl_id).
```

Es wird also zunächst der Bezeichner des zu löschenden Wertes kopiert, dann damit das entsprechende Tupel in der zugehörigen Wertrelation gelöscht (in Pascal/R durch Zuweisung des leeren Tupelwertes 'VOID') und schließlich der Eintrag in der Strukturrelation geändert. Anschließend müssen (entsprechend dem Beispiel aus 6.2.1) noch alle abhängigen Tupel mit den Objektbezeichnern 'a_2', 'a_1', 'p_3', 'p_2' und 'p_1' in den Relationen 'AsmblType-srel', 'Asmbl_part-vrel', 'Single_part-vrel', 'PartType-srel' und 'Part-vrel' vom System gelöscht werden.

6.3. PROTOTYPGENERIERUNG DURCH SPRACHTRANSFORMATION

6.3.1. Prototypimplementation rekursiver Datenmodelle

Im vorangegangenen Abschnitt ist dargestellt, wie eine erste Implementierung aller elementaren Generatoren, Selektoren und Operatoren eines rekursiven Datenmodells durch Abbildung auf herkömmliche relationale Konstrukte erfolgen kann (siehe auch [LaSc84]). Da aber alle komplexeren Operationen eines rekursiven Datenmodelles mit Hilfe der elementaren Operatoren definiert worden sind, können analog auch die zugehörigen Operationen eines relationalen Prototyps aus den Repräsentationen der elementaren rekursiven Sprachkonstrukte konstruiert werden.

Die zur Generierung eines solchen Prototyps für rekursive Datenmodelle notwendigen Transformationen zwischen den verschiedenen programmiersprachlichen Ebenen lassen sich durch die Verwendung bekannter Techniken aus dem Übersetzerbau weitgehend unterstützen. Damit kann durch Anwendung konventioneller Techniken des Übersetzerbaus ein Prototyp eines erweiterten Datenmodells auf der Basis eines existierenden Datenbankverwaltungssystems implementiert und so der Entwicklungsaufwand für eine erste Systemversion erheblich reduziert werden.

Der auf diese Weise entstehende Prototyp eines rekursiven Datenmodells hat entsprechend der Klassifizierung von [Floy84] einen 'experimentellen' Charakter. Wichtigste Funktion des Prototyps ist es dementsprechend, die Eignung eines rekursiven Datenmodells für nichtkonventionelle Aufgaben der Datenmodellierung zu untersuchen, bevor aufwendigere Implementierungen des entsprechenden Datenbankverwaltungssystems in Angriff genommen werden. Da der hier beschriebene Prototyp die elementaren Funktionen des Kerns eines rekursiven Datenmodells zwar vollständig, jedoch nicht im größtmöglichen Detail realisiert, kann er auch als 'horizontaler' Prototyp klassifiziert werden (- im Gegensatz zu 'vertikalen' Prototypen, die nur wenige Funktionen des angestrebten Gesamtsystems, diese aber in ihrer endgültigen Form enthalten).

Eine andere Funktion eines Prototyps liegt in der Möglichkeit, ihn als Ausgangspunkt für Änderungen und Verbesserungen anzusehen, die von vornherein nicht absehbare oder nicht auf einfache Weise realisierbare Anforderungen von Benutzerseite berücksichtigen. Eine derartige Verwendung einer Prototypimplementation hat einen 'evolutionären' Charakter im Sinne von [Floy84], d.h. das resultierende Prototypsystem läßt sich zur Herleitung einer effizienteren Implementation der zur Verfügung gestellten Benutzerschnittstelle verwenden und verbessern. Auf einige Aspekte der Umformung rekursiver in effizienter ausführbare iterative Sprachkonstrukte wird in Abschnitt 6.4 eingegangen.

6.3.2. Verwendung eines Uebersetzer erzeugenden Systems

Zur schnellen Generierung eines Prototyps des erweiterten Datenmodells soll also die Sprachschnittstelle eines rekursiven Datenmodells auf die eines existierenden relationalen Datenbankverwaltungssystems abgebildet werden. Solche Transformationen können durch die Verwendung eines Übersetzer erzeugenden Systems ('compiler writing system') weitgehend automatisiert werden. Das bei dieser Arbeit verwendete System stammt von Ward und Bochmann [WaBo75] und erzeugt einen in Pascal geschriebenen Übersetzer, der nach dem Prinzip des rekursiven Abstiegs arbeitet.

Als Eingabe für das Übersetzer erzeugende System dient eine Definition der Quellsprache mit Hilfe einer kontextfreien, reduzierten, attributierten LL(1)-Grammatik. Der erzeugte Compiler analysiert die Syntax eines Programms der Quellsprache in einem 'top-down' Verfahren, d.h. er überprüft, ob aus dem Startsymbol der Eingabegrammatik durch wiederholte Anwendungen von Linksableitungen das Eingabeprogramm ableitbar ist. Bei erfolgreicher syntaktischer Analyse wird unter Verwendung der in den 'semantischen Routinen' spezifizierten Semantik der Sprachkonstrukte der rekursiven Quellsprache ein Programm der relationalen Objektsprache generiert.

Als Objektsprache wird für die Prototypimplementation die Datenbankprogrammiersprache Pascal/R [Schm77], [ScMa80] verwendet. Damit kann das durch den erzeugten Compiler generierte Pascal/R-Programm in einem weiteren Übersetzungsschritt mittels des unveränderten Pascal/R-Compilers in ein auf der Maschine ausführbares Programm transformiert werden.

Bei der ersten Übersetzung eines rekursiven Anwendungsprogramms wird außerdem in einem eigenen Generierungsschritt aus den rekursiven Typdefinitionen eine zunächst leere Datenbank für die Repräsentation der rekursiven Komponentenwerte erzeugt. Auch dazu kann ein bereits existierendes Generierungsprogramm ('RDBGEN' [MaRe79]) des Datenbankverwaltungssystems von Pascal/R verwendet werden.

Das letztlich erzeugte, auf der Maschine lauffähige Anwendungsprogramm korrespondiert direkt mit der relationalen Datenbank, die die Repräsentationen der komplexen Objektwerte enthält. Damit können übersetzte rekursive Anwendungsprogramme mit ähnlicher Effizienz wie übersetzte relationale Programme ausgeführt werden.

Einen Überblick über den Zusammenhang der verschiedenen Systemkomponenten gibt die graphische Darstellung der Systemstruktur in Abbildung 5 (dabei bedeuten die

Abkürzungen 'CWS': compiler writing system, 'DBPL': database programming language (hier: Pascal/R), 'I/O': input-output interface und 'DB': database).

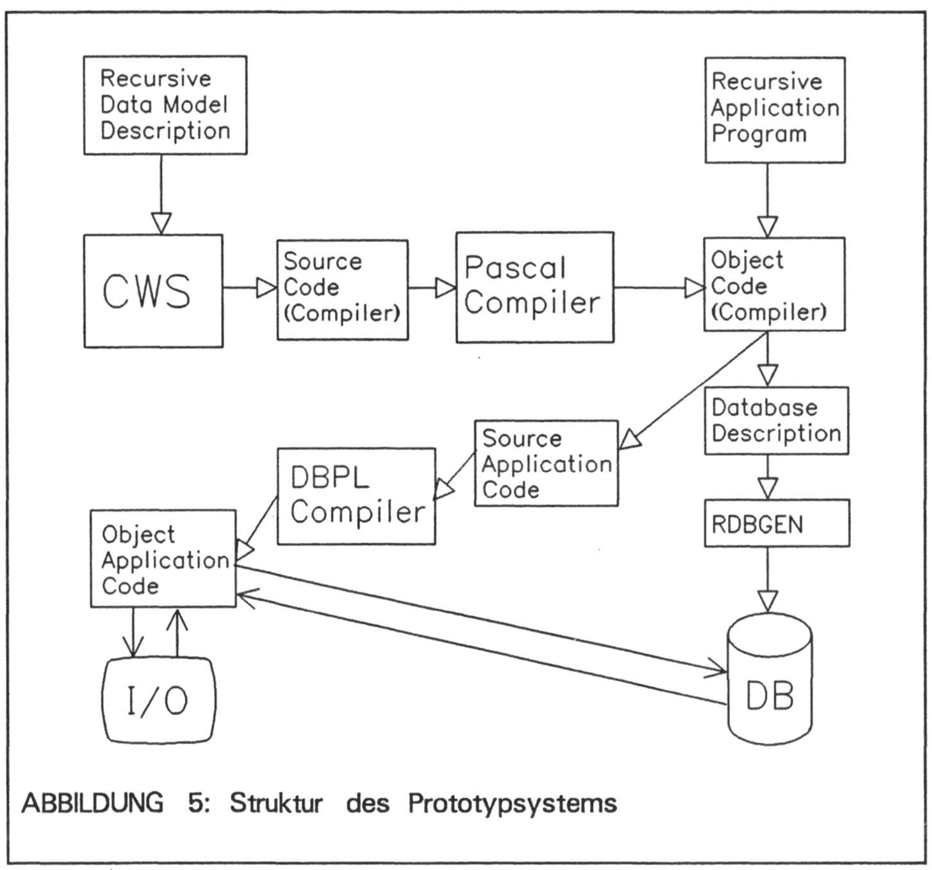

ABBILDUNG 5: Struktur des Prototypsystems

6.3.3. Definition der Quellsprache

6.3.3.1. Syntaxdefinition

Die Syntax der Quellsprache wird als Eingabe für das Übersetzer erzeugende System durch eine kontextfreie LL(1)-Grammatik beschrieben. Ausdrücke einer durch eine LL(1)-Grammatik erzeugten Sprache können deterministisch in einem 'top-down' Verfahren analysiert werden [Maye78]. Liegt einer Sprachdefinition eine LL(k)-Grammatik zu Grunde, so kann ein Ausdruck beim Lesen von links nach rechts

(Linksableitung) und einer Vorausschau von maximal k Zeichen erkannt und ein eindeutiger Ableitungsbaum erzeugt werden.

Die Klasse der LL(1)-Grammatiken stellt eine Untermenge der kontextfreien Grammatiken dar. Da die von LL(1)-Grammatiken erzeugten Sprachen besonders effizient analysiert werden können, werden sie als Eingabe für das verwendete Übersetzer erzeugende System verlangt. Also müssen syntaktische Sprachdefinitionen, die nicht den LL(1)-Bedingungen genügen, - falls möglich - vorher entsprechend umgeformt werden. Aus der Literatur (z.B. [Maye78] oder [AhU172]) sind die folgenden Aussagen zu derartigen Grammatiktransformationen bekannt: für eine beliebige Grammatik ist immer eindeutig entscheidbar, ob sie eine LL(1)-Grammatik ist oder nicht. Allerdings ist für eine beliebige Grammtik nicht in jedem Fall entscheidbar, ob es eine äquivalente LL(1)-Grammatik gibt, die dieselbe Sprache erkennt, oder nicht. Damit kann nicht jede Grammtik so transformiert werden, daß sie den LL(1)-Bedingungen genügt. Es gibt jedoch Verfahren, die vorgegebene Grammatiken so umformen, daß in vielen Fällen eine äquivalente LL(1)-Grammatik erreicht werden kann. Diese Umformung kann aber Einfluß auf die Struktur der Grammatik und die Anzahl ihrer Regeln haben. Transformationsverfahren, die die Struktur der Grammatik wenig beeinflussen, sind in der Literatur beschrieben (vgl. [Grie74], [LRS76] oder [Maye78]).

Zur hier dargestellten Generierung des Übersetzers für rekursive Programme wurde eine erste Grammatik einer rekursiven Sprache [Lame83d] durch Anwendung einiger (weniger) Transformationen in eine äquivalente LL(1)-Grammatik umgeformt. Um den Übersetzungsvorgang übersichtlich zu gestalten, wurde die Sprachdefinition auf rekursive Sprachkonstrukte beschränkt; allerdings ist die übersetzbare Syntax so definiert, daß sie sich leicht in eine Pascal-artige Programmierumgebung integrieren läßt. Die syntaktische Beschreibung des implementierten rekursiven Datenmodells in der LL(1)-Grammatik wird durch Verwendung regulärer Ausdrücke, die als Eingabe für das Übersetzer erzeugende System zugelassen sind, vereinfacht.

Beispiel 45 zeigt als Ausschnitt aus der Syntaxspezifikation der Sprache eines rekursiven Datenmodells die formale Beschreibung der rekursiven Typvereinbarungen eines rekursiven Anwendungsprogramms. Dabei sind jeweils Terminalsymbole in

Hochkommata (') eingeschlossen, Nichtterminalsymbole durch spitze Klammern ('<...>') kenntlich gemacht und linke und rechte Seite einer Regel durch '=' getrennt. 'IDENT' bezeichnet ein vordefiniertes Terminalsymbol für Bezeichner.

Beispiel 45: Sytaxdefinition eines rekursiven Datenmodells

```
 1    <Program>
       =   <Rcs_Program> EOF

 2    <Rcs_Program>
       =   <Program_Head> <Block> '.'

    . . .

 5    <Block>
       =   ... [ <Rcs_Type_Def_Part> | EMPTY ] ...

      . . .

16    <Rcs_Type_Def_Part>
       =  'RCSTYPE' <Rcs_Type_Def> ';' *[ <Rcs_Type_Def> ';' ]*

17    <Rcs_Type_Def>
       =   <Rcs_Type_Id> '=' <Rcs_Type>

18    <Rcs_Type_Id>
       =   IDENT

19    <Rcs_Type>
       =   <Struct_Gen_Def> *[ | <Struct_Gen_Def> ]*

20    <Struct_Gen_Def>
       =   <Struct_Gen_Id> <Fo_Par_List>

21    <Struct_Gen_Id>
       =   IDENT

22    <Fo_Par_List>
       =   ...

      . . .
```

Die vollständige Beschreibung der Syntax eines rekursiven Datenmodells, wie sie als Eingabe für das Übersetzer erzeugende System verwendet wurde, findet sich im Anhang 8.2.

6.3.3.2. Semantikdefinition

Die Semantik der Quellsprache wird bei der Eingabe in das Übersetzer erzeugende System im wesentlichen durch semantische Routinen beschrieben, die die Attribute einer 'attributierten' Eingabegrammatik berechnen. Attributierte Grammatiken sind reduzierte, kontextfreie Grammatiken, bei denen jedem Symbol der Grammatik jeweils eine Menge von 'aufsteigenden' ('synthesized') und 'absteigenden' ('inherited') Attributen zugeordnet sein kann. Lediglich das eindeutige Startsymbol hat keine absteigenden und die Terminalsymbole haben keine aufsteigenden Attribute. Aufsteigende Attribute (durch '^' bezeichnet) werden im Ableitungsbaum von unten (d.h. von den Terminalsymbolen aus) nach oben (d.h. zum Startsymbol) durchgereicht und berechnen etwa den 'Wert' eines Ausdrucks. Absteigende Attribute (durch '?' bezeichnet) werden entsprechend von oben nach unten weitergegeben und enthalten syntaktische Information, die bei der Berechnung der aufsteigenden Attributwerte benötigt wird. In den Prozeduren des erzeugten Compilers entsprechen jeweils aufsteigende Attribute als Variable übergebenen Parametern und absteigende Attribute als Wert übergebenen Parametern.

Die Attributwerte werden in semantischen Routinen berechnet, die in dem verwendeten Übersetzer erzeugenden System in Pascal geschrieben sind und entweder (in ':' und '$' eingeschlossen) auf die Grammatikregeln folgen oder auch global vereinbart werden können. Die Berechnung der auf- und absteigenden Attribute erfolgt jeweils bei Anwendung einer entsprechenden Regel bei der syntaktischen Analyse eines Ausdrucks der Eingabesprache.

Neben den Attributen der Grammatik können auch global vereinbarte Tabellen zur Unterstützung der semantischen Aktionen verwendet werden. Bei der beschriebenen Erzeugung eines Übersetzers für rekursive Programme wurden global vereinbarte (Symbol-) Tabellen insbesondere zur Beschreibung der rekursiv definierten Variablen, Datentypen und ihrer jeweiligen Komponenten (Strukturgeneratoren, Selektoren etc.) benutzt. Die vollständige, integrierte Beschreibung der syntaktischen und semantischen Spezifikation eines rekursiven Datenmodells (wie sie als Eingabe für die automatische Generierung eines Compilers durch das Übersetzer erzeugende System verwendet wurde) findet sich im Anhang von [Saun84].

6.3.4. Beschreibung der Sprachtransformation

6.3.4.1. Syntax und Semantik der Zielsprache

Die Datenbankprogrammiersprache Pascal/R [Schm77], [ScMa80], [LaSc80] basiert auf einer Erweiterung der Programmiersprache Pascal um Sprachkonstrukte des relationalen Datenmodells zur Datendefinition, -selektion und -manipulation. Das zugehörige Datenbankverwaltungssystem ist in Pascal implementiert und steht seit etwa 1978 zur Verfügung.

Zur *Datendefinition* wird in Pascal/R ein Datentyp 'Relation' eingeführt, der auf Mengen von Pascal-ähnlichen Records beruht und dabei bestimmte Kombinationen von Elementkomponenten als eindeutige Schlüssel einer Relation auszeichnet. Komponentenwerte verschiedener Relationenelemente sind nur dann (z.B. für Vergleichsoperationen) miteinander verträglich, wenn die zugehörigen Typen gleiche Namen haben ('nominelles' Typkonzept). Für jeden Relationentyp können verschiedene Relationenvariable deklariert werden. Eine Menge von Relationenvariablen bestimmt den Typ einer Datenbank, über dem dann eine Datenbankvariable deklariert werden kann.

Beispiel 46: Pascal/R-Datenbankdefinition

```
TYPE . . .
     RelationType_i = RELATION <comp_ii, ..., comp_ij> OF
                         RECORD comp_il : CompType_il;
                                . . .
                                comp_ik : CompType_ik
                         END;
     . . .
     DatabaseType   = DATABASE
                         Relation_1 : RelationType_1;
                         . . .
                         Relation_n : RelationType_n
                      END;
VAR  Database       : DatabaseType.
```

Der *Selektionsmechanismus* für einzelne Pascal/R-Relationenelemente bedient sich des Relationenschlüssels und selektiert jeweils eine Relationenelementvariable:

Beispiel 47: Selektion einzelner Relationenelemente

```
Relation_i [ key_val_ii, ..., key_val_ij ].
```

Mächtigere Selektionsmechanismen auf der Ebene von Mengen von Relationenelementen konstruieren relationale Ausdrücke, die durch prädikative Selektionskriterien erster Ordnung spezifiziert werden (relationenkalkülorientierte Anfragesprache):

Beispiel 48: Selektion von Elementmengen

```
[ EACH rec IN Relation_i : Pred (rec) ].
```

Die *Manipulationsoperationen* in Pascal/R umfassen eine erweiterte Zuweisungsoperation (:=) sowohl für Relationenelementvariable als auch für Relationenvariable. Spezielle Zuweisungsoperationen auf Relationenebene ermöglichen ein Einsetzen (:+) von Tupelmengen in Relationen sowie ein Löschen (:-) und Ändern (:&) von Teilmengen einer Relation.

Beispiel 49: Relationale Zuweisungsoperationen

```
Relation_i := [ ];
Relation_i :+ [ EACH rec IN ... : Pred (rec) ].
```

Die wichtigste Erweiterung der *Kontrollstrukturen* in Pascal/R besteht in einer Schleifenanweisung (FOR ...), die alle Elemente eines prädikativ selektierten relationalen Ausdrucks nacheinander durchläuft und dabei jeweils die nachfolgende Anweisung ausführt:

Beispiel 50: Pascal/R-Kontrollstruktur

```
FOR EACH rec IN Relation_i : Pred (rec) DO <Statement>.
```

6.3.4.2. Generierung des Objektprogramms

Aus der integrierten, d.h. syntaktischen und semantischen Beschreibung der Quellsprache sowie aus allen global vereinbarten Prozeduren, Konstanten- und Variablenvereinbarungen ('integrated description') generiert das Übersetzer erzeugende System zunächst einen Parser, dann die Prozeduren der lexikalischen Analyse und fügt schließlich alle Teile zu einem vollständigen Pascal-Programm zusammen. Als Eingabe erwartet der so erzeugte Übersetzer ein korrektes, rekursives Anwendungsprogramm, das sich aus den folgenden Komponenten zusammensetzt:

- *Typdefinitionen* für gewöhnliche *Pascal-Typen*, die als Komponenten rekursiv definierter Objekte auftreten,
- *Typdefinitionen* für *rekursive Datentypen* entsprechend der Beschreibung eines rekursiven Datenmodells in Kapitel 4,
- *Variablendeklarationen* für Variable rekursiver Typen,
- *Funktionsdefinitionen* für rekursive anwendungsorientierte Funktionen,
- *Selektordefinitionen* für rekursive anwendungsorientierte Komponentenselektoren und schließlich
- dem *Programmrumpf*, der eine Folge von Anweisungen enthält, die aus Strukturgeneratoren, elementaren Komponentenselektoren, charakteristischen Funktionen, anwendungsorientierten Funktionen, anwendungsorientierten Selektoren und Zuweisungsoperationen besteht.

Als Ausgabe erzeugt der Compiler zunächst ein vollständiges *Schema* einer relationalen Datenbank in Pascal/R-Syntax. Dazu gehören

- die Pascal-Typvereinbarungen,
- Element- und Relationentypen für alle notwendigen Struktur- und Wertrelationen - jeweils mit den entsprechenden Objektbezeichnern als Schlüsseln,
- Variablendeklarationen für alle Relationen der Datenbank sowie für Hilfsvariable aller Relationenelementtypen,

Aus diesem Pascal/R-Datenbankschema kann unter Verwendung des Hilfsprogramms 'RDBGEN' [MaRe79] des Pascal/R-Datenverwaltungssystems direkt eine leere Datenbank für die Repräsentation rekursiver Werte generiert werden.

Neben dem Datenbankschema erzeugt der Compiler eine Menge von *Hilfsfunktionen*, die zur Manipulation der Datenbank als (externe) Pascal-Prozeduren bereitgestellt werden. Dazu gehören:

- Hilfsfunktionen zur Erzeugung rekursiver Werte (Repräsentation der Strukturgeneratoren) einschließlich der Erzeugung neuer Objektbezeichner,
- Hilfsfunktionen zur Erzeugung von Kopien rekursiver Werte,
- Hilfsfunktionen zum Löschen rekursiver Werte (im Prototyp nicht realisiert).

Bei der Generierung der relationalen Repräsentation eines rekursiven *Anwendungsprogramms* wird zunächst die Kopfzeile eines Pascal/R-Programms erzeugt, das eine Variable der entsprechenden relationalen Datenbank und alle zugehörigen global vereinbarten Prozeduren importiert. Dann folgt die Generierung der für das Anwendungsprogramm spezifischen Funktionen, Selektoren und Anweisungen. Die zugehörige relationale Repräsentation umfaßt:

- (Pascal/R-) Funktionen zur Repräsentation anwendungsorientierter rekursiver Funktionen,
- (Pascal/R-) Funktionen zur Repräsentation anwendungsorientierter rekursiver Komponentenselektoren,
- Anweisungen zur Initialisierung der Hilfsvariablen,
- Anweisungen zur relationalen Repräsentation der rekursiven Anweisungen des Anwendungsprogramms.

6.3.4.3. Relationale Repräsentation eines Beispielprogramms

Im folgenden wird ein Beispiel für die relationale Repräsentation eines rekursiven Anwendungsprogramms gegeben. Die vorgestellte relationale Repräsentation beschreibt ein lauffähiges Pascal/R-Programm, das durch den automatisch erzeugten Compiler generiert wurde. (Lediglich einige Bezeichner wurden zur Verbesserung der Lesbarkeit für das Beispiel geändert.) Als Eingabe für den Compiler wird von dem rekursiven Beispielprogramm aus Abschnitt 4.3.4 ausgegangen.

Zunächst wird ein Ausschnitt des erzeugten relationalen *Datenbankschemas* vorgestellt. Er beschränkt sich im wesentlichen auf die Repräsentation des rekursiv definierten Typs 'ObjectType':

Beispiel 51: Relationales Datenbankschema

```
TYPE

    String              = PACKED ARRAY [1..10] OF CHAR;
    IdType              = INTEGER;

    ObjectVrecType      = RECORD
                            id    : IdType;
                            name  : String;
                            comps : IdType;
                          END;

    ObjectVrelType      = RELATION <id> OF ObjectVrecType;

    ObjectTypeGenType   = (Object);

    ObjectTypeSrecType  = RECORD
                            id    : IdType;
                            gen   : ObjectTypeGenType;
                          END;

    ObjectTypeSrelType  = RELATION <id> OF ObjectSrecType;

    . . .

    RcsDbType           = DATABASE
                            ObjectType-srel : ObjectTypeSrelType;
                            Object-vrel     : ObjectVrelType;
                            . . .
                          END;

VAR

    ObjectType-srec     : ObjectTypeSrecType;
    Object-vrec         : ObjectVrecType;
    . . .
    Rcs-db              : RcsDbType.
```

Die globalen *Hilfsfunktionen* zur Manipulation von Datenobjekten des Typs 'ObjectType' dienen der Generierung neuer, durch den Strukturgenerator 'Object' erzeugter Werte ('Object-eval') und der Generierung von Kopien eines gegebenen Wertes vom Typ 'ObjectType' ('ObjectType-copy'). Beide Prozeduren verwenden die hier nicht näher beschriebene, einfache Hilfsprozedur 'new-id', die neue Objektbezeichner generiert und als Wert abliefert.

Beispiel 52: Hilfsfunktionen

```
FUNCTION Object-eval (name: String, comps: IdType) : IdType;

     VAR
        new_id : IdType;

     BEGIN
        new_id := new-id;

        ObjectType-srec.id  := new_id;
        ObjectType-srec.gen := Object;
        ObjectType-srel     :+ [ ObjectType-srec ];

        Object-vrec.id      := new_id;
        Object-vrec.name    := name;
        Object-vrec.comps   := comps;
        Object-vrel         :+ [ Object-vrec ];

        Object-eval         := new_id;
     END;



FUNCTION ObjectType-copy (object_var: IdType) : IdType;

     VAR
        new_id      : IdType;
        Object-vrec : ObjectVrecType;

     BEGIN
        new_id : new-id;

        ObjectType-srec     := ObjectType-srel [ object_var ];
        ObjectType-srec.id  := new_id;
        ObjectType-srel     :+ [ ObjectType-srec ];

        CASE ObjectType-srel [ object_var ].gen OF
           Object : BEGIN
                       Object-vrec    := Object-vrel [ object_var ];
                       Object-vrec.id := new_id;
                       IF Object-vrec.comps <> 0
                          THEN Object-vrec.comps :=
                               AsmblType-copy ( Object-vrec.comps );
                          Object-vrel :+ [ Object-vrec ];
                    END;
        END;
        ObjectType-copy := new_id;
     END.
```

Die relationale Repräsentation des rekursiven *Anwendungsprogramms* beschreibt zunächst die anwendungsspezifischen Funktionen und Selektoren durch die folgenden Pascal/R-Funktionen:

Beispiel 53: Anwendungsspezifische Funktionen und Selektoren

```
FUNCTION Last_part-fct (asmbl: IdType) : IdType;

     BEGIN

        IF AsmblType-srel [ asmbl ].gen = Empty
           THEN <* EXCEPTION *>;

        IF AsmblType-srel [ asmbl ].gen = Single_part
           THEN Last_part-fct := Single_part-vrel [ asmbl ].s_part;

        IF AsmblType-srel [ asmbl ].gen = Asmbl_part
           THEN Last_part-fct := Asmbl_part-vrel [ asmbl ].a_part;

     END;



FUNCTION First_part-sel (asmbl: IdType) : IdType;

     BEGIN

        IF AsmblType-srel [ asmbl ].gen = Empty
           THEN <* EXCEPTION *>;

        IF AsmblType-srel [ asmbl ].gen = Single_part;
           THEN First_part-sel := Single_part-vrel [ asmbl ].s_part;

        IF AsmblType-srel [ asmbl ].gen = Asmbl_part
           THEN First_part-sel :=
                      First_part-sel (Asmbl_part-vrel [ asmbl ].asmbl);

     END.
```

Schließlich werden die Anweisungen des rekursiven *Anwendungsprogramms* des Beispiels in relationale Operationen der Pascal/R-Datenbanksprache übersetzt:

Beispiel 54: Relationales Programm

```
PROGRAM Rcs_example (Rcs_db);

     TYPE
        . . .

     VAR
        . . .
        Rcs_db : RcsDbType;
        part_1,  part_2,  part_3  : IdType;
        asmbl_1, asmbl_2, asmbl_3 : IdType;
        object : IdType;

     BEGIN

        part_1  := 0; part_2  := 0; part_3  := 0;
        asmbl_1 := 0; asmbl_2 := 0; asmbl_3 := 0;
        object  := 0;
```

```
        part_1  := Part-eval ('p_1', 'd_1', Empty-eval);
        part_2  := Part-eval ('p_2', 'd_2', Empty-eval);
        part_3  := Part-eval ('p_3', 'd_3', Empty-eval);

        asmbl_1 := Single_part-eval (PartType-copy (part_1));
        asmbl_2 := Asmbl_part-eval (AsmblType-copy (asmbl_1),
                                    PartType-copy (part_2));
        asmbl_3 := Asmbl_part-eval (AsmblType-copy (asmbl_2),
                                    PartType-copy (part_3));

        object  := Object-eval ('o_1', AsmblType-copy (asmbl_3));

        Object-vrel [ object ].comps  :=
                   Asmbl_part-eval (AsmblType-copy (Object-vrel
                   [object].comps),  PartType-copy (part_1));

        part_2  := Last_part-fct ( Object-vrel [object].comps );

        Object-vrel [ First_part-sel ( Object-vrel [object].comps ) ] :=
                   Part-eval ('p_4', 'd_4', Empty-eval);

    END.
```

Die Funktion 'Empty-eval' erzeugt einen Bezeichner für ein 'leeres' rekursives Objekt (hier '0'). Vereinfachend verwendet die Prototypimplementation nur einen gemeinsamen Bezeichnertyp für alle verschiedenen rekursiven Objekttypen. Eine effizientere Objektverwaltung könnte die Bezeichner für Objekte verschiedenen Typs getrennt behandeln.

Eine vollständige Darstellung einer durch den automatisch erzeugten Compiler generierten relationalen Repräsentation des Beispielprogramms aus 4.3.4 findet sich im Anhang zu [Saun84].

6.4. EFFIZIENTE IMPLEMENTIERUNG REKURSIVER STRUKTUREN

Rekursive Sprachkonstrukte eignen sich gut zur Beschreibung komplexer, hierarchischer Objektstrukturen und zur Modellierung der darauf anwendbaren Operationen. Die Ausführung rekursiver Funktionen über relational implementierten Objekten ist dagegen aufwendig, d.h. rechenzeit- und speicherintensiv.

Zur Steigerung der Effizienz derartiger Implementationen bieten sich verschiedene Strategien als Alternativen an: zunächst ist es in vielen Fällen sinnvoll zu versuchen, ***rekursiv*** definierte Strukturen schrittweise auf effizienter ausführbare *iterative* Sprachkonstrukte abzubilden. Ein derartiger Ansatz ist in Abschnitt 6.4.1 näher beschrieben. Effiziente Implementierungsstrategien für Fälle, in denen rekursive Funktionen zur Berechnung der *transitiven Huelle* von binären Relationen verwendet werden, sind in der Literatur vorgeschlagen. Dort wird zum Beispiel die direkte Implementation von Fixpunktoperationen entweder durch Erweiterungen des relationalen Datenmodells [AhUl79] oder durch eine prädikatenlogische Implementierungssprache [ChHa82] diskutiert. Auf zwei derartige Ansätze wird in Abschnitt 6.4.2 eingegangen.

Schließlich ist es auch möglich, den zu Beginn dieses Kapitels eingeschlagenen Weg weiter zu verfolgen und rekursive Sprachkonstrukte als weitergehende Verallgemeinerung einer relationalen Benutzerschnittstelle zu verstehen, die mit Hilfe herkömmlicher Übersetzertechniken auf effizient ausführbare relationale Repräsentationen nach Art des 'Surrogate'-Modells abgebildet werden kann. Dieser Ansatz ist in Abschnitt 6.4.3 beschrieben.

6.4.1. Umformung rekursiver Sprachkonstrukte in iterative

Techniken zur Umformung rekursiver Sprachkonstrukte in effizienter ausführbare iterative Formulierungen (Derekursivikation) sind u.a. von Broy [Broy80], Henschen und Naqvi [NaHe83], [HeNa84] und Bayer [Baye85] vorgeschlagen worden. Broy etwa demonstriert am Beispiel der Entwicklung von Programmen zur Textverarbeitung, wie aus einer rekursiv formulierten, 'abstrakten Problemspezifikation' nach Art von [BaWö80] eine effizient implementierbare, iterative Formulierung abgeleitet werden kann.

Übertragen auf das Beispiel einer anwendungsorientierten Funktion des erweiterten rekursiven Datenmodells kann dann die rekursiv definierte Funktion 'word_length' über dem in Abschnitt 4.2.4 angegebenen Datentyp 'WordType' wie folgt in eine entsprechende iterative Formulierung umgeformt werden (Beispiel 55). Ausgegangen wird von der rekursiven Funktion:

Beispiel 55: Umformung rekursiver Funktionen in iterative

(1) Rekursive Formulierung:

```
FUNCTION word_length (w: WordType) : INTEGER;
     BEGIN
        IF is-Single_char (w)
           THEN RETURN 1
           ELSE RETURN (1 + word_length (w [word]))
     END.
```

Im ersten Schritt der Umformung wird die rekursive Funktion um einen Hilfsparameter 'i' erweitert, der als Zähler für die repetitive Wiederholung der Aufrufe der (noch) rekursiven Funktion dient:

(2) 'Einbettung', d.h. Erweiterung um Hilfsparameter:

```
FUNCTION word_length (w: WordType) : INTEGER;
     BEGIN RETURN word_length' (1, w) END;

FUNCTION word_length' (i: INTEGER; w: WordType) : INTEGER;
     BEGIN
        IF is-Single_char (w)
           THEN RETURN i
           ELSE RETURN word_length' (i+1, w [word] )
     END.
```

Im zweiten Schritt der Umformung wird dann die repetitive in eine iterative Formulierung transformiert, indem das Wort 'w' in jedem Iterationsschritt um einen Buchstaben verkürzt und dabei der Zähler jeweils um eins erhöht wird:

(3) Überführen der repetitiven in eine iterative Form:

```
FUNCTION word_length" (w: WordType) : INTEGER;
     VAR   i: INTEGER; w': WordType;
     BEGIN
           i := 1; w' := w;
           WHILE NOT is-Single_char (w') DO
              i := i+1;
              w' := w' [word]
           END;
           RETURN i
     END.
```

Beispiel 55 zeigt, daß nicht nur rekursive Objektdarstellungen und die entsprechenden Operationen auf solchen Objekten automatisch in eine relationale Implementation umgeformt werden können. Auch rekursiv definierte, anwendungsabhängige Funktionen und Selektoren lassen sich in effizient ausführbare iterative Formulierungen transformieren. Bei Anwendung dieser - sowie etwa der in Abschnitt 6.2.3 angesprochenen zusätzlichen - Techniken zur Steigerung der Effizienz von Anfrageauswertungen - bekommt der 'evolutionäre' Prototyp eines rekursiven Datenmodells bereits eine Form, die sich als Ausgangspunkt für effizientere Implementationen verstehen läßt.

6.4.2. Direkte Implementierung von Fixpunktoperationen

Sprachkonstrukte eines erweiterten relationalen Datenmodells zur Implementierung von Fixpunktoperationen schlagen beispielsweise Aho und Ullman in [AhU179] vor. (Andere Erweiterungen relationaler Anfragesprachen zur Berechnung der transitiven Hülle finden sich etwa bezüglich INGRES [RTI83] in [GuSt82] oder bezüglich QBE [Zloo77] in [Zloo76].) Kern derartiger Erweiterungen sind Operationen, die Beschreibungen des kleinstmöglichen Fixpunktes von Gleichungssystemen erlauben - wie zum Beispiel bei der Selektion von "allen Komponenten und Subkomponenten eines gegebenen komplexen Objektes" ('parts explosion' Problem) oder bei Berechnungen der transitiven Hülle von Ordnungsrelationen im allgemeinen. Derartige Operationen lassen sich mit den Mitteln traditioneller, relational vollständiger Sprachen nicht direkt als Anfragen formulieren (vgl. [Maie83]).

Zur Implementierung von Fixpunktoperationen im Rahmen einer relationalen Datenbankprogrammiersprache schlagen Aho und Ulman die Erweiterung der Anfragesprache um eine speziell interpretierte, iterative Kontrollstruktur vor. Im folgenden sei an einem Beispiel erläutert, wie die Berechnung der transitiven Hülle zunächst rekursiv formuliert und dann mit den Mitteln einer derartig erweiterten, relationalen Sprache implementiert werden kann.

Auch ein rekursives Datenmodell ermöglicht die Spezifikation der transitiven Hülle einer als komplexes Objekt dargestellten binären Relation. Zum Beispiel beschreibt ein in Abschnitt 4.2.4 rekursiv definiertes Objekt vom Typ 'WordType' eine Ordnungsrelation zwischen den jeweils benachbarten Buchstaben eines Wortes. Die transitive Hülle dieser Relation berechnet die in Beispiel 56 definierte rekursive

Funktion 'precedes', die die Menge von Buchstabenpaaren erzeugt, die in beliebigem Abstand nacheinander in einem Wort vorkommen:

Beispiel 56: Rekursive Berechnung der transitiven Huelle

```
precedes (w: WordType) : SET OF (CHAR, CHAR);
     BEGIN
        (is-Single_char (w) ---> { },
         is-Append_char (w) ---> first (w [word], w [a_char])
                               u precedes (w [word]))
     END;

first (w: WordType, c: CHAR) : SET OF (CHAR, CHAR);
     BEGIN
        (is-Single_char (w) ---> { (w [s_char], c) },
         is-Append_char (w) ---> { (w [a_char], c) }
                                 u first (w [word], c))
     END.
```

Wie in [AhUl79] dargestellt, läßt sich die transitive Hülle einer binären Relation 'R_0' auch als kleinster Fixpunkt der definierenden Gleichung

R = R * R_0 u R_0   (oder: R = f (R))

beschreiben (wobei '*' einen 'join' zwischen dem jeweils zweiten und ersten Attribut zweier binärer Relationen mit anschließender Projektion auf die beiden übrigen Attribute bedeutet). Im allgemeinen läßt sich jedoch die Existenz einer Lösung dieser Gleichung nur bei geeigneter Wahl der (monotonen) Funktion 'f' garantieren. In diesem Fall kann dann die Spezifikation des Fixpunktes auch ***prozedural*** und ***induktiv*** durch die folgende 'while'-Schleife erfolgen:

```
R  :=  R_0;
DO  R'  :=  R;
    R   :=  R  u  f (R)
WHILE ( R' ≠ R ).
```

Die auf diese Weise spezifizierte Fixpunktoperation kann schließlich mit Hilfe der Kontrollanweisung

FOR t IN R DO <Statement>

implementiert werden, wenn diese wie folgt interpretiert wird: zunächst wird eine Variable 't' über dem Wertebereich der Relation 'R' an deren aktuellen Wert gebunden und für jedes Element von 'R' das '<Statement>' parallel ausgeführt. Anschließend wird die Schleife für alle während der Ausführung des '<Statement>' der Relation 'R' hinzugefügten Tupel wiederholt (usw. rekursiv fortgesetzt). Damit läßt sich die induktive Formulierung der Berechnung einer transitiven Hülle 'TC' im obigen Beispiel wie folgt implementieren:

```
TC := <* alle direkten Nachfolgebeziehungen zwischen
         jeweils benachbarten Buchstaben eines Wortes *>;

FOR t_1 IN TC DO
    FOR t_2 IN TC DO
      <* für je zwei Paare 't_1 = (a,b)' und 't_2 = (b,c)'
         in TC setze das Paar '(a,c)' neu in TC ein *>.
```

Nach [AhUl79] kann jede wie oben induktiv spezifizierte Fixpunktoperation mit solchen Sprachmitteln implementiert und auch optimiert ausgeführt werden. Die Implementation der Berechnung einer transitiven Hülle von binären Relationen kann also als Ausgangspunkt für effiziente Codierungen von speziellen, rekursiv spezifizierten Operationen verwendet werden.

Eine andere Möglichkeit der Implementation von Fixpunktoperationen ergibt sich, wenn ein Prozessor für eine *logische* Programmierschnittstelle zur Verfügung steht. Dann kann etwa die Berechnung der transitiven Hülle des genannten Beispiels auch durch die folgenden Horn-Klauseln auf direkte Weise rekursiv codiert werden:

Beispiel 57: Praedikatenlogische Berechnung der transitiven Huelle

```
precedes (c, c', w)  ←  is-Append_char (w),
                        c' = w [a_char],  in (c, w [word])

precedes (c, c', w)  ←  is-Append_char (w),
                        precedes (c, c', w [word])

in (c, w)  ←  is-Single_char (w),  c = w [s_char]
in (c, w)  ←  is-Append_char (w),  c = w [a_char]
in (c, w)  ←  is-Append_char (w),  in (c, w [word]).
```

In [ChHa82] wird gezeigt, daß die Menge der um Negationen erweiterten Anfragen einer logischen Programmiersprache genau der Menge aller Anfragen erster Ordnung entspricht, die unter Fixpunktoperationen abgeschlossen sind. Damit lassen sich auch alle entsprechenden rekursiv spezifizierten Operationen mit den Mitteln einer derartigen logischen Programmierschnittstelle formulieren.

6.4.3. Verwendung von Erweiterungen des relationalen Modells

Die Repräsentation komplexer, rekursiv definierter Datenobjekte durch Mengen von Tupeln in verschiedenen Relationen erinnert an die in Abschnitt 3.3.2 beschriebene Erweiterung des relationalen Datenmodells zum 'Surrogate'-Modell von Lorie et al.. Auf ähnliche Weise wird in beiden Ansätzen der Zusammenhang der Tupel unterschiedlicher Relationen, die gemeinsam einen komplexen Wert implementieren, über vom System verwaltete Bezeichner (Schlüssel, 'surrogates') hergestellt. Damit wird ein komplexes Objekt immer durch eine Menge von Tupeln beschrieben, die durch logische Zeiger miteinander verbunden sind. Jedes dieser Tupel enthält sowohl die Datenfelder der Komponentenwerte als auch zusätzliche Felder für die Werte der Referenzen. Die Referenzen, die die logische Struktur der Objektzusammenhänge modellieren, werden in beiden Ansätzen vom System verwaltet und automatisch auf Einhaltung aller strukturellen semantischen Integritätsbedingungen überprüft. Allerdings sind die Referenzen in der relationalen Repräsentation rekursiver Modelle als logische Datenwerte, im 'Surrogate'-Modell dagegen als direkte Tupelbezeichner realisiert.

Der Ansatz des 'Surrogate'-Modells legt besonders großen Wert auf die effiziente Implementierbarkeit der Operationen auf komplexen Objekten. Das Typkonzept des relationalen Datenmodells wird dazu um Wertebereiche für identifizierende Attributwerte erweitert (*domain extension*). Es werden sowohl Referenzen auf die jeweils übergeordneten Datenobjekte in den Tupeln der abhängigen Komponentenwerte abgespeichert als auch Referenzen auf die jeweils erste Komponente eines Komponententyps in allen übergeordneten Objekten. Zusätzlich werden alle abhängigen Komponentenwerte einer Schachtelungsebene für einen gegebenen Komponententyp untereinander verkettet.

Die beiden genannten Datenmodelle unterscheiden sich bezüglich der angebotenen Sprachschnittstelle vor allem bei der Definition und Manipulation komplexer Objektstrukturen: während im 'Surrogate'-Modell die die Objekte repräsentierenden Relationen mit den Referenzbeziehungen aller Objektkomponenten explizit konstruiert und verwaltet werden müssen, können in einem rekursiven Modell komplexe Objektstrukturen direkt definiert und manipuliert werden. Rekursive Datenmodelle erweitern das Typkonzept der Sprachschnittstelle des Datenmodells (*type extension*) und gewinnen dadurch erheblich an Ausdruckskraft ihrer semantischen Beschreibungsmittel.

Die Implementation einer rekursiven Sprache auf der Basis einer relationalen Repräsentation ähnlich der des 'Surrogate'-Modells kann somit die Vorzüge beider Ansätze miteinander vereinen: das rekursive Modell stellt auf Benutzerebene eine - verglichen mit allen anderen in Abschnitt 3.3 erwähnten Datenmodellerweiterungen - hochsprachliche Sprachschnittstelle zur Verfügung, die sich mit automatischer Unterstützung durch eine effizient ausführbare Implementation realisieren läßt.

7. AUSBLICK

Der Ausblick auf zukünftige Arbeiten im Zusammenhang mit dem Vorschlag erweiterter, rekursiver Datenmodelle läßt sich in drei unterschiedliche Bereiche unterteilen: die Ergänzung der auf den Konzepten eines rekursiven Datenmodells beruhenden Datenbanksprache, die vollständige und mehr auf Effizienz bedachte Implementierung der zugehörigen Sprachkonstrukte und letzlich die Erweiterung, die durch die Verwendung von erweiterten Datenmodellen in neuartigen Anwendungsbereichen wie beispielsweise CAD oder Büroinformationssysteme nahegelegt wird.

7.1. ERWEITERUNGEN REKURSIVER DATENMODELLE

Die in Kapitel 4 vorgestellte Datenbanksprache für rekursive Datenmodelle enthält im wesentlichen Konstrukte zur Definition, Selektion und Manipulation von komplexen Datenobjekten und einzelnen Objektkomponenten. Erweiterungen der Datenbanksprache könnten zunächst einmal mächtigere Operatoren zur Komponentenselektion und -manipulation auf der Basis ausgewählter Mengen von Objektkomponenten umfassen. Derartige Sprachkonstrukte gestatten es, analog zu Anfragesprachen beliebige, prädikativ bestimmte Komponentenmengen zu identifizieren und ohne Rückgriff auf die Kontrollstrukturen einer programmiersprachlichen Umgebung direkt zu manipulieren.

Bei der zentralen Speicherung und Verwaltung sehr großer, komplex strukturierter Datenobjekte (etwa des CAD) sollte es möglich sein, mit Hilfe geeigneter Strategien der Parallelitätskontrolle den gleichzeitigen Zugriff mehrerer Benutzer auf (Teil-) Objekte zu erlauben, ohne daß es dabei zu den aus dem Datenbankbereich bekannten Schreib-/Lesekonflikten kommt. Sprachliche Ausdrucksformen könnten beispielsweise die Übertragung von (Teil-) Objekten von einer global für alle in eine nur lokal für spezielle Benutzer zugängliche Umgebung - und zurück - spezifizieren. Geeignete hierarchische Sperrstrategien (vgl. [GLP75], [BaSc77], [SiKe78], [Ullm82]) gestatten es, die Koordination der entsprechenden Benutzeranforderungen in einer für hierarchische Objektstrukturen geeigneten Weise zu implementieren.

Weiterhin sind die hier vorgeschlagenen Konstrukte einer auf einem rekursiven Datenmodell beruhenden (Datenbank-) Sprache in die Umgebung einer geeigneten Programmiersprache zu integrieren, um auch die algorithmischen Aspekte einer Problemspezifikation in einer einheitlichen Form beschreiben zu können. Voraussetzung für die Sprachumgebung ist dabei, daß sie es gestattet, rekursive Funktions- oder Selektionsabstraktionen auch mit entsprechend mächtigen Sprachmitteln zu unterstützen. In der vorliegenden Arbeit wird implizit von einer imperativen, Pascal oder Modula-2 ähnlichen Programmiersprachumgebung ausgegangen. Zu untersuchen wäre, inwieweit sich auch andere Sprachformen - zum Beispiel logische oder funktionale - zur Einbettung der Konzepte rekursiver Datenmodelle eignen.

Eine Interpretationsmöglichkeit für die Typdefinitionen rekursiver Daten als Nichtterminalsymbole einer kontextfreien Grammatik wird in [Linn84] beschrieben. Eine aus dieser Interpretation gewonnene kontextfreie Grammatik läßt sich um terminale Trennsymbole ergänzen, die die Grenzen zwischen Komponenten rekursiv definierter Objekte in einer linearen Notation festlegen. Damit läßt sich aus den so erweiterten rekursiven Typdefinitionen automatisch ein Parser erzeugen, der komplexe Objektstrukturen in der linearen Notation ihrer Struktur nach erkennt und entsprechend die zugehörigen komplexen Datenobjekte daraus generiert. Eine derartige Erweiterung des Datenmodells könnte zum Beispiel das 'Einlesen' rekursiv definierter Textstrukturen (d.h. das Erzeugen der entsprechenden komplexen Datenobjekte aus einer als Eingabe vorgegebenen Zeichenfolge) automatisch unterstützen.

7.2. IMPLEMENTIERUNG REKURSIVER STRUKTUREN

Die in Kapitel 6 vorgestellte Prototypimplementation des Kerns eines rekursiven Datenmodells ist noch in verschiedener Hinsicht erweiterungsfähig: Zunächst könnte das implementierte Datenmodell zu einem vollständigen Datenbankmodell erweitert, d.h. um Konstrukte zur Speicherung und Verwaltung großer Mengen von Datenobjekten ergänzt werden, die über eine Datenbanksitzung hinaus überleben. Die Verwendung der in Kapitel 5 eingeführten abstrakten Objekttypen sollte durch eine relationale Implementation auch direkt unterstützt werden können. Schließlich wären die Sprachmittel zur Unterstützung der Kommunikation zwischen kooperierenden Prozessen einer verteilten Systemumgebung durch Abbildung auf geeignete Funktionen einer entsprechenden Laufzeitunterstützung zu implementieren. Dies wäre jedoch schon nicht mehr allein mit den Mitteln des verwendeten, zentralen relationalen Datenbankverwaltungssystems möglich.

Die realisierte Prototypimplementation stellt eine zusätzliche, hochsprachlich Benutzerschnittstelle für ein vorgegebenes relationales Datenbankverwaltungssystem dar. Statt - wie in dieser Arbeit beschrieben - auf einem traditionellen relationalen System aufzusetzen, könnte eine solche Benutzerschnittstelle auch auf der Basis anderer, erweiterter, 'nichtkonventioneller' Datenbanksysteme implementiert werden. Eine derartig erweiterte Schnittstelle stellt beispielsweise die Implementation des NF2-Datenmodells am Wissenschaftlichen Zentrum der IBM in Heidelberg zur Verfügung (vgl. [ScPi82]). Die Abbildung hierarchisch strukturierter Objektstrukturen auf ineinander geschachtelte Relationen wäre einfacher als die auf 'flache' Relationenelemente zu realisieren. Allerdings müßte dazu die bisherige Beschränkung der NF2-Strukturen auf eine fest vorgegebene maximale Schachtelungstiefe durch geeignete Erweiterungen des NF2-Modells aufgehoben werden können.

Eine Verbesserung der bisherigen Prototypimplementation auf der Basis von Pascal/R könnte Erweiterungen der verwendeten relationalen Datenbanksprache Pascal/R zur 'Datenbankprogrammiersprache' (DBPL) ausnutzen [SRMK83]: komplexe, rekursiv definierte Datenobjekte ließen sich in der DBPL durch spezielle, eventuell mehrstufige 'Selektoren' für die Elemente der Relationen implementieren, die die komplexen Objektwerte repräsentieren. Für derartige Selektoren könnte dann der Zugriff auf die Relationenelemente durch spezielle Indexstrukturen eigens unterstützt werden.

Schließlich kann eine direkte, aufwendige aber mehr Effizienzaspekten Rechnung tragende Implementation rekursiver Datenmodelle in Angriff genommen werden. Beispielsweise beschreibt Madhavji in [Madh84], wie sich höhere, dynamische Datenstrukturen (wie Listen, Bäume etc.) mit zugehörigen Operationen als Abstraktionen bestimmter Klassen von effizient realisierbaren Zeigerstrukturen beschreiben lassen. Die direkte Implementation der Konstrukte rekursiver Datenmodelle sollte dabei auf Erfahrungen mit vorherigen Prototypimplementationen und Techniken zur effizienten Implementation rekursiver Sprachkonstrukte aufbauen, wie sie etwa in Abschnitt 6.4 näher beschrieben sind.

7.3. VERWENDUNG REKURSIVER DATENMODELLE

Ein Bedarf für die Anwendung rekursiv erweiterter Datenmodelle besteht besonders im Bereich der CAD-Systeme sowie in der Büromodellierung. Vor allem für Anwendungen des CAD wäre zu überlegen, ob nicht das bisher zugrunde gelegte Konzept der 'Kopiesemantik' für die Komponenten rekursiv definierter Datenobjekte in bestimmten Fällen durch eine 'Referenzsemantik' für Objektkomponenten ergänzt werden könnte. Möglicherweise sollen etwa bestimmte Objektkomponenten als gemeinsame Teile verschiedener Objekte der wahrgenommenen Realität modelliert werden. Das kann zum Beispiel auch für Anwendungen interessant sein, in denen verschiedene Sichtweisen einzelner Objekte durch unterschiedliche rekursive Datenobjekte mit gemeinsamen Komponenten beschrieben sind (z.B. Komponentenhierarchien, Funktionshierarchien oder Lokationshierarchien von gemeinsamen CAD-Objekten). Allerdings führt dann die freie Verwendung von Manipulationsoperationen auf Datenobjekten mit referentiellen Komponenten zu Problemen der Datenintegrität (Zyklen !) und muß daher für diesen Fall geeignet eingeschränkt werden.

Bei der Verwendung rekursiv erweiterter Datenmodelle im Bereich von Büroinformationssystemen sind insbesondere die Modellierung und die Realisierung der Kommunikationsaspekte von Interesse für weitere Arbeiten. Die Modellierung elementarer Sprachkonstrukte der Daten- und Prozeßkommunikation wurde in Kapitel 6 auf der Basis kommunizierender sequentieller Prozesse vorgeschlagen. Andere Modellierungsweisen zur Spezifikation des Nachrichtenaustausches und der Koordination sequentieller und nebenläufiger Aktivitäten sind aus der Literatur als mögliche Alternativen bekannt (z.B. applikative [FoBj80], Beschreibungen durch Netze [Rich83], 'Path Expressions' [CaHa74], [RTZ84] oder auch implizite durch Verwendung prädikatenlogischer Ausdrucksformen [Günt84]).

Für die Realisierung der semantischen Primitive zum Nachrichtenaustausch zwischen verschiedenen Arbeitsstationen einer verteilten Büroumgebung bieten sich die Kommunikationsdienste höherer Ebenen der Schichtenarchitektur an, die die ISO als Referenzmodell für die Verbindung offener Systeme vorgeschlagen hat [ISO80], [Tane81]. Spezielle Dienste der 'Anwendungsebene' 7 des Referenzmodells - wie etwa der des Botschaften- oder der des Dokumentenaustausches - könnten dabei als Komponenten eines integrierten Kommunikationssystems direkt verwendet werden. Weitergehende Kommunikationsdienste wären als zusätzliche Bestandteile der Anwendungsebene für die speziellen Erfordernisse von verteilten Büroinformationssystemen noch zu entwickeln und auf der Basis niedrigerer Ebenen des Schichtenmodells zu realisieren.

8. ANHANG

8.1. FORMALE SEMANTIK EINES REKURSIVEN DATENMODELLS

SEMANTISCHE DOMÄNEN (GLOBALER ZUSTAND)

```
RCS_TYPE_SCHEME   :: RCS_TYPE_DEFS TYPE_DEFS RCS_VAR_DCLS RCS_VARS   (1)

RCS_TYPE_DEFS     =  (RCS_TYPE_ID ---> RCS_TYPE_DEF)                  (2)
RCS_TYPE_DEF      =  (STR_GEN_ID ---> STR_GEN_DEF)                    (3)
STR_GEN_DEF       =  (COMP_ID ---> COMP_TYPE_ID)                      (4)
COMP_TYPE_ID      =   RCS_TYPE_ID  |  TYPE_ID                         (5)

TYPE_DEFS         =  (TYPE_ID ---> VAL-Set)                           (6)

RCS_VAR_DCLS      =  (RCS_VAR_ID ---> RCS_TYPE_ID)                    (7)

RCS_VARS          =  (RCS_VAR_ID ---> RCS_VAL)                        (8)
RCS_VAL           ::  STR_GEN_ID  COMPONENTS                          (9)
COMPONENTS        =  (COMP_ID ---> COMP_VAL)                         (10)
COMP_VAL          =   RCS_VAL  |  VAL
VAL               =   . . .

RCS_TYPE_ID, STR_GEN_ID, COMP_ID,                                    (11)
COMP_TYPE_ID, RCS_VAR_ID,             =     TOKEN
```

Anmerkungen

(1) Ein rekursives Typschema besteht aus vier verschiedenen Teilen: den rekursiven und nichtrekursiven Typvereinbarungen sowie rekursiven und nichtrekursiven Variablenvereinbarungen. (Diese vier Komponenten des abstrakten Systemzustandes sind als globale Variable von allen Teilen der formalen Beschreibung aus zugreifbar.)

(2) Die rekursiven Typvereinbarungen sind durch eine abstrakte Abbildung spezifiziert, die rekursive Typbezeichner auf die zugehörigen Typdefinitionen abbildet.

(3) Jede rekursive Typvereinbarung wird durch eine Abbildung von den Bezeichnern der Strukturgeneratoren zu den entsprechenden Generatordefinitionen beschrieben.

(4) Diese wiederum bilden Komponentenbezeichner auf Komponententypbezeichner ab.

(5) Komponententypbezeichner sind entweder rekursive oder nichtrekursive Typbezeichner.

(6) Die nichtrekursiven Typen sind hier (vereinfacht) durch ihre Wertemengen repräsentiert.

(7) Rekursive Variablendeklarationen enthalten zusammengehörige Paare von rekursiven Variablen- und Typbezeichnern.

(8) Entsprechend enthalten die rekursiven Variablen die Variablennamen mit den jeweils aktuellen Variablenwerten.

(9) Ein rekursives Objekt wird durch den Namen des Strukturgenerators beschrieben, mit dem es erzeugt wurde, und durch die zugehörigen Komponentenwerte,

(10) die Komponentenbezeichner auf (rekursive oder nichtrekursive) Objektwerte abbilden.

(11) Alle Bezeichner werden als nicht weiter strukturierte 'tokens' angesehen.

KONSISTENZBEDINGUNGEN DES GLOBALEN ZUSTANDS

```
inv-RCS_TYPE_SCHEME ( ) =
-------------------------

DOM c Rcs_var_dcls = DOM c Rcs_vars                               (1)

AND ( ALL rcs_var_id ε DOM c Rcs_vars )
      ( c Rcs_var_dcls (rcs_var_id) ε DOM c Rcs_type_defs            (2)

    AND LET rcs_type_id  BE  c Rcs_var_dcls (rcs_var_id) ,
            mk-RCS_VAL (str_gen_id, components)  BE
                                   c Rcs_vars (rcs_var_id) IN

        str_gen_id ε DOM c Rcs_type_defs (rcs_type_id)               (3)

    AND DOM components = DOM c Rcs_type_defs (rcs_type_id)
                                              (str_gen_id)          (4)

    AND ( ALL comp_id ε DOM cmponents )
          ( LET comp_type_id  BE  c Rcs_type_defs (rcs_type_id)
                                    (str_gen_id) (comp_id)  IN
             is_of_type ( components (comp_id), comp_type_id) ) )   (5)

   AND ( ALL rcs_type_def, rcs_type_def' ε RNG c Rcs_type_defs )
         ( DOM rcs_type_def  n  DOM rcs_type_def'  =   { } )         (6)

   AND   . . .

TYPE :  ( S ---> BOOL )
```

Anmerkungen

Unveränderliche Konsistenzeigenschaften eines 'wohl geformten' rekursiven Typschemas sind:

(1) Die Definitionsbereiche der rekursiven Variablendeklarationen und Variablenwerte sind gleich, d.h. jede Variable ist deklariert und hat einen aktuellen Wert.

(2) Der Typ einer jeden rekursiven Variablen ist in den rekursiven Typvereinbarungen definiert.

(3) Der Strukturgenerator, mit dem ein rekursives Objekt erzeugt worden ist, gehört zu den Strukturgeneratoren des Typs der entsprechenden rekursiven Variablen.

(4) Die Komponentenwerte eines rekursiven Objektes haben nur 'richtige' Bezeichner.

(5) Jeder Komponentenwert ist vom 'richtigen' Typ (näher erläutert in einer Hilfsfunktion 'is_type_of', die unten spezifiziert ist).

(6) Alle rekursiven Typdefinitionen haben unterschiedlich bezeichnete Strukturgeneratoren.

Der Typ der abstrakten Zustandsfunktion ist (wie bei allen VDM Funktionen) am Ende angegeben: Hier wird die Repräsentation des abstrakten Zustands 'S' auf einen Booleschen Wert abgebildet, der aussagt, ob der Zustand 'wohl geformt' ist oder nicht.

```
is_of_type (comp_val, comp_type_id) =
-------------------------------------

(is-TYPE_ID (comp_type_id) -------> is-VAL (comp_val)  AND          (1)
                                    comp_val ε c Type_defs (comp_type_id) ,

 is-RCS_TYPE_ID (comp_type_id) --->
      comp_val = mk-RCS_VAL (str_gen_id, components)                (2)

  AND DOM components =
      DOM c Rcs_type_defs (comp_type_id) (str_gen_id)               (3)

  AND ( ALL comp_id ε DOM comp_val )                                (4)
      (is_of_type (comp_val (comp_id), c Rcs_type_defs (comp_type_id)
                                 (str_gen_id) (comp_id) ) )         (5)


PRE  : is-TYPE_ID (comp_type_id) ==> comp_type_id ε DOM c Type_defs
       AND is-RCS_TYPE_ID (comp_type_id) ==> comp_type_id ε DOM
                                           c Rcs_type_defs

TYPE : COMP_VAL COMP_TYPE_ID ---> BOOL
```

Anmerkungen

(1) Wenn der Komponententypbezeichner einen nichtrekursiven Typ identifiziert, so muß auch der Wert nichtrekursiv und aus dem zugehörigen Wertebereich sein.

(2) Bezeichnet der Komponentenname dagegen einen rekursiv definierten Typ, so muß auch der Komponentenwert rekursiv sein und seine formale Repräsentation aus zwei Teilen bestehen.

(3) Die Beschreibung der Komponentenwerte muß die 'richtige' Struktur haben, und

(4) es müssen (rekursiv) auch alle Komponenten von Komponentenwerten 'richtig' definiert sein.

Eine notwendige Vorbedingung zur Anwendung dieser Funktion ist, daß der durch den Typbezeichner identifizierte Typ auch wirklich im globalen Systemzustand vorkommt.

```
SYNTAKTISCHE DOMÄNEN (OPERATIONEN)
==================================

Rcs_asgn         ::  Sel_var  Comp_expr                             (1)

Sel_var          ::  RCS_VAR_ID  Sel_desgn_list                     (2)
Sel_desgn_list   =   COMP_ID *

Comp_expr        =   Rcs_expr  |  Expr                              (3)
Rcs_expr         =   RCS_VAR_ID  | Sel_var  |  Str_gen_desgn        (4)
Str_gen_desgn    =   STR_GEN_ID  Comp_expr_map                      (5)
Comp_expr_map    =  (COMP_ID ---> Comp_expr)
Expr             =   . . .
```

Anmerkungen

(1) Eine (rekursive) Zuweisungsopretaion besteht aus einer (möglicherweise selektierten) Variablen und dem Ausdruck, der ihr zugewiesen werden soll.

(2) Eine selektierte Variable hat einen Bezeichner und eine (möglicherweise leere) Liste von Komponentenselektoren.

(3) Ausdrücke auf Komponentenebene sind entweder rekursiv oder nichtrekursiv definiert.

(4) Rekursive Ausdrücke sind entweder durch rekursive Variable, durch selektierte Variable oder durch Strukturgeneratoren gegeben.

(5) Aufrufe von Strukturgeneratoren bestehen aus dem zugehörigen Bezeichner, angewandt auf eine Liste von bezeichneten Komponentenausdrücken. (In linearer Syntax werden die Komponentenausdrücke in der Regel durch die Reihenfolge ihrer Aufschreibung identifiziert.)

ELABORATION FUNCTIONS
=====================

```
int-Rcs_asgn (mk-Rcs_asgn (sel_var, comp_expr)) =
-------------------------------------------------

LET mk-Sel_var (rcs_var_id, sel_desgn_list) BE sel_var,
    new_comp_val BE eval-Comp_expr (comp_expr)            IN      (1)

LET new_val BE update (c Rcs_vars (rcs_var_id), new_com_val,
           c Rcs_var_dcls (rcs_var_id), sel_desgn_list)   IN      (2)

    Rcs_vars := c Rcs_vars + [ rcs_var_id ---> new_val ]          (3)

TYPE : Rcs_asgn ---> ( S ---> S )
```

Anmerkungen

(1) Die Auswertung (Interpretation) einer rekursiven Zuweisungsoperation beginnt mit der Dekomposition der (selektierten) Variablen und der Auswertung des zugehörigen Ausdrucks.

(2) Dann wird der neue rekursive Wert durch eine Hilfsfunktion 'update' bestimmt, die im folgenden näher spezifiziert ist.

(3) Die Variablenkomponente des globalen Zustandes wird schließlich an der Stelle der selektierten Variablen auf den neuen Wert geändert.

```
update (old_comp_val, new_comp_val, comp_type_id, sel_desgn_list) =
-------------------------------------------------------------------

IF sel_desgn_list = <>
   THEN IF (is-VAL (new_comp_val) ---> comp_type_id ε DOM c Type_defs
                                   AND new_comp_val ε DOM c Type_defs
                                                 (comp_type_id),  (1)

            is-RCS_VAL (new_comp_val) ---> comp_type_id  ε DOM
                c Rcs_type_defs AND s-STR_GEN_ID (new_comp_val)
                        ε DOM c Rcs_type_defs (comp_type_id) )

        THEN  new_comp_val                                         (2)
        ELSE  <ERROR>

   ELSE IF    ( is-RCS_VAL (old_comp_val)
            AND HD sel_desgn_list ε DOM s-COMPONENTS (old_comp_val)
            AND s-STR_GEN_ID (new_comp_val) ε DOM c Rcs_type_defs
                                               (comp_type_id) )   (3)
```

```
THEN LET mk-RCS_VAL (old_str_gen_id, old_components) BE
                                      old_comp_val       IN  (4)
     LET next_comp_type_id BE c Rcs_type_defs (comp_type_id
                    (old_str_gen_id) (HD sel_desgn_list)     IN  (5)
     LET next_comp_val BE old_components (HD sel_desgn_list) IN
     LET new_component BE update (next_comp_val, new_comp_val,
                     next_comp_type_id, TL sel_desgn_list) IN  (6)

          mk-RCS_VAL (old_str_gen, old_components +
                     [HD sel_desgn_list ---> new_component])
 ELSE  <ERROR>

PRE  : is_of_TYPE (old_comp_val, comp_type_id)
TYPE : COMP_VAL COMP_VAL COMP_TYPE_ID Sel_desgn_list -->
                                           (S --> COMP_VAL)
```

Anmerkungen

Die Hilfsfunktion 'update' denotiert die Semantik einer Änderung eines (alten) Komponentenwertes eines gegebenen Typs auf einen neuen an einer durch eine Selektorliste bestimmten Komponente eines komplexen, rekursiv definierten Objekts.

(1) Wenn die Selektorliste leer und der neue Komponentenwert vom 'richtigen' Typ ist,

(2) dann besteht das Ergebnis aus dem neuen Komponentenwert.

(3) Wenn der Selektor nicht leer und sein erster Selektionsausdruck 'richtig' definiert ist, so wird der nächste Selektionsschritt ausgeführt und die Funktion (rekursiv) darauf angewandt:

(4) zunächst wird der alte Komponentenwert so zerlegt, daß der Typ und der Wert des nächstfolgenden Komponentenwertes bestimmt werden könnnen;

(5) damit ergibt sich der neue Komponentenwert als das Ergebnis eines rekursiven Aufrufs der Funktion mit dem nächsten Komponentenwert und dem 'Rest' der Selektionsliste als Parametern;

(6) schließlich wird der Wert des rekursiven Ergebnisses aus dem alten und dem geänderten Komponentenwert zusammengesetzt.

BEMERKUNG: Die Anmerkungen zu dieser Hilfsfunktion demonstrieren einige der Schwierigkeiten, komplexe semantische Zusammenhänge präzise in natürlicher Sprache zu beschreiben !

```
eval-Comp_expr (comp_expr) =
----------------------------

(is-Rcs_Expr (comp_expr) ---> Eval-Rcs_Expr (comp_expr) ,
 is-Expr (comp_expr) -------> Eval-Expr (comp_expr) )

TYPE : Comp_expr ---> ( S ---> COMP_VAL )
```

```
eval-Rcs_expr (rcs_expr) =
--------------------------
CASE rcs_expr OF

(mk-RCS_VAR_ID (rcs_var_id) ---> c Rcs_vars (rcs_var_id) ,          (1)
 mk-Sel_var (rcs_var_id, sel_desgn_list) ---> get (c Rcs_vars
                          (rcs_var_id), sel_desgn_list) ,           (2)
```

```
mk-Str_gen_desgn (str_gen_id, comp_expr_map) --->
   IF ( SOME rcs_type_id ε DOM c Rcs_type_defs )                      (3)
           ( str_gen_id ε DOM c Rcs_type_defs (rcs_type_id)
         AND DOM c Rcs_Type_defs (rcs_type_id) (str_gen_id) =
                                              DOM comp_expr_map )

      THEN LET components BE [comp_id ---> comp_val |                 (4)
               comp_id ε DOM comp_expr_map AND comp_val =
               eval-Comp_expr (comp_expr_map (comp_id))] IN

               mk-RCS_VAL (str_gen_id, components)                    (5)
      ELSE  <ERROR>

TYPE : Rcs_expr ---> ( S ---> RCS_VAL )
```

Anmerkungen

(1) Ist der rekursive Ausdruck durch einen Varialenbezeichner gegeben, so wird die entsprechende Komponente des globalen Zustands selektiert.

(2) Ist der Ausdruck durch eine selektierte Variable gegeben, so wird die Hilfsfunktion 'get' ausgewertet, die im folgenden definiert ist und eine ähnliche Struktur wie die Hilfsfunktion 'update' hat.

(3) Besteht der rekursive Ausdruck aus der Anwendung eines Strukturgenerators, so wird zunächst festgestellt, ob die gegebenen Komponentenausdrücke eine verträgliche Struktur haben,

(4) dann werden alle Komponentenwerte ausgewertet

(5) und schließlich wieder zu einem rekursiven Objekt zusammengesetzt.

```
get (comp_val, sel_desgn_list) =
--------------------------------

IF sel_desgn_list = <>
   THEN comp_val
   ELSE IF ( is-RCS_VAL (comp_val)  AND
             HD sel_desgn_list ε DOM s-COMPONENTS (comp_val) )

           THEN LET new_comp_val BE get (s-COMPONENTS (comp_val)
                         (HD sel_desgn_list), TL sel_desgn_list)     IN

           mk-RCS_VAL (s-STR_GEN_ID(comp_val), s-COMPONENTS (comp_val)
                             + [ HD sel_desgn_list ---> new_comp_val ])
           ELSE  <ERROR>

TYPE : COMP_VAL Sel_desgn_list ---> COMP_VAL


eval-Expr (expr) =
------------------

 . . . (Auswertung entsprechend 'expression' Semantik
        einer traditionellen Programmiersprachumgebung) . . .

TYPE : Expr ---> ( S ---> VAL )
```

8.2. LL(1)-GRAMMATIK EINER REKURSIVEN SPRACHE

```
1   <Program>
     = <Rcs_Program> EOF

2   <Rcs_Program>
     = <Program_Head> <Block> '.'

3   <Program_Head>
     = 'PROGRAM' <Program_Name>

4   <Program_Name>
     = IDENT

5   <Block>
     = ... [ <Rcs_Type_Def_Part> | EMPTY ] ...

6   <Type_Def_Part>
     = 'TYPE' <Type_Def> ';' *[ <Type_Def> ';' ]*

7   <Type_Def>
     = <Type_Id> '=' <Type>

8   <Type_Id>
     = IDENT

9   <Type>
     = <Simple_Type> | <Struct_Type> | <St_Type_Id>

10  <St_Type_Id>
     = IDENT

11  <Simple_Type>
     = <Subr_Type>

12  <Subr_Type>
     = <Int_Const> '..' <Int_Const>

13  <Int_Const>
     = INTEGER

14  <Struct_Type>
     = [ 'PACKED' | EMPTY ] <Array_Type>

15  <Array_Type>
     = 'ARRAY' '[' <Simple_Type> ']' 'OF' <Type>

16  <Rcs_Type_Def_Part>
     = 'RCSTYPE' <Rcs_Type_Def> ';'  *[ <Rcs_Type_Def> ';' ]*

17  <Rcs_Type_Def>
     = <Rcs_Type_Id> '=' <Rcs_Type>

18  <Rcs_Type_Id>
     = IDENT

19  <Rcs_Type>
     = <Struct_Gen_Def> *[ '|' <Struct_Gen_Def> ]*

20  <Struct_Gen_Def>
     = <Struct_Gen_Id> <Fo_Par_List>

21  <Struct_Gen_Id>
     = IDENT
```

```
22  <Fo_Par_List>
     = '(' [ <Par_Group> *[ ';' <Par_Group> ]* | EMPTY ] ')'

23  <Par_Group>
     = <Comp_Id> *[ ',' <Comp_Id> ]* ':' <Type_Id>

24  <Comp_Id>
     = IDENT

25  <Var_Decl_Part>
     = 'VAR' <Rcs_Var_Decl> ';' *[ <Rcs_Var_Decl> ';' ]*

26  <Rcs_Var_Decl>
     = <Rcs_Var_Id> *[ ',' <Rcs_Var_Id> ]* ':' <Rcs_Type_Id>

27  <Rcs_Var_Id>
     = IDENT

28  <Func_Sel_Decl_Part>
     = +[ <Func_or_Sel_Decl> ';' ]+

29  <Func_or_Sel_Decl>
     = <Func_Decl> | <Sel_Decl>

30  <Func_Decl>
     = <Funct_Heading> <Body> <Funct_Id>

31  <Func_Id>
     = IDENT

32  <Func_Heading>
     = 'RCS_FUNCTION' <Func_Id> <Fo_Par_Sect>
                                 ':' <Result_Type> ';'

33  <Result_Type>
     = IDENT

34  <Fo_Par_Sect>
     = '(' [ <Fo_Par_Group> *[ ';' <Fo_Par_Group> ]*
                                                  | EMPTY ] ')'

35  <Fo_Par_Group>
     = <Rcs_Var_Id> *[ ',' <Rcs_Var_Id> ]* ':' <Rcs_Type_Id>

36  <Body>
     = <Stmnt_part>

37  <Sel_Decl>
     = <Sel_Heading> <Body> <Sel_Id>

38  <Sel_Id>
     = IDENT

39  <Sel_Heading>
     = 'SELECTOR' <Sel_Id> 'FOR' <Sel_Var_Id> ':' <Sel_Type_Id>
                                 <Fo_Par_Sect> ':' <Result_Type>

40  <Sel_Var_Id>
     = IDENT

41  <Sel_Type_Id>
     = IDENT

42  <Stmt_Part>
     = <Comp_Stat>

43  <Comp_Stat>
     = 'BEGIN' <Statement> *[ ';' <Statement> ]* 'END'
```

```
44  <Statement>
     = <Simple_Stat> | <Struct_Stat>

45  <Simple_Stat>
     = [ <Assign_Stat> | [ 'RETURN' | 'SELECT' ]
                               <Rcs_Expr> | EMPTY ]

46  <Assign_Stat>
     = <Rcs_Variable> ':=' <Rcs_Expr>

47  <Rcs_Variable>
     = <Rcs_Var_Id> | [ <Rcs_Selector> | EMPTY ]

48  <Rcs_Selctor>
     = +[ '[' <Comp_Id> [ <Sel_Par_List> | EMPTY ] ']' ]+

49  <Sel_Par_List>
     = '(' [ <Rcs_Var_Id> *[ ',' <Rcs_Var_Id> ]* | EMPTY ] ')'

50  <Rcs_Expr>
     = [ <Rcs_Variable> | <Fu_or_Gen_Id> <Act_Par_List>
                        | <Unsign_Const> ]

51  <Fu_or_Gen_Id>
     = IDENT

52  <Act_Par_List>
     = '(' <Rcs_Expr> *[ ',' <Rcs_Expr> ]* | EMPTY ] ')'

53  <Unsign_Const>
     = <Int_Const> | <String_Const>

54  <String_Const>
     = STRING

55  <Struct_Stat>
     = <Comp_Stat> | <Cond_Stat>

56  <Cond_Stat>
     = <Case_Stat>

57  <Case_Stat>
     = 'CASE' [ <Char_Case> | <Case> ] 'END'

58  <Char_Case>
     = <Char_Alternative> *[ ',' <Char_Alternative> ]*

59   <Char_Aternative>
     = [ <Char_Function> '->' <Statement> ] | EMPTY

60   <Char_Function>
     = 'IS' <Struc_Gen_Id> '(' <Rcs_Var_Id> [ <Rcs_Selector>
                                              | EMPTY ] ')'

61   <Case>
     = <Rcs_Expr> 'OF' <Alternative> *[ ',' <Alternative> ]*

62   <Aternative>
     = [ [ <Case_Lab_List> | 'OTHERWEISE' ] '->' <Statement>
                           | EMPTY ]

63   <Case_Lab_List>
     = <Unsign_Const> *[ ',' <Unsign_Const> ]*
```

9. LITERATURVERZEICHNIS

[Abri74] : J.R. Abrial : "Data Semantics", in J.W. Klimbee, K.L. Koffeman (Hrsg.): Data Base Management, North Holland Publ. Co., Amsterdam, 1974

[AfMc84] : H. Afarmanesh, D. McLeod : "A Framework for Semantic Database Models", Proc. NYU Symp. on New Directions for Database Systems, New York University, Ney York, Mai 1984

[AhUl72] : A.V. Aho, J.D. Ullman : "Theory of Parsing, Translation, and Compiling", vol. I, Prentice Hall, Englewood Cliffs, NJ, 1972

[AhUl79] : A.V. Aho, J.D. Ullman : "Universality of Data Retrieval Languages", Proc. 6th ACM Symp. on Principles of Programming Languages, San Antonio, Texas, Jan. 1979, pp.110-117

[Alba83] : A. Albano : "Type Hierarchies and Semantic Data Models", Proc., SIGPLAN 83 Symp. on Programming Language Issues in Software Design, San Francisco, CA, Juni 1983

[AMM83] : H. Arisawa, K. Moriya, T. Miura : "Operations and Properties of Non-First-Order-Normal-Form Databases", Proc. 9th VLDB Conf., Florenz, 1983

[Bach69] : C.W. Bachman : "Data Structure Diagrams", in: Data Base 1, no.2, Publications of the ACM Special Interest Group on Business Data Processing, 1969

[Back60] : J.W. Backus : " The Syntax and Semantics of the Proposed International Algebraic Language of the Zürich ACM-GAMM Conference", ICIP Proc., Paris 1959, Butterwoth London, 1960, pp.125-132

[Barb82] : G.R. Barber : "Office Semantics", PhD Diss., Dept. of Electr. Eng. and Computer Science, Mass. Institute of Technology (MIT), Cambridge, Mass., Feb. 1982

[BaSc77] : R. Bayer, M. Schkolnick : "Concurrency of Operations on B-Trees", Acta Informatica, vol.9, no.1, 1977, pp.1-21

[BaWö80] : F.L. Bauer, H. Wössner : "Algorithmische Sprachen und Programmentwicklung", Springer Verlag, Berlin Heidelberg New York, 2. Auflage, 1984

[Baye85] : R. Bayer : "Query Evaluation and Recursion in Deductive Database Systems", Interner Report, Institut für Informatik, Technische Universität München, Januar 1985

[BdJH83] : G. Barber, P. DeJong, C. Hewitt : "Semantic Support for Work in Organizations", Proc. IFIP 1983, Elsevier Science Pub. (North Holland), 1983, pp.561-566

[BDRZ84] : R. Brägger, A. Dudler, J. Rebsamen, C.A. Zehnder : Gambit: An Interactive Database Design Tool for Data Structures, Integrity Constraints, and Transactions", Proc. 1st Computer Data Engineering Conf. (COMPDEC), IEEE Computer Society, Los Angeles, April 1984, pp.399-407

[BGN76] : H. Biller, W. Glatthaar, E.J. Neuhold : "On the Semantics of Data Bases: The Semantics of Data Definition Languages", in: [Nijs76], pp.239-268

[BiNe78] : H. Biller, E.J. Neuhold : "Semantics of Data Bases: The Semantics of Data Models", in: Information Systems, vol.3, Pergamon Press, 1978, pp.12-33

[BjJo78] : D. Bjørner, C.B. Jones (Hrsg.) : "The Vienna Development Method: The Meta Language", Lecture Notes in Computer Science, vol.61, Springer Verlag, Berlin Heidelberg New York, 1978

[BjJo82] : D. Bjørner, C.B. Jones (Hrsg.) : "Formal Specifications and Software Development", Prentice Hall, 1982

[BjLø82] : D. Bjørner, H. Løvengreen: "Formalization of Database Systems - and a Formal Definition of IMS", Proc. 8th VLDB Conf., Mexico City, September 1982, pp.334-347

[BjOe80] : D. Bjørner, O.N. Oest : "Towards a Formal Description of ADA", Lecture Notes in Computer Science, vol.98, Springer Verlag, Berlin Heidelberg New York, 1980

[Bjør77a] : D. Bjørner : "Programming Languages: Linguistics and Semantics", Proc. Europ. ACM Int. Computing Symposium ICS/77, North Holland Pub., Amsterdam, 1977, pp.512-536

[Bjør77b] : D. Bjørner : "Systematic Program Derivation Techniques, Res. Rep. ID 677, Dep. of Computer Science, Techn. Univ. Dänemark, Lyngby, Jan. 1977

[Bjør80a] : D. Bjørner : "Abstract Software Specifications", Proc. 1979 Copenhagen Winter School, Lecture Notes in Comp. Science, vol.86, Springer Verlag, Berlin Heidelberg New York, Juni 1980

[Bjør80b] : D. Bjørner : "Formalization of Database Models", in: [Bjør80a], pp.144-215

[Bjør80c] : D. Bjørner : "Formal Description of Programming Concepts, A Software Engineering Viewpoint", in: P. Dembinski (Hrsg): Proc. 9th Symp. on Math. Foundations of Computer Science 1980, Rydzyna, Poland, Lecture Notes in Computer Science, vol.88, Springer Verlag, Berlin Heidelberg New York, 1980, pp.1-21

[Bjør83] : D. Bjørner (Hrsg.) : "Formal Description of Programming Concepts II", Proc. IFIP TC 2 Working Conf., Garmisch-Partenkirchen, Juni 1982, North-Holland, Amsterdam, 1983

[BjPr83] : D. Bjørner, S. Prehn : "Software Engineering Aspects of VDM", in: Ferrari, M. Bolognani, J. Goguen (Hrsg.): Theory and Practice of Software Technology, North Holland Publ., Amsterdam, 1983

[BKMZ84] : R.Budde, K. Kuhlenkamp, L. Mathiassen, H. Züllighoven (Hrsg.): "Approaches to Prototyping", Proc. Working Conf. on Prototyping, Namur, Belgien, Oktober 1983, Springer Verlag, Berlin Heidelberg New York Tokyo, 1984

[Blas81] : M.W. Blasgen, et al. : "System/R: An Architectural Overview", IBM Systems Journal, vol.20, no.1, 1981, pp.41-62

[BMS84] : M.L. Brodie, J. Mylopoulos, J.W. Schmidt (Hrsg.) : "On Conceptual Modelling: Perspectives from Artificial Intelligence, Databases, and Programming Languages", Springer Verlag, Berlin Heidelberg New York, 1984

[Brod80] : M.L. Brodie : "The Application of Data Types to Database Semantic Integrity", Information Systems, vol.5, no.4, 1980.

[Brod81a] : M.L. Brodie : "On Modelling Behavioural Semantics of Databases", Proc. 7th VLDB Conf. Conf., Cannes, France, 1981

[Brod81b] : M.L. Brodie : "Association: A Database Abstraction for Semantic Modelling", Proc. 2nd Int. Entity Relationship Conf., Washington, D.C., Okt.1981

[Brod82] : M.L. Brodie : "Axiomatic Definitions for Data Model Semantics", Information Systems, vol.7, no.2, 1982, pp.183-197

[Broy80] : M. Broy : "Zur Spezifikation von Programmen für die Textverarbeitung", R. Wossidlo (Hrsg.): Proc. GI Fachtagung Textverarbeitung und Informatik, Bayreuth, Informatik Fachberichte, vol.30, Springer Verlag, Berlin Heidelberg New York, 1980, pp.75-93

[Broy82] : M. Broy : "Algebraic Methods for Program Construction : The Project CIP", Techn. Report, Technische Universität München, 1982

[BrPe84] : G. Bracchi, B. Pernici : "The Design Requirements for Office Systems", ACM Transactions on Office Information Systems, vol.2, no.2, April 1984, pp.151-170

[BrRi84] : M.L. Brodie, D. Ridjanovic : "On the Design and Specification of Database Transactions", in: [BMS84], pp.277-306

[BrSc82] : M.L. Brodie, J.W. Schmidt (Hrsg.) : "Final Report of the Relational Database Task Group", ANSI/X3/SPARC/DBSSG, ACM SIGMOD RECORD, vol.12, no.4, Juli 1982

[BrSi82] : M.L. Brodie, E.O. Silva : "Active and Passive Component Modelling", in: T.W. Olle, H.G. Sol, A.A Vrejn-Stuart (Hrsg.): Proc. IFIP TC 8 Working Conf. on Comparative Review of Information System Design Methodologies, Elsevier North-Holland, 1982, pp.41-91

[BrZi81] : M.L. Brodie, S.N. Zilles (Hrsg.) : "Proc. of the Workshop on Data Abstraction, Databases and Conceptual Modelling", ACM SIGART Newsletter, no. 74, Jan. 1981, ACM SIGMOD RECORD; vol.12, no.2, Feb. 1981, ACM SIGPLAN NOTICES, vol.16, no.1, Jan. 1981

[Bube77] : J. Bubenko : "IAM: Inferential Abstract Modelling - An Approach to Design of Information Models for Large Shared Data Bases", IBM Techn. Report RC 6343, 1977

[BuFr79] : F. Bunemann, R.E. Frankel :"FQL - A Functional Query Language", Proc. ACM SIGMOD Conf., Boston, Mai 1979

[BuGo80] : R. Burstall, J. Goguen : "The Semantics of CLEAR: A Specification Language", in: [Bjør80a], pp.292-332

[Burg75] : W.H. Burge :"Recursive Programming Techniques", Addison- Wesley, Reading, Mass., 1975

[CaHa74] : R.H. Campbell, A.N. Haberman : "The Specification of Process Synchronization by Path Expressions", Lecture Notes in Computer Science, vol.16, Springer Verlag, Berlin Heidelberg New York, 1974

[Chan82] : A. Chan, et al. : "Storage and Access Structures to Support a Semantic Data Model", Proc. 8th VLDB Conf., Mexico City, Sept. 1982, pp.122-130

[ChBo76] : D.D. Chamberlin, R.F. Boyce : "SEQUEL : A Structured English Query Language", Proc. ACM SIGMOD Conf., 1974

[Chen76] : P.P.S. Chen : "The Entity Relationship Model: Toward a Unified View of Data", ACM TODS, vol.1, no. 1. März 1976

[Chen80] : P.P.S. Chen (Hrsg.) : "Entity Relationship Approach to System Analysis and Design", North Holland Pub. Comp., Juni 1980

[ChHa82] : A.K. Chandra, D. Harel : "Horn Clauses and the Fixpoint Query Hierarchy", Proc. 1st ACM Symp. on Principles of Database Systems, Los Angeles, CA, März 1982, pp.158-163

[ChKu81] : S.K. Chang, T.L. Kunii : "Pictorial Database Systems", IEEE Computer, Special Issue: Pictorial Information Systems, November 1981

[Chom59] : N. Chomsky : "On Certain Formal Properties of Grammars", Information and Control, vol.2, no.2, 1959, pp.137-167

[Chur41] : A. Church : "The Calculi of Lambda Convention", Annuals of Mathematical Studies, vol.6, Princeton University Press, 1941 (Reprint 1951)

[Clar77] : E.M. Clarke, Jr. : "Programming Language Constructs for which it is Impossible to Obtain Good Hoare- like Axiom Systems", Conf. Record of the 4th ACM Symposium on Principles of Programming Languages, 1977, pp.10-20

[ClMe81] : W.F. Clocksinn, C.S. Mellish : "Programming in PROLOG", Springer Verlag, Berlin Heidelberg New York, 1981 1977, pp.10-20

[Codd70] : E.F. Codd : "A Relational Model of Data for Large Shared Databanks", Comm. ACM, vol.13, no.6, Juni 1970, pp.377-387

[Codd71] : E.F. Codd : "A Database Sublanguage Founded on the Relational Calculus", Proc. ACM SIGFIDET Workshop on Data Description, Access, and Control, 1971, pp.35-68

[Codd72] : E.F. Codd : "Relational Completeness of Database Sublanguages", in: R. Rustin (Hrsg.): Data Base Systems, Prentice Hall, Englewood Cliffs, 1972, pp.65-98

[Codd79] : E.F. Codd : "Extending the Relational Database Model to Capture More Meaning", ACM TODS, vol.4, no.4, Dez. 1979, pp.397-434

[Codd83] : E.F. Codd : Vorwort zu [ScBr83], 1983, pp.V-IX

[Date81a] : C.J. Date : "An Introduction to Database Systems", vol. I, 3. Auflage, Addison-Wesley Pub. Co., 1981

[Date81b] : C.J. Date : "Referential Integrity", Proc. 7th Intern Conf. on VLDB, Cannes, France, September 1981, pp.2-12

[Date82] : C.J. Date: "A Formal Definition of the Relational Model", TR 03.169, IBM General Product Division, San Jose, California, Oktober 1981 - veröffentlicht in: ACM SIGMOD RECORD, vol.13, no.1, September 1982

[DeHa81] : D.R. Deutsch, W.T. Hardgrave : "Processing Data Model Abstractions", ACM SIGPLAN Notices, vol.16, no.1, 1981, pp.126-127

[DGLSS79] : R.B.K. Dewar, A. Grant, S.C. Liu, J.T. Schwartz, E. Schonberg : "Programming by Refinement as Exemplified by the SETL Representation Sublanguage", ACM TOPLAS, vol.1, no.1, Juli 1979, pp.27-49

[DMW82] : W. Dosch, G. Mascari, M. Wirsing : "On the Algebraic Specification of Databases", Proc. 8th VLDB Conf., Mexico City, September 1982, pp.370-385

[Dona76] : J.E. Donahue : "Complementary Definitions of Programming Language Semantics", Lecture Notes in Computer Science, vol.42, Springer Verlag, Berlin Heidelberg New York, 1976

[DSS82] : R.B.K. Dewar, E. Schonberg, J.T. Schwartz : "High-level Programming: An Introduction to the Programming Language SETL", Courant Intitute of Mathematical Sciences, New York, Juli 1982

[EGLT76] : K.P. Eswaran, J.N. Gray, R.A. Lorie, I.L. Traiger: "The Notions of Consistency and Predicate Locks in a Database System", CACM, vol.19, no.12, Nov. 1976

[ElBe82] : C.A. Ellis, M. Bernal : "OFFICATALK-D: An Experimental Office Information System", Proc. ACM Conf. on Office Information Systems, 1982

[Elli79] : C.A. Ellis : "Information Control Nets: A Mathematical Model of Office Information Flow", Proc. ACM Conf. on Simulation, Modelling, and Measurement of Computing Systems", Boulder, CO, 1979, pp.225-240

[Elli83] : C.A. Ellis : "Formal and Informal Models of Office Activity", in: R.E.A. Mason (Ed.): Proc. IFIP Congress 1983, Elsevier Science Publishers B.V. (North Holland), 1983, pp.11-22

[Falk76] : E. Falkenberg : "Concepts for Modelling Information", Proc. IFIP TC-2 Working Conf. on Modelling in Data Base Management Systems, North Holland Pub., Amsterdam, Jan. 1976, pp.95-120

[Fisc79] : W.E. Fischer : "PHIDAS - A Database Management System for CAD/CAM Application Software", Computer Aided Design, vol.11, 1979, pp.146

[Fisc83] : W.E. Fischer : "Datenbanksysteme für CAD-Arbeitsplätze", Informatik Fachberichte, vol.70, Springer Verlag, Berlin Heidelberg New York Tokyo, 1983

[Floy67] : R.W. Floyd : "Assigning Meanings to Programs", in: J. Schwarz (Hrsg.): Math. Aspects of Computer Science, Proc. Symposium in Applied Mathematics, vol.19 pp.19-32, American Math. Soc., Providence, Rhode Island, 1967

[Floy84] : C. Floyd : "A Systematic Look at Prototyping", in: [BKMZ84], pp.1-18

[FoBj79] : P. Folkjær, D. Bjørner : "A Formal Model of a Generalized CSP-like Language", Rep. ID 879, Dep. of Computer Science, Techn. Univ. Dänemark, Lyngby, 1979 also: Proc. IFIP 80, World Computer Congress, Tokyo/Melbourne, Okt. 1980, pp.95-99

[FoBj80] : P. Folkær, D. Bjørner : "A Formal Model of an Applicative Parallel Programming Language", ID Rep. No.880, Dept. of Comp. Sci., Techn. Universität Dänemark, 1980

[FWW82] : J. Freitag, H.-D. Werner, W. Wilkes : "Strukturierte Attribute in Relationen zur Unterstützung von IR-Anwendungen", in: J. Nehmer (Hrsg.): Proc. 12. GI Jahrestagung, Fachgespräch 'Integrierte Informationssysteme', Informatik Fachberichte Nr. 57, Springer Verlag, Berlin Heidelberg New York, 1982, pp.623-647

[GHW82] : J.V. Guttag, J.J. Horning, J. Wing : "Some Notes on Putting Formal Specifications to Productive Use", Techn. Report CSL-82-3, Xerox Research Center, Palo Alto, CA, 1982

[GiTs83] : S. Gibbs, D. Tsichritzis : "A Data Modelling Approach for Office Information Systems", ACM Transactions on Office Information Systems, vol.1, no.4, Okt. 1983, pp.299-319

[GLP75] : J.N. Gray, R.A. Lorie, G.R. Putzolu : "Granularity of Locks in a Shared Data Base", Proc. 1st VLDB Conf., New York, Sept. 1975, pp.428-451

[GoHa81] : G. Goos, J. Hartmanis (Hrsg.) : "Formalization of Programming Concepts", Proc. Intern. Colloquium, Penniscola, Spain, Lecture Notes in Computer Science, vol. 107, Springer Verlag, Berlin Heidelberg New York, April 1981

[Gord79] : M.J.C. Gordon : "The Denotational Description of Programming Languages", Springer Verlag, New York, 1979

[Grie74] : D. Gries : "Compiler Construction for Digital Computers", John Wiley & Sons Inc., New York, NY, 1974

[Grie81] : D. Gries : "The Science of Computer Programming", Springer Verlag, Berlin Heidelberg New York, 1981

[GTW77] : J.A. Goguen, J.W. Thatcher, E.G. Wagner : "An Initial Algebra Approach to the Specification, Correctness, and Implementation of Abstract Data Types", in: [Yeh77], 1977

[Günt84] : K.D. Günther: "PLOP - A Predicative Programming Language for Office Procedure Automation", Intern. Techn. Report, Ges. für Mathematik und Datenverarbeitung, GMD/IFV, Darmstadt, 1984

[GuHo80] : J.V. Guttag, J.J. Horning : "Formal Specification as a Design Tool", Proc. ACM Symp. on Principles of Programming Languages, SIGACT und SIGPLAN, Jan. 1980, pp.251-261

[GuSt82] : A. Guttman, M. Stonebraker: "Using a Relational Database Management System for Computer Aided Design Data", Memorandum No. UCB/ERL M82/37, University of California, Berkeley, CA, März 1982

[Gutt78] : J.V. Guttag, J.J. Horning : " The Algebraic Specification of Abstract Data Types", Acta Informatica, vol.10, no.1, 1978, pp.27-52

[Haff81] : P. Haff : "CHILL Formal Definition", Proc. CCITT Working Party XI/3, Genf, Dez. 1981

[HaKu80] : M.M. Hammer, J.S. Kunin : "Design Principles for an Office Specification Language", Proc. NCC 1980, Anaheim, CA, AFIPS Press, 1980, pp.541-547

[HaLo82] : R.L. Haskins, R.A. Lorie : "On Extending the Functions of a Relational Database System", Proc. ACM SIGMOD Conf., Orlando, Florida, Juni 1982, pp.207-212

[HaMc78] : M.M. Hammer, D. McLeod : "The Semantic Data Model: A Modelling Mechanism for Data Base Applications", Proc. ACM SIGMOD Conf., Austin, Texas, Juni 1978

[HaMc81] : M.M. Hammer, D. McLeod : "Database Description with SDM: A Semantic Database Model", ACM TODS, vol.6, no.3, Sept. 1981, pp.351-386

[Hard85] : W.T. Hardgrave : "Positional Set Notation", Advances in Database Management, vol.2, Heyden and Son, New York, erscheint 1985

[HaSa81] : W.T. Hardgrave, S.B. Salazar : "The Positional Set Processor: A Tool for Data Modeling", NBSIR 81-2302, National Bureau of Standards, Washington, D.C., 1981

[HeNa84] : L.J. Henschen, S.A. Naqvi : "On Compiling Queries in Recursive First-Order Databases", Journal of the ACM, vol.31, no.1, Jan. 1984, pp.47-85

[HKMS84] : R. Holliday, D. Kropp, G. Müller, W. Schulz : "Enduser Applications in Open Systems", IBM HDSC Techn. Report Nr. 84.06.007, IBM Heidelberg, Juni 1984

[Hoar69] : C.A.R. Hoare : "The Axiomatic Basis for Computer Programming", Comm. ACM, vol.12, no.10, Okt. 1969, pp.576-583

[Hoar73] : C.A.R. Hoare : "Recursive Data Structures", Memo AIM- 223, STAN-CS-73-400, Stanford Artificial Intelligence Lab., Universität Stanford, Okt. 1973

[Hoar75] : C.A.R. Hoare : "Recursive Data Structures", Int. Journal of Computer and Information Science, vol.4, no.2, 1975, pp.105-132

[Hoar78] : C.A.R. Hoare : "Communicating Sequential Processes", Comm. ACM, vol.21, no.8, Aug. 1978, pp.666-677

[HoKr83] : W. Horak, G. Krönert : "An Object Oriented Office Document Architecture Model for Document Interchange Between Open Systems", Proc. GLOBECOMP'83, San Diego, Nov. 1983, pp.1245-1249

[HoLa74] : C.A.R. Hoare, P.E. Lauer : "Consistent and Complementary Formal Theories of the Semantics of Programming Languages", in: Acta Informatica, vol.3, pp.135-153, 1974

[Hora84] : W. Horak : "Concepts of the Document Interchange Protocol for the Telematic Services - CCITT Draft Recommendations S.a.", Computer Networks, vol.8, no.3, 1984, pp.175-185

[HoWi73] : C.A.R. Hoare, N.Wirth : "An Axiomatic Definition of the Programming Language Pascal", in: Acta Informatica, vol.2, 1973, pp.335-355

[IBM75] : IBM Corporation : "Information Management System / Virtual Storage Utilities Reference Manual", IBM Forms no. SH 20-9025, SH 20-9026 und GH 20-1260, White Plains, New Jersey, 1975

[IBM81] : IBM Corporation : "SQL/Data System, Concepts and Facilities", IBM Form no. GH 24-5013, Jan. 1981

[ISO80] : International Organisation for Standardisation (ISO) TC 97/SC 16: "Open Systems Interconnection - Basis Reference Model", 1980

[Jaes85] : G. Jaeschke : "Recursive Algebra for Relations with Relation-Valued Attributes", Techn. Report IBM Heidelberg, Wiss. Zentrum, erscheint 1985

[JaSc82] : G. Jaeschke, H.-J. Schek : "Remarks on the Algebra of Non First Normal Form Relations", Proc. ACM SIGACT-SIGMOD Symp. on Principles of Database Systems, Los Angeles, März 1982

[JoBj82] : C.B. Jones, D. Bjørner (Hrsg.) : "Formal Specification and Software Development", Prentice Hall Int., Reading, UK, 1982

[Jone80] : C.B. Jones : "Software Development: A Rigorous Approach", Prentice Hall Int., Reading, UK, 1980

[Kent79] : W. Kent : "Limitations of Record Based Information Models", ACM TODS, vol.4, no.1, März 79, pp.107-131

[KHS82] : M. Koll, W.T. Hardgrave, S. Salazar : "Data Model Processing", Proc. National Computer Conf., Houston, Texas, Juni 1982, AFIPS Press, pp. 571-578

[Klae80] : H.A. Klaeren : "An Abstract Software Specification Technique Based on Structural Recursion", ACM SIGPLAN Notices, vol.15, no.3, März 1980, pp.28-34

[Klee52] : S.C. Kleene : "Introduction to Metamathematics", Van Nostrand, 1952

[Klug80] : A. Klug : "Calculating Constraints on Relational Expressions", ACM TODS, vol.5, no.3, Sept. 1980, pp.260-290

[KoHa81] : M. Koll, W.T. Hardgrave : "Data Model Processor User's Manual", Institute for Computer Science and Technology, Center for Programming Science and Technology, Data Management and Programming Language Division, National Bureau of Standards, Washington, D.C., September 1981

[Kowa78] : R. Kowalski : "Algorithm = Logic + Control", Comm. ACM, vol.22, no.8, Aug. 1978, pp.424-436

[Kowa79] : R. Kowalski : "Logic for Problem Solving", North Holland Pub., Amsterdam, 1979

[KrSc84] : P. Kruchten, E. Schonberg : "The ADA/Ed System: A Large-Scale Experiment in Software Prototyping Using SETL", in: [BKMZ84], pp.398-415

[KSS84] : P. Kruchten, E. Schonberg, J. Schwartz : "Software Prototyping Using the SETL Programming Language", IEEE Software, vol.1, no.4, Oktober 1984, pp.66-75

[KSW81] : J. Koch, J.W. Schmidt, V. Wunderlich : "Type Derivation for First-Order Relational Expressions", Techn. Report Nr. 79/81, Fachbereich Informatik, Universität Hamburg, Juni 1981

[KTT83] : Y. Kambayashi, K. Tanaka, K.Takeda : "Synthesis of Unnormalized Relations Incorporating More Meaning", Int. Journal of Information Sciences, Special Issue on Databases, 1983

[Lame80] : W. Lamersdorf : "Semantikspezifikationstechniken und eine Anwendung auf die semantische Spezifikation von Pascal/R", Diplomarbeit, Fachbereich Informatik, Universität Hamburg, 1980

[Lame83a] : W. Lamersdorf : "Comparison of Four Relational Data Model Specifications", ACM SIGMOD RECORD, vol.13, no.3, April 1983, pp.18-31

[Lame83b] : W. Lamersdorf : "Specification and Interpretation of Data Model Semantics: An Integration of Two Approaches", Techn. Report NBSIR 83-2740, Institute for Computer Science and Technology, National Bureau of Standards, Washington, D.C., Juli 1983

[Lame83c] : W. Lamersdorf : "Formal Specification of a Recursive Data Model: Generalizing the RDM", Interner Arbeitsbericht, Universität Hamburg, Fachbereich Informatik, Juli 1983

[Lame83d] : W. Lamersdorf : "Syntaxdefinition eines rekursiven Datenmodells", Interner Arbeitsbericht, Universität Hamburg, Fachbereich Informatik, August 1983

[Lame84] : W. Lamersdorf : "Recursive Data Models for Non-Conventional Database Applications", Proc. Computer Data Engineering Conf. (COMPDEC), IEEE Computer Society, Order No. 84-80546, Los Angeles, April 1984, pp.143-150

[Lame85] : W. Lamersdorf : "Modellierung komplexer Objektstrukturen in Bürosystemen", Proc. GI Fachtagung 'Datenbanksysteme für Büro, Technik und Wissenschaft', A. Blaser, P.Pistor (Hrsg.), Informatik Fachberichte, vol.94, Springer Verlag, Berlin Heidelberg New York Tokyo, März 1985, pp. 199-203

[Land64] : P.J. Landin : "The Mechanical Evaluation of Expressions", in BCS Computer Journal, vol.6, no.4, 1964, pp.308-320

[Land65] : P.J. Landin : "A Correspondence Between ALGOL 60 and Church's Lambda Notation", Comm. ACM, vol.8, nos.2-3, 1965, pp.89-101 and pp.158-165

[LaSc80] : W. Lamersdorf, J.W. Schmidt : "Specification of Pascal/R", Berichte Nr. 73 und 74, Fachbereich Informatik, Universität Hamburg, Juli 1980

[LaSc83a] : W. Lamersdorf, J.W. Schmidt : "On the Definition, Standardization, and Specification of the Relational Data Model", Proc. Workshop on Information and Data Structure Description in Standardization, R. Durchholz, H.-D. Ehrich (Hrsg.), Berichte der GMD, Bericht Nr.139, Oldenbourg Verlag, München Wien, 1983, pp.127-136

[LaSc83b] : W. Lamersdorf, J.W. Schmidt : "Rekursive Datenmodelle", in: [Schm83], pp.148-168

[LaSc84] : W. Lamersdorf, J.W. Schmidt : "Specification and Prototyping of Data Model Semantics", in: [BKMZ84], pp.214-231

[LCS82] : V.Y. Lum, D.M. Choy, N.C. Shu : "OPAS: An Office Procedure Automation System", IBM Systems J., vol.21, no.3, 1982

[LeSc84] : U. Leibrandt, P. Schnupp : "An Evaluation of PROLOG as a Prototyping System", in: [BKMZ84], pp.424-433

[Linn84] : V. Linnemann : "On the Relationship Between Context Free Grammars and Hierarchical Data Structures", Interner Bericht, Fachbereich Informatik, Universität Frankfurt/M, März 1984

[LiZi74] : B. Liskov, S. Zilles : "Programming with Abstract Data Types", Proc. ACM-SIGPLAN Symp. Very High Level Languages, SIGPLAN Notices (ACM), vol.9, no.4, April 1974, pp.50-59

[LMWW79] : P.C. Lockemann, H.C. Mair, W.H. Weil, W.H. Wohlleber : "Data Abstractions for Database Systems", ACM TODS, vol.4, no.1, März 1979, pp.60-75

[LMS84] : W. Lamersdorf, G. Müller, J.W. Schmidt : "Language Support for Office Modelling", Proc. 10. Intern. Conf. on VLDB, U. Dayal, G. Schlageter, L.H. Seng (Hrsg.), Singapore, August 1984, pp.280-288

[LoPl83] : R.A. Lorie, W. Plouffe : "Complex Objects and Their Use in Design Transactions", Proc. Engineering Design Applications, ACM/IEEE Database Week, San Jose, CA, IEEE Comp. Soc. Press, Silver Spring, MD, Juni 1983, pp.125-121

[LRS76] : P.M. Lewis, D.J. Rosenkrantz, P.E. Stearns : "Compiler Design Theory", Addison Wesley Pub. Co., Reading, Mass., 1976

[LSM85] : W. Lamersdorf, J.W. Schmidt, G. Müller : "A Recursive Approach to Office Object Modelling", Information Technology, Butterworth, London, vol.4, no.1, Jan. 1985

[LSS82] : H. Langmaack, B. Schlender, J.W. Schmidt : "Implementierung Pascal-artiger Programmiersprachen", Tagung II/1982 des German Chapter of the ACM, Teubner, Stuttgart, Juni 1982

[LuWa69] : P. Lucas, K. Walk : "On the Formal Definition of PL/1", Annual Review in Automatic Programming, vol.6, part 3, Pergamon Press, New York, 1969, pp.105-182

[Madh84] : N.H. Madhavji : "Visibility Aspects of Programmed Dynamic Data Structures", Comm. ACM, vol.27, no.8, August 1984, pp.764-776

[Mads80] : J. Madsen : "Modular Operating System Design", Dissertation, Techn. Univ. Dänemark, Techn. Report ID-805, August 1980

[MAEHL62] : J. McCarthy, P.W. Abrahams, D.J. Edwards, T.P. Hart, M.I. Levin : "LISP 1.5 Programmers Manual", MIT Press, Cambridge, Mass., 1962

[Maie83] : D. Maier :"The Theory of Relational Databases", Computer Science Press, Rockville, MD, 1983

[Maki77] : A. Makinouchi : "A Consideration on Normal Form of Not Necessarily Normalized Relations in the Relational Data Model", Proc. 3rd. Int. Conf. on VLDB, Tokyo, 1977, pp.447-453

[MaMe79] : H.C. Mair, R.E. Meyer (Hrsg.) : "Formale Modelle für Informationssysteme", Proc. Fachtagung der GI, Tutzing, Informatik Fachberichte, vol.21, Springer Verlag, Berlin Heidelberg New York, 1979

[MaRe79] : M. Mall, M. Reimer : "The Database Generation Program RDBGEN", Pascal/R-Memo 83-79, Arbeitsbereich Datenbanken und Informationssysteme, Fachbereich Informatik, Universität Hamburg, August 1979

[Maye78] : O. Mayer: "Syntaxanalyse", BI Taschenbuch, Bibliographisches Institut, Mannheim, 1978

[MBW78] : J. Mylopoulos, P.A. Bernstein, H.K.T. Wong: "A Preliminary Specification of TAXIS: A Language for Designing Interactive Information Systems", Techn. Rep. CCA 78-02, 1978, pp.185-207

[MBW80] : J. Mylopoulos, P.A. Bernstein, H.K.T.Wong: "A Language Facility for Designing Database-Intensive Applications". ACM Transactions on Database Systems, vol.5, no.2, Juni 1980

[McCa63] : J. McCarthy : "Towards a Mathematical Science of Computation", in: Information Procession, C.M. Popplewell (Hrsg.), Proc. 2nd IFIP Congress, München, North Holland Publ., Amsterdam, 1963, pp.21-28

[MeLo83] : A. Meier, R.A. Lorie : "A Surrogate Concept for Engineering Databases", Proc. 9th Int. Conf. on VLDB, Florenz, 1983, pp.30-32

[Morr38] : C. Morris : "Foundations of the Theory of Signs", in: Int. Encyclopedia of Unified Sciences, vol.1, no.2, University of Chicago Press, Chicago, 1938

[Morr55] : C. Morris : "Signs, Languages, and Behaviour", G. Braziller, New York, 1955

[Moss74] : P.D. Mosses : "Mathematical Semantics and Compiler Generation", Ph.D. Thesis, Oxford Universität, Prgr. Res. Group, April 1974

[Moss76] : P.D. Mosses : "Compiler Generation Using Denotational Semantics", in : Mathem. Foundations of Computer Science, Lecture Notes in Computer Science, vol.45, Springer Verlag, Heidelberg New York, 1976, pp.436-441

[Moss79] : P.D. Mosses : "A Constructive Approach to Compiler Correctness", DAIMI IR-16, Computer Science Department, Aarhus University, 1979

[MRS82] : M. Mall, M. Reimer, J.W. Schmidt : "Pascal und Relationen: Sprachintegration und Übersetzung", in [LSS82], pp.139-154

[MRS84] : M. Mall, M. Reimer, J.W. Schmidt : "Data Selection, Sharing, and Acess Control in a Relational Scenario", in: [BMS84], pp.411-436

[Mylo81] : J. Mylopoulos : "An Overview of Knowledge Representation", in: [BrZi81], pp.5-12

[Naff81] : N. Naffah : "Communication Protocols for Integrated Office Systems", Computer Networks, vol.5, no.6, Dez. 1981, pp.445-454

[NaHe83] : S.A. Naqvi, L.J. Henschen : "Synthesizing Least Fixpoint Queries into Non-recursive Iterative Programs", Proc. 8th IJCAI, Karlsruhe, Aug. 1983, pp.25-28.

[Naur63] : P. Naur (Hrsg.) : "Revised Report on the Algorithmic Language ALGOL 60", Comm. ACM, vol.15, no.1, Jan. 1963, pp.1-23

[NeOl80] : E.J. Neuhold, T. Olnhoff : "The Vienna Development Method (VDM) and its Use for the Specification of a Relational Data Base System", in: T. Lavington (Hrsg.): Proc. IFIP 80 Congress, Tokyo/Melbourne, Okt. 1980, pp.3-16

[NeOl81] : E.J. Neuhold, T. Olnhoff : "Building Data Base Management Systems Through Formal Specifications", in: [GoHa81], pp.169-209

[Nijs76] : G.M. Nijssen (Hrsg.) : "Modelling in Data Base Management Systems", Proc. IFIF-TC2 Work. Conf., Freudenstadt, North Holland Pub., Amsterdam, Jan. 1976

[Ollo74] : A. Ollongren : "Definition of Programming Languages by Interpreting Automata", Acad. Press, London New York San Francisco, 1974

[Ollo79] : A. Ollongren : "Multilevel Arrays as Datatypes", Forschungsbericht Nr.91, Abteilung Informatik, Universität Dortmund, 1979

[Ollo81] : A. Ollongren : "On the Implementation of Parts of Meta IV in LISP", Techn. Report LITH-MAT-R-81-07, Universität Linkoping, 1981

[Olnh81] : T. Olnhoff : "Funktionale Semantikbeschreibung einer Anfragesprache in einem drei-schichtigen relationalen Datenbanksystem", Dissertation, Universität Hamburg, 1981

[Osbo82] : S. Osborn : "Relational Databases with Partially Formatted Records", Proc. 6th IEEE COMPSAC, Chicago, Computer Society Press, 1982, pp.589-593

[PHH83] : P. Pistor, B. Hansen, M. Hansen : "Eine sequel- artige Sprachschnittstelle für das NF2 Modell", in [Schm83], pp.134-147

[PHPG83] : S. Prehn, I.O. Hansen, S.U. Palm, P. Gøbel : "Formal Methods Appraisal", Final Report no. DDC-86, ESPRIT Preparatory Study, Subprogramm Dansk Datamatik Center, Lyngby, Dänemark, Juni 1983

[Piro81] : A. Pirotte : "A Precise Definition of Basic Relational Notions and of the Relational Algebra", ACM SIGMOD RECORD, vol.13, no.1, September 1982

[Reim84] : M. Reimer: "Implementation of the Database Programming Language Modula/R on the Personal Computer Lilith", Software Practice and Experience, vol.14, no.10, Oktober 1984

[Rich81] : G. Richter : "IML - Inscribed Nets for Modelling Text Processing and Database Management Systems", Proc. 7th Intern. Conf. on VLDB, Cannes, 1981, pp.363-375

[Rich83] : G. Richter : "Realitätsgetreues Modellieren und modellgetreues Realisieren von Bürogeschehen", in: 'Informationstechnik und Bürosysteme', P. Wißkirchen, T. Kreifels, F. Krückeberg, G. Richter, G. Wurch (Hrsg.), Teubner Verlag, Stuttgart, 1983, pp.145-254

[RoMy75] : N. Roussopoulos, J. Mylopoulos : "Using Semantic Networks for Database Mangement", Proc. 1st Int. Conf. on VLDB, New York, Sept. 1975, pp.144-172

[RoSh79] : L. Rowe, K. Shoens : "Data Abstraction, Views, and Updates in RIGEL", Proc. ACM SIGMOD Conf. on Management of Data, Boston, Mass., 1979

[RTI83] : "INGRES Reference Manual, Version 1.4", Relational Technologies Inc., Berkeley, CA, 1983 Computer Society Press, 1982, pp.571-580

[RTZ84] : S. Ronzani, F. Titsano, R. Zicari : "An Office Specification Language Based on Path Expressions", Techn. Rep. 84-22, Dipt. di Elettronica, Politecnico di Milano, 1984

[Saun83] : L. Saunus : "Realisierung einer SEQUEL Sprachschnittstelle für Pascal/R", Studienarbeit, Fachbereich Informatik, Universität Hamburg, Juni 1983

[Saun84] : L. Saunus : "Erzeugung von Compilern für Datenbanksprachen", Diplomarbeit, Fachbereich Informatik, Universität Hamburg, 1984

[ScBr83] : J.W. Schmidt, M.L. Brodie (Hrsg.) : "Relational Database Systems: Analysis and Comparison", Springer Verlag, Berlin Heidelberg New York, 1983

[Sche82] : H.-J. Schek : "Methods for the Administration of Textual Data in Database Systems", Information Retrieval Research, Butterworth, 1982, pp.218-235

[Schm77] : J.W. Schmidt : "Some High Level Language Constructs for Data of Type Relation", ACM TODS, vol.2, no.3, Sept. 1977, pp.247-261

[Schm79] : J.W. Schmidt : "Programming Languages and Database Models: On the Integration of Concepts, Constructs, and Notations", in: Proc. of the Joint Intern. Seminar on the Teaching on Computer Science: Data Base Systems, Newcastle U.K., Sept., 1979

[Schm83] : J.W. Schmidt (Hrsg.) : Proc. Fachgespräch "Sprachen für Datenbanken" der 13. GI Jahrestagung, Hamburg, Informatik Fachberichte, vol. 72, Springer Verlag, Berlin Heidelberg New York, Okt. 1983

[Schm84] : J.W. Schmidt : "Database Programming: Language Constructs and Execution Models", in: U. Amman (Hrsg.): Proc. 8th GI Fachtagung on "Programming Languages and Program Development", ETH Zürich, Schweiz, Informatik Fachberichte vol.77, Springer Verlag, Berlin Heidelberg New York Tokio, 1984, pp.1-25

[ScLa82] : J.W. Schmidt, W. Lamersdorf: "Relational Data Model: A Definition and its Formalization", Bericht Nr. 88, Fachbereich Informatik, Universität Hamburg, März 1982 - veröffentlicht in [BrSc82]

[ScMa80] : J.W. Schmidt, M. Mall : "Pascal/R - Report", Bericht Nr.66, Fachbereich Informatik, Universität Hamburg, Jan. 1980

[Scot71] : D. Scott, C. Strachey : "Towards a Mathematical Semantic for Computer Languages", in: Proc. Symposium on Computer and Automata, J. Fox (Hrsg.), Microwave Research Institute Symposia, vol.21, Brooklyn Press, New York, 1971, pp.19-46

[ScPi82] : H.-J. Schek, P. Pistor : "Data Structures for an Integrated Data Base Management and Information Retrieval System", 8th Intern. Conf. on VLDB, Mexico City, Sept. 1982, pp.197-207

[ScSc83] : H.-J. Schek, M. Scholl : "Die NF2 Algebra zur einheitlichen Manipulierung externer, konzeptueller und interner Datenstrukturen", in: [Schm83], pp.123-133

[Senk75] : M.E. Senko : "Information Systems: Records, Relations, Sets, Entities, and Things", Information Systems, vol. 1, 1975, pp.3-13

[Shaw84] : M. Shaw : "The Impact of Modelling and Abstraction Concerns on Modern Programming Languages", in: [BMS84], pp.49-83

[Ship81] : D.W. Shipman : "The Functional Data Model and the Data Language DAPLEX", ACM TODS, vol.2, no.3, März 1981, pp.140-173

[SiKe78] : A. Silberschatz, Z. Keden : "Consistency in Hierarchical Database Systems", unpublished Memorandum, University of Texas, Dallas, 1978

[SLTC82] : N.C. Shu, V.Y. Lum, F.C. Tung, C.L. Chang : "Specification of Forms Processing and Business Procedures for Office Automation", IEEE Transactions on Software Eng., vol.8, no.5, 1982

[SmSm77] : J.M. Smith, D.C.P. Smith : "Database Abstractions: Aggregation and Generalization", ACM TODS, vol.2, no.2, Juni 1977

[SmSm80] : J.M. Smith, D.C.P. Smith : "A Database Approach to Software Specification", in: W.E. Riddle, R.E. Fairley (Hrsg.): 'Software Development Tools', Springer Verlag, New York, 1980

[SRMK83] : J.W. Schmidt, M. Reimer, M. Mall, J. Koch : "Report on the Database Programming Language (Draft Version)", Fachbereich Informatik, Universität Hamburg, 1983

[Ston76] : M. Stonebraker : "The Design and Implementation of Ingres", ACM TODS; vol.1, no.2, 1976 1975, pp.65-77

[Stoy77] : J.E. Stoy : "Denotational Semantics: The Scott-Strachey Approach to Programming Language Theory", MIT Press, Cambridge (Mass.), 1977

[StRo84] : M. Stonebraker, L.A. Rowe : "Database Portals: A New Application Program Interface", Proc. 10th Intern. Conf. on VLDB, Singapore, Aug. 1984, pp.3-13

[STW84] : M. Schrefl, A.M. Tjoa, R.R. Wagner : "Comparison-Criteria for Semantic Data Models", Proc. 1st Computer Data Engineering Conf. (COMPDEC), IEEE Computer Society, Los Angeles, April 1984, pp.120-125

[TaFr76] : R.W. Taylor, R.L. Frank : "CODASYL Database Management System", ACM Comp. Surveys, vol.8, no.1, März 1976

[Tane81] : A.S. Tanenbaum : "Computer Networks", Englewood Cliffs, New Jersey, 1981

[TeAn84] : D.B. Terry, S. Andler : "The COSIE Communication Subsystem: Support for Distributed Office Applications", ACM Transactions on Office Information Systems, vol.2, no.2, Juli 1984, pp.79-95

[Tenn76] : R.D. Tennent : "The Denotational Semantics of Programming Languages", Comm. ACM, vol.19, no.8, Aug. 1976, pp.437-453

[Tsic82] : D. Tsichritzis : "Form Management", Comm. ACM, vol.25, no.7, Juli 1982, pp.453-478

[TsKl78] : D.C. Tsichritzis, A. Klug : "The ANSI/X3/SPARC DBMS Framework", Information Systems, vol.3, no.4, 1978

[TsLo76] : D.C. Tsichritzis, F.H. Lochovsky : "Hierarchical Database Management: A Survey", ACM Computing Surveys, vol.8, no.1, März 1976, pp.67-103

[TsLo82] : D.C. Tsichritzis, F.H. Lochovsky : "Data Models", Prentice Hall, Englewood Cliffs, New York, 1982

[Ullm82] : J.D. Ullman : "Principles of Database Systems", 2nd Edition, Computer Science Press, Rockville, Maryland, 1982

[UrZe83] : P. Ursprung, C.A. Zehnder : "HIQUEL: An Interactive Query Lnguage to Define and Use Hierarchies", Proc. 3rd Intern. Conf. on Entity-Relationship Approach, Anaheim, CA, Okt. 1983

[vGri82] : J.J. van Griethuysen (Hrsg.) : "Concepts and Terminology for the Conceptual Schema and the Information Base", ISO/TC97/SC5/WG3 Doc. no. N 695, American National Standards Institute, New York, 1982

[WaBo75] : P. Ward, G. v. Bochmann : "Compiler Writing Systems for Attribute Grammars", Publ. no. 199, Département d'Informatique et de Recherche Operationélle, Université de Montréal, P.Q., Kanada, Juli 1975 - deutsche Übersetzung von S. Bürger, Universität Hannover, Mai 1981

[Wass80] : A.I. Wasserman : "The Design of PLAIN - Support for Systematic Programming", Proc. NCC 1980, AFIPS Press, vol.49, 1980, pp.731-740

[Wegn72] : P. Wegner : "The Vienna Definition Language", ACM Computing Surveys, vol.4, no.1, März 1972

[Weiz79] : C.F. von Weizsäcker : "Wie wird und soll die Rolle der Wissenschaft in den siebziger Jahren aussehen ?", in: 'Die Einheit der Natur', C. Hanser Verlag, München, 5. Auflage, 1979, pp.21-38

[WePa79] : D. Weller, F. Palermo: "Database Requirements for Graphics", Proc. COMPCON 79, 18th IEEE Comp. Society Int. Conf., Feb. 1979, pp.231-234

[Wirt82] : N. Wirth : "Programming in Modula-2", Springer Verlag, Berlin Heidelberg New York Tokio, 1982

[WoMy77] : H.K.T. Wong, J. Mylopoulos : "Two Views of Data Semantics: Data Models in Artificial Intelligence and Database Management", INFOR, vol.15, no.3, 1977, pp.344-383

[Yeh77] : R.T. Yeh (Hrsg.) : "Current Trends in Programming Methodology", vol. IV - 'Data Structuring', Prentice Hall, 1977

[Zil184] : S.N. Zilles : "Types, Algebras, and Modelling", in: [BMS84], pp.441-450

[Zism77] : M. Zisman : " Representation, Specification, and Automation of Office Procedures", PhD Thesis, Wharton School, University of Pennsylvania, 1977

[Zloo76] : M. Zloof : "Query-by-Example: Operations on the Transitive Closure", IBM Research Report RC 5526, Yorktown Heights, NY, 1976

[Zloo77] : M. Zloof : "Query-by-Example: A Database Language", IBM Systems Journal, vol.16, no.4, 1977, pp.324-343

[Zloo81] : M. Zloof : "QBE/OBE: A Language for Office and Business Automation", IEEE Computer, vol.14, no.5, 1981, pp.13-22

[Zloo82] : M. Zloof : "Office by Example: A Business Language that Unifies Data and Word Processing and Electronic Mail", IBM Systems Journal, vol.21, no.3, 1982